古代歷史文化 研究輯刊

二四編

王明蓀 主編

第14冊

中國東南的歷史進程

周運中 著

國家圖書館出版品預行編目資料

中國東南的歷史進程／周運中 著 -- 初版 -- 新北市：花木蘭
文化事業有限公司，2020〔民 109〕
目 2+220 面；19×26 公分
（古代歷史文化研究輯刊 二四編；第 14 冊）
ISBN 978-986-518-264-9（精裝）
1. 中國史 2. 華南地區
618   109011130

古代歷史文化研究輯刊
二四編　第十四冊　　　　　　　ISBN：978-986-518-264-9

中國東南的歷史進程

作　　　者　周運中
主　　　編　王明蓀
總 編 輯　杜潔祥
副總編輯　楊嘉樂
編　　　輯　許郁翎、張雅淋　美術編輯　陳逸婷
出　　　版　花木蘭文化事業有限公司
發 行 人　高小娟
聯絡地址　235 新北市中和區中安街七二號十三樓
　　　　　　電話：02-2923-1455 ／傳真：02-2923-1452
網　　　址　http://www.huamulan.tw 信箱 hml810518@gmail.com
印　　　刷　普羅文化出版廣告事業
初　　　版　2020 年 9 月
全書字數　165418 字
定　　　價　二四編 21 冊（精裝）台幣 62,000 元

中國東南的歷史進程

周運中　著

作者簡介

周運中，男，1984 年生於江蘇濱海縣。南京大學學士，復旦大學博士。現任南京大學海洋文化研究中心特約研究員、中國海外交通史研究會理事、中國百越民族史研究會理事。曾任廈門大學助理教授、中國南海研究協同創新中心兼職研究員。著有《鄭和下西洋新考》（中國社會科學出版社 2013 年）、《中國南洋古代交通史》（廈門大學出版社 2015 年）、《中國文明起源新考》（花木蘭文化出版社 2015 年）、《正說臺灣古史》（廈門大學出版社 2016 年）、《濱海史考》（江蘇鳳凰科學技術出版社 2016 年）、《九州考源》、《秦漢歷史地理考辨》、《鄭和下西洋續考》、《西域絲綢之路新考》、《唐代航海史研究》、《道士開闢海上絲綢之路》（以上花木蘭文化事業有限公司，2019 ～ 2020 年）等，發表論文百餘篇。

提　　要

　　本書研究中國東南從越地成為漢地的歷史進程，通過分析姓氏地理、方言地理，提出中國現代姓氏地理是上古中原姓氏地理的放大版，論證楚語是閩語的重要源頭。唐末江淮大混戰是客家人祖先南遷的重要原因，客家人在北宋的贛南和閩西已經形成。南宋初年南雄因為戰亂，有很多人南遷到珠江三角洲。本書對比東南各省的政區設置高潮期，分析各地歷史進程不同的原因。指出東南的各種文化，都是不同時代楚文化、吳文化、北方文化和土著文化進行不同比重混合的結果。宋代之前的中原文化向南方發展主軸還在江浙和兩湖，形成吳楚兩個主軸。唐宋時期在楚吳之間形成了一個贛閩為中心的新主軸，豫贛閩臺成為中國文化發展的新主軸。

目次

引　言

　　本書要解決的一個問題是：中國東南是如何從百越之地變成華夏之地的。根據分子人類學的檢測，現代中國漢族的父系血統源自上古華夏的比例超過一半，第二多的血統就是源自百越的部分，約有 15%，主要在中國東南，源自歷史上漢化的越人。

　　雖然源自越人的血統不是最多，但是五千年來的東南變化可謂是天翻地覆，從人煙稀少的蠻荒之地變成人口稠密的精華之地，所以很值得研究。漢代江南的學者根本無法和中原相比，但宋代以來的江蘇、浙江一直是中國進士、院士最多的兩個省。兩漢四百年，在今天的整個福建省僅僅設一個縣！唐代的福建沒有產生任何一個重要名人，南明的福建已經能對抗清朝幾十年。宋代的廣東還被江浙人視為畏途，但是現在的廣東已經是中國常住人口最多的省。句踐從江南北伐中原失敗，孫權卻能三分天下，朱元璋能從江南統一全國，可見南方的實力在不斷上升。廣東在明代的地位還很不突出，但是孫中山能從廣東改變全國，可見南方的重心也在持續南移。明代的臺灣還被看成海外荒島，清代的臺灣已經成為出產大米、白糖等多種商品的寶島。海南在 1988 年才建省，現在是旅遊勝地，證明南方的開發熱潮在持續南移。

　　分子人類學發現，南方各省源自越人的血統，在父系、母系的比例上有明顯的地域差別：

　　1. 父系、母系都是主要來自北方，依次是湖北、安徽、上海、江蘇、浙江、湖南，都超過 80%，其中浙江、湖南的北方父系、母系差別超過 10%。

　　2. 父系主要源自北方、母系主要源自南方，主要是：江西、福建、廣東、雲南、四川四個省。江西的北方父系有 80%，北方母系僅有 40%。福

建、雲南的北方父系接近 100%，北方母系僅有接近 40%。廣東的北方父系超過 60%，北方母系僅有接近 20%。四川的北方父系接近 80%，北方母系有 50%。福建、雲南的北方父系、母系差 60%，廣東、江西的北方父系、母系差 40%，四川的北方父系、母系差 30%。如果去除客家人和潮汕人之中較多的北方血統因素，廣府人的土著血統比例更高，更加接近廣西。

3. 父系、母系都是主要來自南方，廣西的北方父系僅有 50%，母系僅有 40%，西南很多以非漢族為主要人口的地區也是如此。〔註1〕

從血統來看，南方的歷史進程可以分為三種道路：

1. 長江沿線型：父系、母系都以北方為主，而且差別不大，這是因為長江流域的北面沒有高山，所以北方人像大海一樣湧到長江流域。因為浙江、湖南的南部山地較多，所以父系、母系源自北方的比例差別稍大。

2. 東南丘陵型：北方單身男性移民進入江西、福建、廣東，大量娶南方女子為妻，造成父系、母系的來源差別很大。

3. 西南邊疆型：北方移民比例稍小，父系、母系都以南方為主。

從地名來看，大體上可以分為三種類型：

1. 江浙型：很多縣級以上地名源自越語，比如：盱眙、句容、無錫、諸暨、餘姚、桐廬、蘇州（姑蘇）、義烏（烏傷）。

2. 贛閩型：無論是縣級以上，還是縣級以下，都很難找到越語地名。

3. 嶺南型：縣級以下有極多的越語地名。清代廣東學政李調元說：「自陽春至高、雷、廉、瓊，地名多曰那某、羅某、多某、扶某、過某、牙某、峨某、陀某、打某。黎岐人姓名亦多曰那某、抱某、扶某，地名多曰那某、湳某、婆某、可某、曹某、爹某、落某、番某。」〔註2〕其實不必到陽春，珠江三角洲附近就有很多越語地名，比如新會的古猛、台山的那才、那琴、那潭、那涯、鶴山的古勞，海豐的博社、博美、博頭。粵語地名集中在粵語地區，粵東、粵北的客家人之地很少看到源自越語的地名。前人已經指出廣府文化保留較多古代越人習俗，而客家人的中原文化較多。〔註3〕

〔註1〕金力：《寫在基因中的歷史》，韓昇、李輝主編：《我們是誰》，復旦大學出版社，2011 年，第 95 頁。

〔註2〕〔清〕李調元等撰、林子雄點校：《清代廣東筆記五種》，廣東人民出版社，2015 年，第 201 頁。

〔註3〕司徒尚紀：《嶺南歷史人文地理——廣府、客家、福佬民系比較研究》，中山大學出版社，2001 年，第 278～282 頁。

從語言來看，大體上也是這三種類型：

1. 沿江型：雖然吳語、徽語、贛語、湘語也是南方話，但是比起華南的方言更接近北方話。

2. 東南型：因為多山，閩語、客家話、粵語、平話保留很多漢語上古音特點。

3. 邊疆型：西南邊疆的一些地方以非漢語為主。

生物學、地名學、語言學在一些地方重合，表現在：

1. 江西、福建與廣東的東部越語地名很少，因為父系血統也以北方為主，北方文化對土著文化有強烈取代。

2. 廣東的西部到廣西，越語的小地名較多，因為父系、母系血統都以南方土著為主。

因為地形阻隔，早期進入東南丘陵的北方移民以男性為主，可見地形因素的重要作用。同樣在華南，客家文化又和閩文化、粵文化不同，這是海陸差異導致，客家人基本上在內陸。

東南漢語方言地圖 〔註4〕

底圖：东南地区的汉语方言

江淮話　吳語　西南話　徽語　湘語　贛語　閩語　客家話　土話　平話　粵語

〔註4〕底圖來自中國社會科學院、澳大利亞人文科學院編：《中國語言地圖集》，香港朗文（遠東）有限公司，1987年。黑體字是本書為醒目而添加。

　　顯然不僅不存在統一的南方文化，也不存在統一的東南文化。很多人在研究東南歷史時，犯了混淆不同地區歷史進程的典型錯誤。有人說中國歷史發展有五條區域道路：北方、南方、草原、高原、沙漠綠洲。〔註5〕我認為這種說法太過籠統，應把南方細分。

　　蘇秉琦把上古中國文化分為六大區系，南方分為三個區域：以環太湖為中心的東南、以鄱陽湖—珠江三角洲一線為中軸的南方、以洞庭湖與四川盆地為中心的西南。〔註6〕

　　賀雲翱老師認為，南方文化應該分為長江文化和海洋兩種文化，另外兩大文化板塊是黃河文化和草原文化。〔註7〕

　　李如龍先生把東南的漢語方言分為近江方言（吳語、徽語、湘語、贛語）和遠江方言（閩語、客家話、粵語、平話），〔註8〕這三種分法都很有道理。

　　我從2011年開始給本科生講歷史地理時，就把中國分為八個區域：華北、西南、東南、高原、草原、西域、河西、東北。歷史上的河西、東北是漢文化和非漢文化的拉鋸地帶，不應籠統歸入華北。西南包括兩湖，從苗瑤—藏緬文化演變為漢文化為主，東南從侗臺—南島文化也即百越文化演變為漢文化為主。我從底層文化的差異來劃分，視角不同，不是否定上述蘇秉琦、賀雲翱、李如龍三位對南方文化的分法。我們的分法既有差異，也有交集。蘇秉琦的劃分是針對新石器文化，我的視角關注文化底層，所以我和蘇秉琦的劃分最為接近，蘇秉琦的南方和東南合併就是我的東南文化區。

　　賀、李兩位先生的劃分最為接近，賀老師的海洋文化不叫華南文化，他的黃河、長江、草原、海洋文化定名關注水資源對經濟、文化的影響。李先生的近江方言、遠江方言以長江為座標，遠江方言不叫華南方言，因為其內在邏輯是漢文化從長江流域開始向南拓展，所以他們對南方文化劃分的內涵高度一致。

　　我完全認同他們對南方文化的劃分，我在本書中強調東南各地的歷史進

〔註5〕魯西奇：《中國歷史發展的五條區域性道路》，《中國歷史的空間結構》，廣西師範大學出版社，2014年。

〔註6〕蘇秉琦：《中國文明起源新探》，北京：三聯書店，1999年，第35頁。

〔註7〕賀雲翱：《南京歷史文化特徵及其現代意義》，《南京社會科學》2011年第5期。

〔註8〕李如龍：《關於漢語方言的分區》，《漢語方言研究文集》，北京：商務印書館，2009年。

程不同，是對他們的劃分，再加細化。

　　賀雲翱老師在 1986 年就撰文，詳細梳理了古代東南的概念演變，指出東南一般是指淮河以南到南海的地域，《周禮・職方》：「東南曰揚州。」《禹貢》：「淮、海惟揚州。」揚州的北界是淮河，明代張瀚《松窗夢語・百工紀》：「今天下財貨聚於京師，而半產於東南，故百工技藝之人亦多出於東南，江右為，浙、直次之，閩、粵又次之。」〔註9〕李吉甫《元和國計簿》說晚唐賦稅依靠東南八道（淮南、浙東、浙西、江西、湖南、鄂岳、宣歙、福建），北宋設東南六路（淮南、江東、江西、兩浙、湖北、湖南）發運使。唐宋兩朝的都城在陝西、河南，自然把兩湖看成東南。明清都城東遷到北京，兩湖在北京的西南了。杜甫《登岳陽樓》：「吳楚東南坼，乾坤日夜浮。」湖北原來說楚語，但是唐代以來的湖北大部分地區方言演變為西南官話，《舊唐書・地理志》：「自至德後，中原多故，襄鄧百姓，兩京衣冠，盡投江湘，故荊南井邑，十倍其初，乃置荊南節度使。」安史之亂時的中原人大量南遷到湖北，晚唐湖南的西北部和湖北都在山南東道，使湖北和湘西北方言變成西南官話。〔註10〕唐末韋莊《湘中作》詩云：「楚地不知秦地亂，南人空怪北人多。」證明唐末很多西北人到湖南，我還發現南宋初年也有類似的移民潮，洪邁《夷堅三志》辛卷第四：「西北士大夫遭靖康之難，多挈家寓武陵。」武陵即常德，兩湖的文化底層本來和東南有別，湖北方言的北方化使得這種差別擴大，因此兩湖逐漸不被歸入東南文化區。

　　我在上文從生物學、地名學、語言學三個最重要的視角來觀察東南，其實還有飲食、建築、信仰等視角。如果沒有最基本的多視角方法，必然陷入盲人摸象、任意想像的錯誤。比如有些人不看生物學的研究，妄想現在東南人的血統都是土著為主。還有人不看語言學的研究，亂講東南各漢語方言都是獨立的語言，其實閩方言中源自土著越語的成分不足百分之一，完全是漢語的一個方言。東南各方言中的越語成分都不是主流，多數方言的越語成分極少，因此顯然是漢語的方言。有人根本不管客家人是宋元形成的鐵證，就胡侃客家人是清代形成，請問他們客家話可能是清代形成的嗎？

　　秦暉指出，客家人等華南族群非常重視宗法，正是因為他們是外來移民，

〔註9〕賀雲翱：《歷史上「東南」地域考》，《歷史與文化》，中國人事出版社，1996年，第29～36頁。
〔註10〕周振鶴、游汝傑：《方言與中國文化》，上海人民出版社，2006年，第90頁。

所以需要加強凝聚力。〔註11〕我認為這個觀點非常正確，我此前指出，黃河從南宋建炎二年（1128年）到清咸豐五年（1855年）在江蘇入海，使江蘇海岸向外推進了一百多里，淤積出大量土地，清代以來新設個九個縣，移民開墾灘塗，會爭奪土地，需要加強宗族建設，所以出現同姓聯宗、偽造祖先的現象，〔註12〕非常類似北方漢人進入華南後的景象。

現代的學科割裂往往使人囿於本專業的狹隘視角，殊不知社會萬象從來不是孤立，歷史學的研究必須要具備多學科的方法。歷史學的結論必須要面對各專業學者的批判，不能自說自話。研究東南文化，必須要有語言學的功底，必須要能考證方言文字。本書注重語言學的視角，從本字的考證把握文化源流。

當然，語言學的研究必須遵守學科規範，有人在研究東南方言時任意誇大其中源自侗臺語的因素，自然不可能得到學界的認可。鄧曉華認為閩語、客家話有大量來自南島語的詞彙，〔註13〕我認為他的研究有以下四個方面的問題：

1. 牽強附會，他認為漢語的阪對應壯語的村落 b:an，問題是漢語的阪根本不是村落而是坡地，這種對應根本不能成立。他認為閩語的巴浪魚、巴毛魚的巴是侗臺語的魚 pa，問題是這種例子極少，也沒有任何證據表明巴浪魚、巴毛魚的巴是魚。再比如把山都解釋為山上聚落，都是聚落，如三都、九都、雰都，把木客解釋為客人，布依語是 pu he，仫佬語是 mu khe:k。今按山都不是村落，木客也不是客人。都作為村落，宋代才在南方普及。於都的都是山，如《山海經·海內東經》附《水經》有浙江源頭三天子都山、贛江源頭聶都山，五嶺之中有都龐嶺。〔註14〕今福建省建寧縣北部有都調、都團，是典型的越語地名，被修飾詞放在開頭，壯語的山是 doi，古代南方很多地名開頭都有都字，現在廣西有都安縣。〔註15〕《太平寰宇記》卷七六簡州陽安縣：「分棟山，在縣西七十里。《益州記》云，蜀人謂嶺為棟。」現在客家人也

〔註11〕秦暉：《文化決定論的貧困》，趙汀陽、劉軍寧、盛洪、汪丁丁、蘇力、楊東平、秦暉、吳國盛：《學問中國》，江西教育出版社，1998年。

〔註12〕周運中：《濱海史考》，江蘇鳳凰科學技術出版社，2016年，第91～97頁。

〔註13〕鄧曉華、王士元：《中國的語言及方言的分類》，北京：中華書局，2009年，第119～129頁。

〔註14〕周運中：《秦漢歷史地理考辨》，2019年，第245頁。

〔註15〕湖南桂東縣有都遼村，江西有都昌縣，貴州有都勻市，廣東台山有都斛鎮。

稱山為崍，可能是同源字。山都、木客有黑色的長毛，住在樹上，善嘯，見人則走，顯然是猿類。有人把猿嘯誤傳成歌唱，把猿類取走人的物品誤傳成交易。〔註 16〕山都源自山豬，因為猿類嘴部突出似豬。木客源自南方民族語言的猴，《史記·項羽本紀》沐猴而冠，裴駰《史記集解》引張晏曰：「沐猴，獼猴也。」沐 mok 即木客，猴的緬甸語是 myauk，毛利語是 maki，西部海岸巴瑤語是 mook。仫佬語的客讀成 khe:k，源自漢語的客 kak。關於山都、木客，我將在百越史專著中詳考。

2. 關係不明，他認為閩南語的塍（水田）tshan 源自臺灣的南島語，比如排灣語 tsan、魯凱語 tsaan，但是證據太少，為什麼不是南島語借自閩南語呢？我認為很可能是南島語借自閩南語，南島族群的農業不如閩南人發達，理清語言之間的關係不能用一兩個詞彙簡單對應。

3. 分不清古老的世界同源字，他認為閩南語的蛇 tsua 和印尼語的 ular 同源，問題是漢語的蛇讀音更接近很多語言，比如旁遮普語 sapp，羅曼尼語 sap，印地語是 sāmp，荷蘭語 slang，柯爾克孜語 cilan，印尼語的蛇 ular 和柯爾克孜語的龍 ulu 是同源字，世界各地都有蛇，我認為這是古老的世界同源字，至少在幾萬年前已經產生，不能把古老的世界同源字當成是晚近漢語

〔註 16〕《爾雅·釋獸》：「狒狒，如人，被髮，迅走，食人。」郭璞注：「梟羊也。《山海經》曰：其狀如人，面長唇黑，身有毛，反踵，見人則笑。交、廣及南康郡山中亦有此物，大者長丈許。俗呼之曰山都。」《太平御覽》卷八八四引鄧德明《南康記》：「山都形如崑崙人，通身生毛，見人輒閉眼，張口如笑，好在深澗中翻石覓魚蝦之。木客，頭面語聲亦不全異人，但手腳爪如鉤利。高岩拘掊，然後居之。能研榜，牽著樹上聚之……舞倡之節，雖異於世聽，於風林汎響，類歌吹之和。」引《述異記》：「南康有神名曰山都，形如人，長二尺餘，黑身，赤目，髮黃，被之。於深山樹中作巢……此神能變化隱身，罕睹其狀。」《太平寰宇記》卷一百二汀州引牛肅《紀聞》：「樹皆楓松，大徑二三丈，高者三百尺，山都所居。其高者曰人都，其中者曰豬都，處其下者曰鳥都。人都即如人形而卑小，男子婦人自為配耦。豬都皆身如豬，鳥都皆人首，盡能人言，聞其聲而不見其形，亦鬼之流也。三都皆在樹窟宅，人都所居最華。人都或時見形。」卷一百九吉州廬陵縣引曹叔雅《廬陵異物志》：「廬陵大山之間有山都，似人，常裸身，見人便走。自有男女，可長四五尺，能嘯相呼，常在幽昧之間，亦鬼物也。」太和縣贛石山引《郡國志》：「山都獸，似人。」引《異物志》：「大山窮谷之間有山都，人不知其流緒所出，髮長五寸而不能結，裸身，見人便走避之，種類疏少，曠時一見，然自有男女焉。」卷一百八虔州贛縣上洛山引《輿地志》：「上洛山多木客，乃鬼類也，形似人，語亦如人，近則藏隱。能砍杉枋，聚于高峻之上，與人交市，以木易人刀斧。」

借來。分子人類學發現漢族本來是從百越、苗瑤族群之中分出北遷的一支，很多漢語詞彙再南傳到華南，但是我們不能說這些詞是華南漢語直接來自百越、苗瑤族群。這樣的詞還有很多，比如閩南語的殺 thai，我認為對應漢語的宰。

4. 不是閩語、客家話的特有詞，而是在吳語、江淮話中都有的詞，很可能是從江淮南傳。他認為連城客家話的煮 huu 來自苗瑤語，但是現代江淮話、吳語的煮都讀 huu，不是華南特有詞。他認為梅縣客家話的安裝 teu 源自侗臺語，其實不僅現代江淮話的組裝還讀 tou，而且這是一個古漢語，《漢書》卷九四下《匈奴傳下》：「匈奴有斗入漢地。」指匈奴有一塊地方插在漢地之間，斗就是表示組裝的 tou，其實就是投，投合就是組裝。他認為客家話的傻 gong 來自苗瑤語和侗臺語，但是現代吳語的憨是 gang，這是典型的古漢語。他認為客家話的陂頭源自侗臺語，說侗臺族群最早發明陂塘，我認為缺乏證據，水利工程一般來自人地關係緊張的地方，陂塘更有可能是漢族發明。我認為這類詞都是從江淮南傳，因為客家人的祖先來自江淮。

如果把以上四類有問題的詞去除很大一部分，閩語、客家話源自侗臺語、苗瑤語中的詞要少很多，所以閩語、客家話中所謂源自非漢語的成分被肆意誇大，研究語言之間的關係不能簡單比附。

多學科結合之前，必須要夯實每個學科的基礎。前人有很多研究南宋珠璣巷移民的文章，但是我發現，其中有很多竟然不用宋代的史料，真是咄咄怪事。珠璣巷的故事發生在宋代，理應首先使用宋代史料。有的文章竟然主要使用明清族譜，就說宋代的珠璣巷故事是明清編造，這顯然不符合基本邏輯。我的文章用宋代的史料來研究宋代珠璣巷傳說，發現珠璣巷故事非常吻合宋代文獻，不可能是明清編造。

現在粵語分布在嶺南的西南部，而嶺南的東北部是客家話，一般認為這種文化差異是宋元以來才形成。但是這種文化差異其實在魏晉時期已經形成，《晉書》卷五七《陶璜傳》說西晉平吳後交州牧陶璜上書：「又廣州南岸，周旋六千餘里，不賓屬者乃五萬餘戶，及桂林不羈之輩，復當萬戶。至於服從官役，才五千餘家。」陶璜提到的不服管治的土著在廣州的南部和西部，服從管治的地方主要在嶺南的東北部。《南齊書》卷十四《州郡志上》廣州：「濱際海隅，委輸交部，雖民戶不多，而俚獠猥雜，皆樓居山險，不肯賓服。西南二江，川源深遠，別置督護，專征討之。」南朝在廣州設西江督護、南江

督護，在廣州的西部和南部，征討不服管治的土著。說明南朝時期北江和東江流域已經比較漢化，雖然客家人是在宋元才形成，但是魏晉時期嶺南的東北部和西南部已經形成很大的文化差異。因為嶺南的東北部靠近吳、楚，所以漢化比較早。嶺南的東北部較早地形成了漢文化的嶺南分支，雖然這個早期的嶺南漢文化分支被較晚形成的客家文化覆蓋，但是確實曾經存在。我們在研究歷史時，不要誤以為很多文化現象是在比較晚的時期才出現。很多文化現象因為是受地理條件的作用產生，其實都是在很早時期就已經出現。

還有人不從歷史事實出發，誤以為上古東南的人口就超過中原，不承認任何北方人南遷的歷史。他們不看上古史書記載，不知上古溫度很高，長江流域甚至淮河以北都有大象、犀牛等很多熱帶生物，所以南方山林密布，人口比北方少很多。五千年來，氣候總體下降，才有北方人持續南遷，使得南方人口增加，使得南方漢化。

漢武帝劉徹想出兵閩越，淮南王劉安上書：「越非有城郭邑里也，處溪谷之間，篁竹之中，習於水鬥，便於用舟，地深昧而多水險，中國之人不知其勢阻而入其地，雖百不當其一。得其地，不可郡縣也……今發兵行數千里，資衣糧，入越地，輿轎而逾領，拖舟而入水，行數百千里，夾以深林叢竹，水道上下擊石，林中多蝮蛇猛獸，夏月暑時，嘔泄霍亂之病相隨屬也，曾未施兵接刃，死傷者必眾矣。」所以漢朝雖然滅了閩越，寧願把閩越人遷到江淮也不在閩越之地設郡縣。劉安的這段描述也適用於浙南到廣東的整個東南丘陵地帶，正是因為這片地帶長期人煙稀少，所以在六朝、唐宋兩次大規模北方移民的衝擊下，沒有保留太多的越文化成分。

譚其驤在 1947 年 10 月 4 日的《東南日報》發表《浙江省歷代行政區域——兼論浙江各地區的開發過程》，從行政區域的增設來看浙江的開發過程，先製作了《浙江省歷代所設縣治表》，再畫出了《浙江省歷代郡界圖》和《浙江省歷代縣治析置由來圖》，把各縣的派生關係畫在一幅圖上，一目了然。〔註17〕這篇文章的研究思路本來可以擴展到各個省，再進行深入對比。但是過去了七十多年，現在竟然看不到這樣的著作，實在是令人遺憾！

不僅如此，還有人錯誤地批判譚其驤的這篇好文章，他們說譚其驤的思路根本錯了，譚其驤的文章把浙江想像成全由北方人來填充的空白地帶！是譚其驤錯了，還是批判譚其驤的人錯了？

〔註17〕譚其驤：《長水集》下冊，人民出版社，2009 年，第 416～434 頁。

　　顯然譚其驤沒有錯，而是批判譚其驤的人錯了。譚其驤熟讀歷代地理志，古代大量地理志記載那時的浙江到處是高山密林，人煙稀少，儘管不是完全空白，但是對比今日，確實是大多數空白。漢代全國的人口不過是今天一個省的人口，豈能不是多數空白？

　　證據之一是《太平御覽》卷四一引劉宋孔靈符的《會稽記》說：「天台山，舊名五縣之餘地，五縣者餘姚、鄞縣、句章、剡、始寧也。」按今人的觀點，天台山不是在天台縣嗎？但六朝時的天台山竟然是餘姚、鄞縣、句章（今寧波）、剡縣、始寧（今嵊州）五縣之間的餘地，山上固然有少量越人，但是人口極少，顯然不可能和平原上的漢人相提並論。古代一個山的名字覆蓋的範圍往往很大，後世人口增長，聚落增加，深入山地，山的名字增多，每個山名覆蓋的範圍才逐漸縮小。

　　證據之二是劉宋孫詵的《臨海記》說：「晉永和三年，分會稽郡八百戶，於臨海郡章安地，立寧海縣。」〔註18〕寧海縣本來是臨海郡地，但是人口來自其北面的會稽郡，這是因為北部的會稽郡靠近中原，本身平原面積較大，所以人口比臨海郡多很多，所以自然向南方偏僻的地方擴展。北方人主導浙江開發，或者省內的北方移民主導省內的南方開發，這是一個最好的證明。

　　其實不僅微觀地域如此，宏觀地域也是如此，我們看到江淮話深入到南京、鎮江和皖江南岸，徽語伸入到江西德興，台州話伸入到溫州的樂清，吳語伸入到江西上饒和福建浦城，客家話從贛南深入到廣東很多地方，閩語伸入到兩廣、海南和臺灣，粵語伸入到廣西的很多地方，都是偏北的方言侵入偏南地方，而反向的方言侵入基本看不到。僅有的特例是閩南話在很晚的時代，移到溫州南部的很小地方。所以我們不僅不應該批判譚其驤的文章，還應該把譚其驤的研究方法發揚光大。

　　本書首次提出了政區設置高潮期的概念，因為東南很多地方在中原戰亂時忽然湧入很多北方移民，所以往往會出現一個政區設置的高潮期，伴隨的是文化的突變，加速漢化，對本地文化的發展產生重要影響。越往南的地方，開發越晚的地方，越能看到這種突變。因為臺灣的地理和歷史比較特殊，本書基本不討論臺灣，但是臺灣的歷史可以作為一個典型例子，明鄭時代帶去10萬移民是臺灣史的一個突變，1949年到臺灣的100多萬大陸移民又是一個

〔註18〕〔宋〕樂史撰、王文楚等點校：《太平寰宇記》卷九八，北京：中華書局，2007年，第1968頁。

突變，這兩次大移民都超過此前數十年甚至上百年的移民總和。在古代的江淮、江西、福建和近代的香港、澳門等地，都能看到這種移民潮帶來的突變。前人往往強調永嘉、安史、靖康之亂引發的三次大移民，其實秦末大戰亂、漢末大戰亂、晚唐江淮大混戰也造成了幾次移民大潮，對中國歷史的影響不下於前面所述的三次大移民，本書揭示唐末江淮大混戰對客家人的形成至關重要，也考察了秦末大戰亂、漢末大戰亂對東南的影響。

現代還有人誤以為六朝是從東晉開始，說南京是從東晉才崛起。〔註19〕而不知六朝是從孫吳開始，是孫權首次把原來不出名的秣陵縣定為都城，南京是在孫吳崛起而不是東晉才崛起。長期以來歷史教科書過度強調大一統，才導致很多人忽視大分裂時期，其實南方往往是在中原王朝戰亂和衰落時獲得大發展。不僅孫吳如此，春秋戰國也是如此，唐宋之間的五代十國也是如此，南宋也是如此。研究東南的歷史，不能陷入中原的大一統思維。

歷史上的大規模移民往往是在戰亂年代，比如永嘉之亂、安史之亂、靖康之亂，還有歷史上很多改朝換代之時。此時皇帝都在四處逃難，而且往往有很多皇族自立為帝，所以逃難中的皇帝也不清楚自己能活幾天，能否穩住帝位。平民逃難的規模則更大，唐代詩人張籍的《永嘉行》描述了這種社會狀態：「黃頭鮮卑入洛陽，胡兒執戟昇明堂。晉家天子作降虜，公卿奔走如牛羊。紫陌旌幡暗相觸，家家雞犬驚上屋。婦人出門隨亂兵，夫死眼前不敢哭。九州諸侯自顧土，無人領兵來護主。北人避胡多在南，南人至今能晉語。」

歷史上有太多次這樣大規模的移民，顯然不能否定。歷史上大動亂的年代一定有大規模的移民，現在有人否定南宋初年的珠璣巷移民，殊不知南宋初年如果珠璣巷移民才不正常，此時宋高宗趙構和所有皇族都在各地流竄，全國各地都在動亂，當時人記載稱全國唯有海南島未發生動亂。在這樣的時局中，珠璣巷移民能不發生嗎？有人企圖從明代中期的歷史去否定南宋初年的珠璣巷移民，不是緣木求魚、方枘圓鑿嗎？

這種囿於某個斷代史的狹隘思維，也凸顯了現代某些學者過度強調斷代史，強調史學精細化的後果。研究歷史仍然需要通史的眼光，需要在時代對比之中檢驗自己的結論。

歷史發展從來不是勻速，而是有時長期平緩，有時突發激烈。社會史往

〔註19〕星球研究所、中國青藏高原研究所：《這裡是中國》，中信出版集團，2019年，第442頁。

往反對宏大敘事，關注日常生活，缺點是不重視政治史和軍事史的研究，因而忽視歷史的突變環節。歷史突變環節的時間雖然很短，但是對整個社會的影響往往很大。考察政區設置高潮期，能夠把握歷史發展的重要時刻，更容易對比不同地域的發展差異。從政區設置高潮期的對比，也可以發現東南各地的歷史進程不同，進而把東南分為江浙、江西、福建、兩廣等多個地域。

最後我指出，漢文化最早在南方的兩個分支是楚文化和吳文化，現代東南的各種文化都是楚文化、吳文化、北方文化、土著越文化是不同時代不同程度融合的結果。六朝隋唐以來，漢文化從河南、江淮，直接切入原來不重要的江西，形成了以江西、福建為中心的新主軸，我稱之為豫贛閩臺主軸。在這個新主軸上發展出了贛文化、閩文化、客家文化、臺灣文化、海外華人文化，影響了華南、湖南、西南、臺灣和海外很多地方。

我指出這條豫贛閩臺的新主軸，不是為了否定由其衍生出的一些次要軸線，而是想更清晰勾勒出歷史發展的大勢。所有學者都有必要向世人清晰簡明地展示其研究成果，學者的社會責任有時會促使我們檢討自己的結論是否陷入喪失主旨的泥沼。

第一章 中國姓氏地理源自周代河南

　　華夏文明的源頭可以追溯到八九千年前的中原，誕生於八九千年前的裴李崗文化，在地域上恰好以今河南省為中心。因為有相對發達的農業，所以人口和聚落遠遠超過周邊省份的其他文化。舞陽賈湖遺址還出土了八千多年前的多件鶴腿骨笛和龜甲祭器，龜甲上還有類似商代甲骨文的早期文字，這在同時代的遺址中絕無僅有。因此趙世綱先生把裴李崗文化稱為中國文明正源，韓建業先生認為裴李崗文化構建了早期中國文化圈。〔註1〕

　　裴李崗文化雖然逐步衰落，但是強盛的仰韶文化、大汶口文化都是受其影響產生。降至四千多年前，又有禹、啟建立夏朝，河南再次成為中國文明的核心。中國文明的起源進程始於河南，終於河南，因此我們可以確定地說河南在中國文明起源過程具有唯一核心地位。

　　夏、商、周三代都在河南建都，商人起源於河南商丘，周人雖然出自陝西，而且西周時期的首都還在陝西，洛陽僅是次都。但是周朝和夏、商兩朝有一點不同，就是周朝特別重視在各地封建諸侯。而河南地處中原心腹之地，所以封國特多，而且有很多封國佔據要地。

　　周文王之子分封的邗（在今沁陽）、原（在今濟源）、雍（在今焦作）、周公之子分封的凡（在今輝縣），控制河南到山西的諸多山口。周公之子分封的衛（在今淇縣），鎮守商朝故都。向東有周公之子分封的祭（在今滎陽）、胙（在今延津），控制河、濟要衝，連接濟水和泗水流域。向南有武王之子分封

〔註1〕趙世綱：《論裴李崗文化在中華文明形成中的地位——為紀念裴李崗文化發現
30週年而作》，河南省文物考古學會編：《論裴李崗文化》，科學出版社，2010
年，第36～56頁。韓建業：《裴李崗文化的遷徙影響與早期中國文化圈的雛形》，
《先秦考古研究：聚落形態、人地關係與早期中國》，文物出版社，2013年，
第171～172頁。

的應（在今魯山），控制中原到南陽的隘口。汝水中游有文王之子分封的蔡（在今上蔡）、沈（在今平輿），任姓的摯（在今汝南）、疇（在今魯山）是文王之母大任舅家分封。周公之子分封的蔣（在今淮濱），防守汝水河口。西南的南陽盆地有周人姻親姜姓的申、呂（在今南陽），延伸到湖北隨州境內還有唐、曾等國，即《左傳》所謂的漢陽諸姬。除了這些周人及其姻親諸國，還有許（在今許昌）、葉（在今葉縣）、陳（在今淮陽）、杞（在今杞縣）、葛（在今寧陵）、宋（在今商丘）、江（在今正陽）、黃（在今潢川）、潘（在今固始）、蓼（在今固始）、賴（在今息縣）、項（在今沈丘）、鄭（在今新鄭）、華（在今鄭州）、鄢（在今鄢陵）等國，這些國名就是中國諸多姓氏來源。個別用字稍有變化，比如蓼改為廖姓，本質沒變。

　　韓、魏二國的國都原在山西，因為受到秦國的壓迫而東遷到河南。周人及三晉的東遷更使得戰國時期的河南成為中國人口最密之地，《史記・蘇秦列傳》蘇秦說魏國：「地名雖小，然而田舍廬廡之數，曾無所芻牧。人民之眾，車馬之多，日夜行不絕。」因為河南很早成為中國人口最密之地，所以人口壓力最大。因為周代在今河南境內的封國多，產生的姓氏多，人口多，歷代河南又在四戰之地，外遷移民多，所以河南產生的姓氏擴散到四方，其實中國現在的姓氏地理基本奠基於周代的河南。

廈門海滄周氏祠堂的汝南郡望　　金門陽翟村陳氏祠堂的潁川郡望

一、從汝潁擴展到長江流域的姓氏

中國姓氏的分布具有強烈的地域性，袁義達先生《中國姓氏：群體遺傳和人口分布》一書繪出中國前一百大姓的密度和人群出現頻率地圖，並把這一百大姓按地區分為 12 組。他的《中國姓氏‧三百大姓──群體遺傳和人口分布》一書又繪出中國三百個大姓的人群出現頻率地圖。〔註2〕我們根據他製作的兩組地圖，可以結合中國歷史發展大勢，按照地域重新分類。其中一類姓氏以長江沿岸為中心分布，有周、胡、袁、蔣、傅、戴、姚、夏、熊、毛、萬、嚴、龔、陶、倪、祝、甘、梅、舒、帥、余、程、江、湯等。其中周、胡、袁、蔣、戴、夏、江等大姓的源頭都在汝、潁流域。因為這些姓氏從河南經過江淮到達長江下游，又隨著江西填湖廣、湖廣填四川的移民大潮擴展到長江中上游，於是形成了這些姓氏沿江分布的格局。

周姓出自東周王室，秦滅周，周人南遷汝潁流域，《史記》卷二十《建元以來侯者年表》記漢武帝封姬嘉為周子南君，封地在長社縣（在今長葛）。周姓在漢代就南遷長江流域，孫吳崛起的郡望有廬江（今安徽中部）、武陵（今湖南西北）、義興（今江蘇宜興）、尋陽（今江西九江），周人向長江中游的擴展很早。袁姓出自陳國，漢代郡望也是汝南，現在集中在長江沿岸，和周姓的地理變遷十分類似。江西袁水流域多袁姓，唐初立袁州（治今江西宜春），袁姓從江西中部向湖廣、四川擴展。

胡國在今漯河及阜陽，蔣國在今淮濱，江國在今正陽，戴國在今民權，夏姓出自夏人，《史記‧貨殖列傳》：「潁川、南陽，夏人之居也……秦末世，遷不軌之民於南陽……俗雜好事，業多賈。其任俠，交通潁川，故至今謂之夏人。」夏人原來聚居在潁川郡。

胡阿祥先生曾經製出兩晉南北朝時期郡望郡姓表，〔註3〕我們看到，周的郡望是汝南，袁的郡望是陳郡，潁川的郡姓是荀、庾、鍾，潁川三姓現在不是大姓，荀、庾已經衰落到三百大姓之外，而留在長江流域的大姓來自汝南、陳郡，可能是因為在潁川東南的汝南、陳郡姓氏南遷更早，很早就在長江流域立足。因為這些中原大族較早地來到長江流域，佔據了較多較好的土地，

〔註2〕袁義達：《中國姓氏：群體遺傳和人口分布》，華東師範大學出版社，2002 年。
袁義達：《中國姓氏‧三百大姓──群體遺傳和人口分布》，華東師範大學出版社，2007 年。
〔註3〕胡阿祥：《中古時期郡望郡姓的地理分布》，周振鶴主著《中國歷史文化區域研究》，復旦大學出版社，1997 年。

而且在六朝政權中有較高地位，所以沒有向華南擴張的強烈欲望。而很多晚來的北方小姓則必須繞過這些長江流域的大姓，到中國東南丘陵去尋找新的家園。

二、從汝潁擴展到東南沿海的姓氏

中國三百大姓中，主要分布在江浙地區的姓氏有徐、朱、潘、丁、沈、陸、金、邵、顧、錢、施、章、俞、童、盛、包、項、談、瞿、鬱、繆、虞、應、樓、屠等，主要分布在東南贛、閩、臺及粵東地區的姓氏有陳、吳、林、鄭、謝、許、蕭、曾、蔡、葉、廖、方、邱、鄒、賴、洪、溫、莊、詹、涂、翁、游、阮、尤、柯、饒、凌、簡、卓等。

其中江浙地區源自中原的大姓有潘、丁、沈、項、應、繆等，東南地區源自中原的大姓有陳、鄭、謝、許、曾、蔡、葉、廖、賴、溫等。東南地區源自中原的姓氏數量多，人口也多。

東南第一大姓陳源自陳國，戰國時期已經擴散到江淮，因為人數多而且遷徙早，所以看不出遷徙路線。我們可以通過蔡姓找到從中原南遷華南的路線，蔡姓出自上蔡，沿汝河南遷，一路有新蔡縣、下蔡縣（今安徽鳳臺）。《宋書‧州郡志二》江州豫章郡望蔡縣（今江西上高）說：「漢靈帝中平中，汝南上蔡民分徙此地，立縣名曰上蔡，晉武帝太康元年更名。」上蔡人很可能是經過湖北東部南遷江西，因為東晉在今湖北最東部的武穴市僑置南新蔡郡，從河南上蔡到江西望蔡的最近線路正是經過南新蔡郡。《陳書‧高祖紀上》記載蔡路養起兵，佔據南康郡（今贛州），阻擋陳霸先，說明南朝末年的蔡姓已經是贛南大姓。隋唐時期蔡姓又從江西大舉入閩，明清擴展到臺灣，所以現在是閩臺大姓。

西漢時期江西東部的餘干（在今餘干縣）、南城（在今南城縣東南）、雩都（在今於都縣）三個縣中，南城縣最靠近武夷山，說明漢代的撫州入閩道很重要。孫吳的臨川郡有十縣，治南城縣，而餘干縣上游的今上饒市境僅有上饒（今上饒）、葛陽（今弋陽）兩縣，說明撫州入閩道為主，上饒入閩道為次。《宋書‧州郡志二》江州臨川郡臨汝縣（在今撫州市）：「漢和帝永元八年立。」臨汝之名，很可能來自河南的汝水。

六朝時期福建的中心是建安郡治建安縣，在建溪流域，更近上饒，這是因為建溪上游通過浦城縣通往浙江，孫吳的核心在江浙，所以把郡治定在建

安縣。建溪是浙江人南遷福建的通道，而江西入閩仍以撫州道為主，所以隋代居然還把邵武縣劃入臨川郡。這兩條通道的影響現在仍很清晰，至今江西上饒以東及福建浦城還是吳語區，而福建的邵武、光澤、建寧、泰寧等縣還是贛語區。〔註4〕

　　至今撫州話還很接近閩語，而上饒話沒有這種特點。晚唐五代時期，贛南到閩西的新通道崛起，所以在閩西新設置汀州，由此形成了聚居於今贛閩粵交界區的客家人。

　　中原每逢戰亂，豫東大平原受到衝擊最大，而順淮北諸河南遷到江淮地區的交通極為便利，江淮之間的分水嶺很低，又可以再遷往長江沿岸，因為河南最靠近江淮西部，所以古代的河南人遷往江淮西部和江西最多，再從江西遷往福建，這就是中原姓氏多見於現在閩臺而非江浙的原因。

　　江浙地區在春秋時期就有吳、越兩大強國，所以原來人口多而且漢化早，源自越人的姓氏更多。唐代林寶《元和姓纂》卷八引《顧氏譜》說漢初東甌王搖別子為顧餘侯，後裔為顧氏，顧氏從古至今聚集在江浙。浙江還有一些源自越人的小姓，比如斯、嵇（稽）。現在江蘇寶應東部的裏下河沼澤地帶有夷姓，很可能源自古代的東夷，《宋書》卷七九《竟陵王誕傳》記載了海陵（今泰州）人夷孫，說明夷姓在江蘇一直有傳承。江浙地區又接納了很多從山東南遷的人群，所以南遷江西是中原人最佳的選擇。

　　福建多山，土著人口少，中原人在此遇到的土著阻力較小。特別是唐末王潮、王審知率部從中原入閩，建立了福建第一個漢人政權，使得福建迅速接軌中原文化，確立了中原移民在福建的主體地位。這次從中原到福建的長距離遷徙在中國歷史上也很罕見，所以我們不能輕易否定福建家譜祖述光州的真實性。但是我們更要看到從河南到福建的千年移民大勢，陳、王等姓在唐代之前就已經是福建大姓了，《陳書》卷三十五《陳寶應傳》說：「陳寶應，晉安候官人也，世為閩中四姓。」《隋書》卷四十八《楊素傳》說：「泉州人王國慶，南安豪族也，殺刺史劉弘，據州為亂。」所以我們既要承認陳元光、王審知的重要地位，又要看到現在福建家譜把祖先全部追溯到唐代人名下確有一些誇張成分。

　　閩方言的一些詞彙與北方話類似，而不同於浙東南的吳語和粵語，比如罵字見於閩語區大多數地方，但是浙東南吳語說鑿，粵語說閙。再如抱，粵

〔註4〕李如龍：《福建方言》，福建人民出版社，1997年，第84頁。

語說攬或供等，浙南吳語說挾或馱等，閩語說抱。再如想，浙東南吳語說忖，粵語說恁，閩語說想。再如蹲，從湖北東部、江西北部到閩西北的光澤、邵武、順昌，再到閩南語，都說跍，明顯有一個條帶，條帶兩邊的吳語和湘語、客家話不說跍，〔註5〕這個條帶恰好是中原人南遷福建的路線。湖北東部緊鄰信陽，信陽原來或許也說跍。這些詞語見於海南和兩廣閩語，說明宋元時期的閩語就有。這些詞語是生活詞語，不太可能是傳自書本。這些詞語像楔子一樣，從中原伸入福建，很可能就是唐代的光州移民帶來。

此外還有一些閩語特色詞彙雖然不見於現在的中原話，其實是典型的中原古漢語。閩語保留的很多古漢語詞彙也不見於東南其他方言，比如現在閩語把筷子說成箸，把柴禾說成樵，把肚子說成腹，把喝說成飲，把餓說成腹枵，把鍋說成鼎，把抓說成撩，把走路說成行，把黑說成烏，把東西說成對象，把掉說成落，把怕說成驚，把晚說成晏，把睡覺說成眠。〔註6〕其中個別詞彙也見於東南其他方言的部分地區，但是閩語保留了更古老的讀音。比如北部吳語說筷子，南部吳語的某些地區也把筷子稱為箸，但是讀成 tsi，而閩語讀成 ti，可見閩語保留了上古漢語聲母知端合一的特點。

中國三百大姓中集中分布在嶺南地區的姓氏有：黃、何、梁、蘇、鍾、盧、陸、韋、秦、黎、莫、藍、覃、符、蘭、卜、蒙、陽、古、麥、農、練、官、揭、巫、植、鄺、冼、利等。除了最大的黃、何、梁、蘇、鍾等姓源自北方外，多數姓氏是源自嶺南土著的特色姓氏，在嶺北很少看到。嶺南還有一些罕見的小姓，比如倫、蟻等姓，或許也是源自土著。除去大姓中源自土著的因素，嶺南姓氏源自北方的比例更低，這和福建差異很大。而分子人類學的基因檢測結果也完全符合，金力院士主持的研究還證明，福建、雲南漢族的父系血緣源自北方漢族的比例高達九成，浙江、江蘇、四川、湖南漢族的父系血緣源自北方漢族的比例不超過八成，但是廣東漢族的父系血緣源自北方漢族的比例不超過七成。〔註7〕因為嶺南源自中原的人群比例不及閩、浙，所以嶺南源自中原的姓氏也不及閩、浙。因為廣東人特別是廣府人的血

〔註5〕曹志耘主編：《漢語方言地圖集·詞彙卷》，北京：商務印書館，2008 年，第126、129、153、135 頁。

〔註6〕曹志耘主編：《漢語方言地圖集·詞彙卷》，第 69、97、98、109、110、112、119、131、138、146、155、158、175、183 頁。

〔註7〕金力：《寫在基因中的歷史》，收入韓昇、李輝主編《我們是誰》，復旦大學出版社，2011 年，第 95 頁。

緣來源不同於中國南方其他人群，所以相貌也和中國南方其他人群有明顯差異。

　　贛閩粵交界處的客家人不同於廣府人，分子人類學家對福建長汀的 148 個客家男子做了遺傳分析，發現客家人父系遺傳的Y染色體與中原漢族最近，又偏向於苗瑤語族群中的畬族，而其他南方漢族偏向於侗臺語族群。混合分析發現，客家人數據結構中漢族結構占 80.2%，類畬族結構 13%，類侗族結構 6.8%。客家人的主要成分應是中原漢人，畬族是對客家人影響最大的外來因素，與客家話中的苗瑤語特徵相印證。〔註8〕客家人來自北方的成分比廣府人高，形成時間晚，客家話比粵語更接近北方話。

三、從南陽擴展到西南的姓氏

　　中國三百大姓中，主要集中在湖南及西南的姓氏有楊、羅、唐、鄧、彭、田、譚、雷、龍、段、賀、尹、易、文、聶、向、伍、駱、歐、歐陽、路、牟、滕、冉、喻、簡、蒲、桂、婁、全、匡、敖、銀、木、和等。除去源自南方土著的姓氏，最大的幾個姓都是源自中原。

　　源自中原的西南大姓中，除了楊姓源自山西，羅、唐、鄧全部源自南陽到漢水一帶，羅國原在今宜城，唐國在今隨州，鄧國在今襄樊。鄧國雖然原在襄樊，但是中古時期最著名的鄧氏是源自新野的鄧晨一族，襄樊、新野、鄧州鄰近。南陽也在漢水流域，周人統稱為漢陽。周朝在漢水北岸分封有諸多國家，統稱為漢陽諸姬，而漢水之南則鞭長莫及。漢魏時期的南陽郡包括湖北省北部，說明南陽與漢陽一體延續到中古時期。現在南陽和襄樊、隨州雖為省界分隔，文化上仍然關係密切，西南官話鄂北片很接近河南話。唐、羅、鄧等姓原來在中原的西南部，又擴展到了現在中國的西南部。因為漢水流域和淮河流域中間有桐柏山、大別山阻隔，所以漢水流域的姓氏自然向長江中上游擴展，而不像淮河流域的姓氏向長江下游擴展。

　　源自中原的西南大姓在數量上不及東南，這是因為原來中原西南的人口較少，而且有強大的楚國崛起於江漢地區，很早就吞併了南陽諸國。《左傳》僖公二十八年欒貞子說：「漢陽諸姬，楚實盡之。」楚國雖然在軍事上比較強勢，但是楚國正是通過漢陽諸姬才加速漢化。漢陽諸姬成為楚人，又在歷代

〔註8〕李輝、潘悟雲、文波、楊寧寧、金建中、金力、盧大儒：《客家人起源的遺傳學分析》，《遺傳學報》2003 年第 9 期。

楚人西遷的浪潮中來到西南。楚人在戰國時滅巴、滇，疆域擴展到西南，東漢時期的四川盆地東部楚人居半，《華陽國志》卷一《巴志》但望說：「江州以東，濱江山險，其人半楚，姿態敦重。」江州縣在今重慶市，其東多有楚人，姿態敦重正是北方的中原民性。元代以後的湖廣填四川不過是楚人西遷的延續，繼續強化楚文化對西南的影響。其實影響西南的楚文化源自中原西南的漢陽諸姬，所以我們說現在中國西南漢文化的源頭在河南西南部。

現在重慶的會姓，據說來自湖南，顯然是源自鄶國，在今河南新密，歷史上南遷到湖南。

四、從豫北擴展到北方的姓氏

現在主要分布在中國華北及東北的一些姓氏，也源自今河南省境。比如宋、范、石、申、商、溫、衛、樊等。

宋姓源自宋國，商姓源自商朝，都是源自河南境內。商末都城長期在安陽，商丘也在河南東北，導致現在中國的宋、商二姓主要分布在華北的東北部到中國東北。據前引袁義達之書，現在宋姓第一大省是山東，現在商姓前三大省是河北、黑龍江、河南。

衛姓源自衛國，衛國都城雖然遷徙四次，五個都城依次是沫（在今淇縣）、曹（在今滑縣故治）、楚丘（在今滑縣東）、帝丘（在今濮陽）、野王（在今沁陽），全在今河南省北部。據前引袁義達之書，現在衛姓第一大省是山西，顯然因為山西臨近河南北部。衛國有大族石氏，為衛國大夫石碏的後裔。後來雖然有多個民族融入華夏的石氏，但是其主要源頭是衛國的石氏。據前引袁義達之書，現在石姓前五大省是四川、湖南、山東、河南、河北。南宋周去非《嶺外代答》卷三《西南夷》說：「西南五姓蕃部，曰龍、羅、方、石、張。」〔註9〕可見四川、湖南等地的西南石氏多源自西南土著民族，但是山東、河南、河北一帶的石氏多出自華夏。歷史上還有來自中亞石國的胡人及突厥人等外族改姓為石，但是他們的後裔主要在中國西北而非華北東部。

現在河南西北部還有溫縣，即來自古代溫國。溫縣西北的濟源市境內還有古國樊國。這些國家都在河南的北部，所以這些姓氏現在主要分布在中國北部。前引袁義達之書，現在樊姓第一大省仍是河南，其次是鄰近河南的陝

〔註9〕〔宋〕周去非著、楊武泉校注：《嶺外代答》，北京：中華書局，1999年，第120頁。

西、山西、安徽、江蘇、湖北、河北等省。陝西、山西僅次於河南，正是因為樊姓起源於河南省西北部。

范姓雖然主要源出晉國范氏，但是范氏在晉國內鬥中失敗，逃往齊國西部，即今河南最東部的范縣，所以現在范姓主要分布在華北。據前引袁義達之書，現在范姓前三大省是河南、安徽、山東。申國源自西周時期西北的申戎，但是西周在河南西南部的南陽市境內又建立了一個申國，為周宣王分封其舅建立。據前引袁義達之書，現在申姓第一大省仍是河南。

源自河南北部的這些姓氏現在主要分布在中國北方，主要因為這些姓氏的發祥地多數在黃河以北，所以在歷代戰亂時，不能像河南南部的淮河流域、漢水流域姓氏那樣很快遷往中國南方。

通過上文考證不難發現，現代中國姓氏地理基本來源於自周代中原的分封地理。原來在河南東南部淮河流域的古國姓氏，在漢魏六朝時期越過低矮的江淮分水嶺，很快擴展到長江流域，再逐步擴散到東南沿海，成為中國東南現代姓氏的主要來源。原來在河南西南部漢水流域的古國姓氏，逐步擴散到現在中國廣闊的西南地區，原來在黃河以北的古國姓氏現在多分布在中國北方。現在中國東南、西南、華北三大姓氏區，就是中原三大流域及姓氏區的擴展。

其中河南省東南部向江、浙、閩、粵的姓氏大擴散尤為突出，不僅遷徙距離長，遷出數量多，而且是閩語、客家話地區的主流姓氏，在粵語地區也有很大影響。這些姓氏又在唐宋以來的千餘年間大量擴散到海外各地，成為影響世界的姓氏。從淮北到江淮、江南、江西北部基本都是平原，這條千里大通道是中原姓氏向東南大幅擴展的地理基礎。宋代以來的中國東南因為戰爭較少，理學發達，經濟發達，所以產生了中國最發達的宗族組織。各大宗族標榜姓氏郡望，所以現在中國東南甚至南洋等地的華人民居門口，還常用大字書寫潁川、滎陽、江夏、汝南等著名郡望，外人一看就知主人是陳、鄭、黃、周等姓。

來自中原的姓氏是現在中國東南姓氏的主流，唯有江浙地區留下不少越人姓氏。另外嶺南很多姓氏源自土著越人，齊魯姓氏歷史上曾有向江南的擴展，近代有向東北的擴展，西北邊疆歷史上接納了不少來自游牧民族的姓氏。但是這些邊疆地區的姓氏，無論在人口數量還是分布範圍上都不能和中原姓氏相比。現代分子人類學家檢測發現，歷代侵入中原的外族並沒有改變漢族

的主要血緣。絕大多數入侵中原的外族人口較少，而且最終融入中華民族大家庭中。所以我們不僅要看到中原姓氏在人口數量和分布範圍上的優勢，更要看到其在文化地位上的優勢。即使是擁有軍事權威的入侵外族，也最終接受了中原的華夏文化，改用中原姓氏、郡望、族譜。

除了上文所說的大姓，還有一些現在的東南小姓，歷史上卻都是中原的貴族大姓。比如皇甫，現在江蘇南部較多。司徒，現在廣東江門較多，江浙還有司姓。上官，現在福建西部較多，有些簡化為官姓。這些姓氏不可能是南方土著隨便編造附會，他們都是歷史上流放或逃難到南方的貴族帶來。

第二章　從山東沿海南遷的姓氏

　　中國東南地區的大姓，大多數源自今河南省的古國，比如陳姓源自陳國（今淮陽），黃姓源自黃國（今潢川），鄭姓源自鄭國（今新鄭），謝姓源自謝國（今南陽），許姓源自許國（今許昌），蔡姓源自蔡國（今上蔡），沈姓源自沉國（今平輿），應姓源自應國（今魯山），江姓源自江國（今正陽），葉姓源自葉國（今葉縣），蔣姓源自蔣國（今淮濱），潘姓源自潘國（今固始），廖姓源自廖國（今固始），溫姓源自溫國（今溫縣），蘇姓源自蘇國（今溫縣）。不過現在中國東南地區還有一些姓氏是源自今天的山東省，而且有的是從江蘇、浙江沿海一路南遷到福建，而這些姓氏常常為人忽視，需要我們仔細搜尋。

一、源自山東的江蘇稀見姓氏

　　江蘇是中國最低平的省，全省絕大多數地方是平原。最高峰連雲港市的雲台山僅有 625 米，和其他省的最高峰比起來很矮，而且江蘇極少的一點山丘還分布在邊緣地帶。江蘇鹽城是中國唯一沒有自然山丘的地級市，海拔最高處是黃河故道大堤。江蘇河湖密布，一馬平川，歷史上水運發達，不僅有長江、淮河等多條重要通航河流，還有南北動脈京杭大運河，交通非常便捷。很多人以為在江蘇這樣的四通八達之地，沒有什麼稀見姓氏。其實江蘇也有一些稀見的姓氏，不太為人熟知。其中有不少稀見姓氏都是源自山東，歷史上是從山東省南遷到今江蘇境內。西晉永嘉之亂後，大量山東人南遷到江淮，這些姓氏所在的家族就在其中。現在這些稀見姓氏有的不為人知，很多人並不知道這些姓氏來自山東，本文就介紹一些這樣的姓氏。

　　惲姓，江蘇的惲姓集中在常州，姓氏雖然小，但是惲姓的名人不少。近

代有惲代英，清代有著名畫家惲壽平，還有學者惲敬。因為常州文化發達，所以惲姓能產生很多名人。惲姓起源於今山東鄆城縣，《史記·秦本紀》最末的太史公曰，列舉了一些和秦人同源的氏族，其中有鄆奄氏，鄆奄氏是鄆氏和奄氏通婚形成的部落。奄在今山東曲阜，是秦人祖先少皞氏的都城。西周初年，東夷和商朝的餘部起兵反周，被周人征服後，周公的兒子伯禽封在奄，建立魯國。奄成為魯國的都城，改名曲阜，這是周人在東方最重要的據點。《左傳》定公四年（前506年）祝佗說：「因商奄之民，命以伯禽，而封於少皞之虛。」奄氏如此重要，與其通婚的鄆氏也應該是上古重要的姓氏，所以留下了鄆城這個地名，一直延續至今。鄆氏在六朝時南遷到江南，改寫為惲，其實本質一樣，不過是通假字而已，但是這一改使得很多人忘記這個姓氏來自山東。

過姓，也主要集中在常州、無錫一帶，現在過姓還分布在山東、安徽、浙江、江西等省，這也是一個源自山東的姓氏。過姓源自上古山東的過國，過國的君主寒浞跟隨后羿滅亡夏朝，又取代后羿，但是被少康打敗，《左傳》襄公四年杜預注說：「北海平壽縣東有寒亭。」又說：「過、戈皆國名，東萊掖縣北有過鄉，戈在宋、鄭之間。」漢代的北海郡平壽縣在今濰坊西南，掖縣即今萊州，地域接近，說明過國很可能在今濰坊到萊州一帶。過姓和戈姓很可能是同源姓氏，讀音接近。今江蘇東臺有戈姓，近代名人著名新聞學家戈公振、文學家戈寶權都是東臺人。過姓在古代的名人不多，明代有浙江嵊縣（今嵊州市）人過庭訓。無錫歷史上屬於常州府，近代無錫產生了很多過姓名人，有物理學家過增元、醫學家過晉源、工學家過靜宜等。

承姓，也主要集中在常州，承姓源自漢代的東海郡承縣，在今山東棗莊市嶧城區。《後漢書·承宮傳》記載承宮是琅邪郡姑幕縣（今山東諸城）人，說明承姓源自山東。現在山東省的南部，漢代屬徐州。東晉初年，山東人大量南遷到常州，所以僑置徐州在今常州。劉宋時因為收復原來的徐州，所以把在今常州的徐州改名為南徐州。因為當時在今山東省南部的人大量南遷到了今天的常州，所以鄆、過、承等姓都在此時南遷到了今天的常州。常州距離揚州和鎮江之間的渡口很近，山東移民到了鎮江、常州一帶，覺得已經非常安全，就不再南遷，傳承至今。漢代東海郡承縣的東部，就是著名的蘭陵縣，蘭陵縣南遷到今常州的人群中，走出了蕭齊、蕭梁的建立者，南朝四個王朝有兩個王朝產生在這裡，說明當時從今棗莊南遷的人在常州的勢力很大。

常州的承姓在近代產生了書畫家承名世、醫學家承淡安等名人，承淡安是江陰人，江陰歷史上屬於常州府。

掌姓，也是一個很小的姓，現在主要分布在江蘇濱海縣、阜寧縣、射陽縣、響水縣、灌雲縣、東海縣。這六個縣連為一體，東海縣的北部就是山東。其實掌姓是源自山東，唐代林寶《元和姓纂》卷七掌姓：「魯大夫黨氏之後，雄與劉歆書雲林閩蜀郡掌氏。琅邪，晉有琅邪掌同。燉煌，前涼有遂興侯掌據。」南宋鄭樵《通志·氏族略·以族為氏》說：「掌氏，魯大夫黨氏之後，以音掌，故從音。望出琅邪、敦煌。」敦煌是漢武帝時期才漢化，漢武帝遷徙很多中原人到河西走廊，所以敦煌的黨氏應是從山東遷過去。黨的上古音接近掌，現在閩南語還保留上古音知端合一的特點，所以閩南話掌的讀音接近黨。掌姓又寫作仉姓，《元和姓纂》在掌姓之下就是仉，仉的聲旁應該是幾，但是讀音和幾差別太大，所以應該是歷史上的誤寫。因為仉和仗的字形接近，所以仗被誤寫成了仉，這就是掌姓又作仉的由來。琅邪郡在今山東的東南部，所以掌姓南遷後，現在主要分布在連雲港和鹽城一帶。掌姓在古代的名人有宋代的醫學家掌禹錫，近代名人有掌維漢、掌有南。

侍姓，在現在江蘇省灌雲縣、濱海縣等地有分布，源自侍其姓，蘇州城內現在還有侍其巷。南京城內歷史上也有侍其巷，現在已經不存在了。1973年，南京博物院發掘連雲港市海州區網疃莊的一座西漢古墓，墓主叫侍其縣，說明侍姓在今連雲港一帶已有兩千多年歷史了，1912年之前灌雲縣和連雲港是同一個縣。侍姓的由來，前人曾經有一些傳說，比如有人認為源自西漢的名人酈食其，說食其寫成了侍其，我認為這種說法沒有根據。因為到了漢代，很少有姓氏來自一個人的名字。而且酈食其的名字，反而是很可能來自侍其。

我認為侍姓源自上古山東的邿國，在今山東長清縣。邿國是舜的後代，長清縣萬德鎮出土的西周晚期邿國銅簠上有「邿中媵孟媯寶簠」銘文，證明邿國是舜的媯姓。說明這是上古重要的國家，在歷史上山東人南遷的浪潮中，侍姓也南遷到了江蘇。邿字右邊的邑，表示地名，其本字就是寺，所以邿就是侍，侍左邊的人代表氏族。至於侍其姓多出的其，也很容易解釋，上古的山東、江蘇一帶有很多地名帶有其字，比如《漢書·地理志》記載西漢的琅邪郡有不其縣（在今青島西北），東海郡有祝其縣（在今江蘇贛榆東南），臨淮郡有贅其縣（在今江蘇盱眙西北）。另外琅邪郡有魏其縣，地點不詳，應在今山東的東南部。東海郡有蘭祺縣，地點不詳，應在今江蘇和山東一帶。江

蘇鹽城市龍岡鎮出土的楚國印章就有贅其亭，楚國的印章上還有童其亭，齊國印章上還有曾其戶、盧其鳥。說明其是一個在山東和江蘇常見的地名通名，我認為其本字是丘，因為上古音的丘和其讀音很接近，古人把房子建在土丘高處，所以很多地名都帶有丘字，寫成了其。所以侍其姓原本就是侍姓，不過侍其姓簡化為侍姓應該很晚了，很可能在元代之後，所以南京、蘇州的侍其巷都是宋代之前出現的地名。侍其姓在後世簡化為侍姓時，已經不知道侍其姓原義就是侍姓的真相了，也不知道源自上古的郆國。

皋姓是一個很小的姓，現在江蘇濱海縣、山東臨朐縣等地有分布，這個姓也是源自山東。上古山東最大的部落是少皞氏，黃淮一帶還有太皞氏，皋姓很可能源自少皞和太皞。皋和郜是同源姓氏，讀音非常接近，上古有郜國，在今山東成武縣，漢代設郜城縣。郜也是源自太皞和少皞。現在有郜姓，分布在山東、河南、安徽、江蘇等地。

仲姓，現在主要分布在江蘇、山東、上海、遼寧等地。江蘇的仲姓接近全國仲姓的一半，江蘇的仲姓應該是從山東省南遷，東漢著名思想家仲長統是山陽郡高平縣人，漢代的高平縣在今山東省微山縣。漢代的高平縣不是今山西高平，今山西高平在漢代叫高都縣，北魏才改名高平。因為仲姓源自山東，所以現在江蘇的仲姓主要分布在江蘇北部的徐州、連雲港、鹽城等地。

臧姓，源自魯地。春秋時期魯國有臧氏，《論語》和《左傳》有臧文仲，現在山東的南部還有臧姓，現在中國的臧姓主要分布在山東的南部和江蘇北部。臧姓漢代就南遷到了江蘇，《三國志》卷七《臧洪傳》記載臧洪是廣陵郡射陽縣人，漢代是射陽縣城在今寶應縣射陽湖鎮，漢代的射陽縣不是今射陽縣，今射陽縣是 1942 年才從阜寧縣分出建立。古代的射陽縣源自射陂（射陽湖），今天的射陽縣源自從寶應縣東流入海的射陽河。臧洪跟隨廣陵太守張超參加討伐董卓，又被袁紹任命為青州刺史和東郡太守，但是袁紹不出兵救援張超，致使張超被曹操殺害，所以怨恨袁紹，最終被袁紹俘殺。

談姓，源自山東省最南部的郯城縣，上古是郯國。郯國源自少皞氏，《左傳》昭公十七年記載，郯國的君主郯子到魯國，孔子向郯子請教少皞氏的歷史，郯子不僅說黃帝以雲為紀、炎帝以火為紀、太皞以龍為紀、少皞以鳳為紀、共工以水為紀，他還解釋了少皞氏崇拜鳳凰的原因，詳細敘述了少皞部落聯盟的各個氏族的名稱和職掌。孔子聽他講述後，說：「天子失官，學在四夷，猶信。」孔子認為是郯國這樣的東夷小國保留了西周的制度，其實郯子

講述的五帝歷史比西周還早三千多年，是西周延續了上古之制，而不是東夷學習了周制。這一段記載堪稱中國上古史最珍貴的史料，我們從中得以系統瞭解五帝時代各部落聯盟的信仰和結構。《古本竹書紀年》記載：「於越子朱句三十四年，滅滕⋯⋯晉烈公四年，越子朱句滅於滅郯，以郯子鴣歸。」楊寬考訂越國滅郯國、滅繒國（在今山東省蘭陵縣）在公元前 413 年（周威烈王十三年），郯國末代君主的名字仍然是一種鳥，說明這個小國一直保留少皥氏崇鳥的傳統。上古的小國很多，有的僅有國名保留下來，但是郯國對中國歷史尤其重要。因為孔子向郯子請教古史，所以後人因此稱讚孔子好學，唐代韓愈的名文《師說》說：「孔子師郯子、萇弘、師襄、老聃。郯子之徒，其賢不及孔子。孔子曰，三人行，則必有我師。是故弟子不必不如師，師不必賢於弟子。聞道有先後，術業有專攻，如是而已。」說的就是郯子給孔子講古史。

郯國人後來姓談，現在中國的談姓主要分布在江蘇南部、上海和浙江北部，近代著名生物學家談家楨是浙江寧波人，曾任復旦大學校長。談姓之所以分布在江蘇最南部，因為漢代的郯縣是東海郡治。東晉初年，東海郡人從今朐縣（今連雲港）、利城縣（今贛榆）航海直接南遷到了長江南岸。東晉在今江陰僑置南東海郡，包括郯、朐、利城等縣，此時談姓就開始在江蘇南部落地生根。

伏姓，最早的名人是漢初的濟南郡人伏勝。他原來是秦代的博士，能背誦《尚書》等經書。漢文帝派晁錯去向九十多歲的伏勝學習，記下的《尚書》被後人稱為今文《尚書》。東漢時琅邪郡東武縣（今山東諸城）出了伏湛，是東漢開國皇帝劉秀的宰相，他是伏勝的九世孫。伏姓從山東的南部大量南遷江蘇，現在江蘇北部的徐州、宿遷、連雲港、淮安、鹽城等地都有伏姓。

卞姓，源自今山東泗水縣泉林鎮的卞邑，現在還有金代重修的卞橋。上古卞姓名人都在山東，如晉代卞壺是濟陰郡冤句縣（今山東曹縣）人。卞姓南遷後，現在中國的卞姓以江蘇最多，占全國卞姓人口近一半。宋代以後的卞姓名人基本都是江蘇人，如儀徵人卞寶弟、卞孝萱、海門人卞之琳。

郁姓，源自山東的郁夷，漢代膠東國有郁秩縣（在今平度），連雲港雲台山原來是郁洲島。《尚書・堯典》說堯命令羲仲，住到嵎夷的暘谷，引導日出，《史記・五帝本紀》改為嵎夷，顯然在中原最東部的膠東半島。現在中國郁姓分布最密集的地方是江蘇沿海的鹽城、南通和遼寧沿海，都是源自

膠東半島。

除了以上稀見姓氏，還有很多大姓也從山東遷徙到了江蘇和浙江，比如姜姓、于姓、魯姓、孔姓、孟姓、薛姓、管姓、譚姓、孫姓、崔姓、畢姓、單姓、鮑姓、左姓等。

歷史上山東人大量南遷到了江蘇、浙江，使得很多源自山東的姓氏現在分布到了江浙，甚至現在主要分布在江浙。我們今天研究中國的姓氏和移民史，不應該忽視從這些南遷的稀見姓氏，這些稀見姓氏是證明歷史上漢族南遷史最好的例證。雖然這些稀見姓氏的人口較少，但是他們在歷史上所跟隨的南遷人群規模很大，改變了中國的歷史進程。

二、源自山東的福建姓氏尋蹤

東南沿海的呂姓，顯然源自山東，西周所封齊國的建立者姜太公就是呂氏，呂姓源自炎帝，現在呂姓還是閩南和臺灣的大姓。呂姓在浙江東部也是大姓，但在江西、安徽則不多，所以現在閩南和臺灣的呂姓很可能是從浙江沿海一路南遷到福建。臺灣名人呂秀蓮的祖籍是漳州南靖縣書洋鄉田中村，她在 1990 年曾經親自回到田中村祠堂祭祖。臺灣的呂氏宗親們還曾經多次組團到南靖縣祭祖，呂秀蓮之兄呂傳勝不僅多次回鄉祭祖，還捐資給祖籍地修橋鋪路，修繕宗祠，設立獎學金。

孫姓很早就是閩南的著名姓氏，唐代前期的福建沿海僅有泉州一個州，治所在閩縣，在今福州。武則天久視元年（700 年），南安縣人孫師業向在今福州的官府說，南安縣距離州城太遠，請求朝廷在南安縣建一個新的州。朝廷很快分立了武榮州，管轄南安、莆田、龍溪（今漳州）三縣，也即今天的閩南地區，唐睿宗景雲二年（711 年）武榮州改名為泉州。可見孫姓很早就是泉州的大族，福建的孫姓很可能也是源自浙江。孫權是富春縣（今富陽）人，孫吳時期在福建新設很多縣。孫權為了對抗魏、蜀，加速開發東南，此時有很多浙江人來到福建，很可能包括王族孫姓。

薛姓也是福建較早的大姓，唐中宗神龍二年（706 年）的進士薛令之是福建長溪縣廉村（今屬福安）人，他曾經在唐玄宗開寶時任左拾遺，因為不滿李林甫等姦臣把持朝政，寫詩諷刺，棄官回閩。傳說薛令之晚年隱居在廈門島，當時的廈門還是一個人煙稀少的荒島。即使薛令之本人未曾來到廈門，廈門島的薛姓也很可能是從閩北沿海遷來。薛姓是廈門島上最早的兩大姓氏

之一，因為陳姓住在廈門島的南部，薛姓住在廈門島的北部，所以俗稱為南陳北薛。宋代泉州同安縣尉張翥的《嘉禾風物詠》詩云：「衣冠陳氏族，桃李薛公園。」明代萬曆《泉州府志》說：「廈門人物，以南陳北薛為最古。」薛令之的老家也在海邊，而且也是海港，他的族人很可能是航海來到廈門。唐代的廈門屬泉州，已經有很多來自西亞的阿拉伯人和波斯人來經商，所以薛令之很可能看中了廈門的優越位置。因為長溪縣在福建最東北部，薛姓很可能從浙江沿海南遷。現在江蘇省北部是薛姓分布較密的地方，所以薛姓應該是從沿海南遷。

廈門集美區孫厝村孫氏宗祠

　　池姓在福建沿海是一個人口較多的姓氏，現在中國的池姓分布密集地包括浙江省東南部、福建省大部分地區、廣東省南端和東部、遼寧省北部、吉林省大部和黑龍江等地。所謂廣東的南端和東部，其實是雷州半島、海南島和潮汕，今天都是說閩南話的地方。所以池姓有一個明顯的沿海向南擴散運到，其源頭是在山東，所以東北的池姓也很多，源自近代的山東人遷往東北。我在古籍中找到了上古時期山東池姓的記載，東晉干寶的《搜神記》卷十六《鬼酤醉》條，說：「漢建武元年，東萊人姓池，家常作酒。」建武是東漢的

第一個年號，說明西漢的東萊郡已有池姓，東萊郡在今山東半島。歷史上池姓從山東沿海南下，進入福建的時間不會很晚。福州、泉州都有池姓，明末廈門著名文學家池顯方的祖先就是明朝初年從寧德遷來。

因為池姓很早就是閩南的大姓，所以宋代之後在閩南出現一個影響力很大的池王爺神。王爺是海峽兩岸一種重要的民間瘟神信仰，臺灣眾多的瘟神王爺中，又以池王爺最為突出。池王爺也是海神，清代寶振彪《廈門港紀事》第三篇記載一年的氣象災害，說六月十八是池王爺暴。清代周凱主編的《廈門志》記載：「又有靈應殿、西應殿、寶月殿、威靈殿，祀所謂池王爺，語無可據，不載。」因為池王爺是明末清初突然發展壯大的神，缺乏歷史，所以周凱不屑記載。閩南供奉池王爺的地方很多，廈門島南部的漁港附近山上有會福宮，就供奉池王爺，還有另外四個王爺：安建王爺、蔡府王爺、金府王爺、俯駕王爺。閩南和臺灣等地常見的五府王爺神，源自江南常見的五通神。因為五通神的名號原來沒有確定，所以各地的五府王爺神的名號也有很大不同，很多王爺的姓氏源自各地的大姓，蔡府王爺、金府王爺等等都是。

廈門湖里區林後村薛氏宗祠

廈門思明區會福宮供奉池王爺

供奉池王爺的金門金城鎮廟宇代天府

　　關於池王爺的由來，閩南各地有很多傳說。有一個流行的傳說是，池王爺名然，字逢春，又名德誠，原籍南京，萬曆三年（公元 1575 年）武進士及第。路過廈門的馬巷，遇到有使者要去漳州播撒瘟疫，於是自己服藥，拯救蒼生，死後成神，被封為代天巡狩，在馬巷建廟。臺灣有數百座池王爺廟，都以馬巷為祖廟。這個傳說非常荒誕，因為明代根本找不到池然這個武進士，

而且這個故事的情節和東南沿海流行的唐代張巡救人故事情節完全一致，所以池王爺神的根源顯然是張巡信仰。池王爺是明末人的說法，時間太晚，逢春的名字也是從起死回生這個情節衍生出來。

其實池王爺神確實源自泉州，泉州池姓在泉州城內裴巷北段修建了池王府，供奉池公夢彪王爺神位，並有金身塑像，奉為族神。後來受到當地百姓的敬仰，成了北隅裴巷口全境的境神。廟府規模可觀，香火長期興旺，幾經翻修，保存完好，但是幾十年前被破除，現在已經不存在。傳說池夢彪夢見一位瘟神，奉玉皇大帝旨令散佈瘟疫。池夢彪請這位瘟神到家中飲酒。瘟神醉酒，吐露此次下凡之意，池夢彪不忍百姓受災，假意借看瘟神囊中的藥粉，趁將那包瘟藥全數吞服。毒性發作，滿臉黑斑，眼珠突出而亡。全城百姓感之，建廟奉祀。瘟神帶池夢彪的魂魄，去晉見玉皇大帝，玉皇大帝感念他愛民救民的精神，敕封代天巡狩。又有傳說，池夢彪是隋末人，幫助李淵建立唐朝。授封中郎將、折衝都尉。貞觀十七年（643 年），隨唐太宗李世民征高麗，勢如破竹，又加封宣威將軍，後任太守。池王爺是隋末人的說法顯然查無實據，但是說明池王爺信仰的產生比較早，不太會晚到明末。

泉州裴巷彩華宮

同在泉州裴巷的彩華宮，主神就是唐代的張巡，池夢彪是從神，我以為這就是池王爺故事和張巡故事完全一致的由來。張巡、許遠在唐代安史之亂時，為唐朝死守睢陽（今商丘），最終犧牲，但是他們保障了中國東南的安全，所以得到天下人的尊崇，《新唐書》卷一九二《張巡傳》說唐肅宗為張

巡、許遠在睢陽立廟，號稱雙廟。現在中國東南很多地方都有雙忠廟，供奉張巡、許遠，稱為雙忠公。張巡、許遠信仰從中原一路向南傳播，在皖南和江淮都很興盛，稱為都天老爺。都天和代天讀音很近，所以閩臺的王爺神稱為代天巡狩，其實也有根源。而廈門馬巷的池王傳說之所以很晚，主要是因為馬巷的歷史比較晚，明末清初才因為海外貿易而逐漸興起，明末同安縣人蔡獻臣說馬巷：「昔為孤寂耕種之鄉，而今為東方市易之湊。」馬巷在乾隆四十年（1775 年）從同安縣分出，新設了馬巷廳。1912 年，馬巷廳併入同安縣。2003 年又從同安區東部析出，新設了翔安區。雖然翔安區的中心南移到新店鎮，但是大體上就是清代馬巷廳的地域。馬巷之東就是泉州的安海，這裡是鄭成功的根據地，所以臺灣的池王爺興盛，源自鄭成功的部眾遷往臺灣。

中國施姓的分布地圖非常接近池姓，也在江、浙、閩沿海和東北非常密集。因為施姓也源自山東，也是沿海南遷。孔子的弟子施之常，又被尊稱為施子。施、池的古代和現代讀音都很接近，施、池的聲旁都是也，這兩個字是同源字。福建的施姓也出了不少名人，最出名的是明末清初的施琅。施琅原來是鄭芝龍的部將，又跟隨鄭成功反清復明，因為二人產生矛盾，導致施琅在永曆四年（順治七年，1650 年）降清。施琅在康熙二十年（1681 年）被任命為福建水師提督，二十二年（1683 年）率領清軍攻佔臺灣。鄭成功的孫子鄭克塽降清，臺灣的鄭氏政權終結。但是康熙帝準備把臺灣島上的人口遷回大陸而放棄臺灣島，施琅親自上奏，詳細分析臺灣島重要的戰略地位，勸說康熙帝不要放棄臺灣島。康熙帝接受了施琅的意見，沒有放棄臺灣島，新設臺灣府。

尤姓和池姓一樣，都是前人忽視的從山東沿海南遷到福建的姓。福建的尤姓很多，有人說福建的尤姓是王閩時期的沈姓為了避王審知的諱，而把沈簡化成尤。這個說法顯然非常荒誕，因為王閩的時間很短，很快被南唐滅亡，不可能因為王閩而改變自己的姓氏，歷史上也找不到這樣減少太多筆劃的避諱例子。現在中國的尤姓在河南、安徽、江蘇、黑龍江、北京等地仍然很密集，說明尤姓應該也是源自北方。我認為尤姓也是源自山東半島，因為上古的山東半島有一條河流叫尤水，《左傳》昭公二十年說：「聊、攝以東，姑、尤以西，其為人也多矣。」姑水是今天的大沽河，尤水是小沽河。司馬遷在《史記・封禪書》說齊國上古就崇拜兵神蚩尤，蚩尤的廟在東平陸縣監鄉，

在今山東省汶上縣西南，不知尤姓是否源自蚩尤。

顏姓也是閩南的大姓，顏姓也是源自山東，孔子有著名弟子顏回。顏姓除了在山東和江蘇，還在湖南和江西有較密分布，所以福建的顏姓或許是從江西，而不是從浙江南遷。明末漳州府海澄縣人顏思齊是著名的海上民間武裝領袖，鄭芝龍曾經臣服於他。顏思齊的部眾在臺灣南部有穩固的地盤，顏思齊的墓在今嘉義縣東南。顏思齊死後，鄭芝龍指揮顏思齊的部眾打敗了明朝的官軍，又接受招安做官。因為顏思齊的早期開發臺灣的領袖，所以又被人稱為開臺王。顏思齊的家鄉靠近廈門市海滄區青礁村慈濟宮，慈濟宮供奉的保生大帝是源自閩南的重要民間信仰。青礁村以顏姓為主，北宋時期建村。宋代的青礁顏姓就出了十八個進士，這是因為青礁地處九龍江口，海外貿易非常發達，所以有足夠的經濟實力支持本地的科舉事業，這也是保生大帝信仰得以產生很大影響的經濟基礎。

鄒姓源自山東的鄒城，上古有鄒國，又名邾國。鄒姓很早南遷到江西，現在鄒姓第一大省還是江西。鄒姓很早就從江西南遷福建，《三國志》卷六十《賀齊傳》說：「候官既平，而建安、漢興、南平復亂，（賀）齊進兵建安，立都尉府，是歲（建安）八年也。（會稽）郡發屬縣五千兵，各使本縣長將之，皆受齊節度。賊洪明、洪進、苑御、吳免、華當等五人，率各萬戶，連屯漢興，吳五六千戶別屯大潭，鄒臨六千戶別屯蓋竹，同出餘汗。」東漢末年，很多江西流民進入福建北部，其中有鄒臨率領六千戶。

紀姓源自上古山東的紀國（在今壽光），現在中國紀姓最密集的地方在山東、東北、江蘇、閩南、潮汕、臺灣，紀姓在浙西、贛東也有較多分布，但是浙東和贛西則較少。所以紀姓很可能是經過浙江和贛東，翻過武夷山，進入福建。因為紀來到閩南的時間很早，所以在閩南的分布比閩北密集，而且又從閩南擴散到潮汕、臺灣和海南島。

高姓源自山東，是齊國的大姓，現在高姓主要分布在華北、東北和西北。南方高姓最密集的地方是福建和四川，福建的高姓主要分布在閩北和閩東，而浙江的高姓主要分布在浙西，江西的高姓主要分布在贛東北。所以福建的高姓很可能是從浙江和贛東北越過武夷山，先到閩北，再到閩東。

管姓歷史上從山東向江浙擴散，再向南擴散到江西、福建，現在管姓最多的是五個省是山東、江蘇、安徽、江西、浙江。福建也有不少，閩西更多，閩南和臺灣也有。

　　季姓源自魯國的季孫氏，現在中國季姓分布最密集的地方是江蘇、浙江、閩北和遼寧，顯然是從山東南遷和北遷。閩北的季姓顯然來自浙江，浙東的季姓不如浙西多，季姓南遷很可能是走陸路。

　　柯姓源自上古山東的柯地（在今東阿），現在中國柯姓分布最密集的地方是浙東、皖南、閩南、潮汕、臺灣，柯姓是從浙江沿海南遷到福建，再從閩南擴散到潮汕、臺灣等地。

　　我們從以上分析的呂、孫、薛、施、池、尤、顏、鄒、紀、高、管、季、柯十三個姓，證明確實有很多姓氏從山東遷往福建。

　　因為歷史上有很多山東人經過江淮，南遷到福建，所以現在福建話中有不少源自上古山東話的成分。語言學家張光宇指出，漢代的華北漢語，可以分為東西兩組，閩方言首先受到東部的青州、徐州方言的影響。漢代的青州、徐州管轄很大的區域，相當於今天的山東和江蘇北部，青徐人首先在六朝時期南遷到江南，再南遷到福建。閩語中的一些所謂吳語成分，其實是青徐話。我從西漢揚雄的名著《方言》中發現一則例證，《方言》卷十一說：「蚍蜉，齊、魯之間謂之蚼蟓，西南梁、益之間謂之玄蚼，燕謂之蛾蛘。其場謂之坻，或謂之蛭。」現在閩南語的螞蟻仍然稱為蚼蟓，來源就是漢代的山東話蚼蟓。

　　因為福建人的父系祖先主要來自中原的河南和山東等地，所以現代分子人類學檢測發現，福建、雲南兩省漢族的父系血緣，源自北方漢族的比例居然高達九成。而浙江、江蘇、四川、湖南漢族的父系血緣，源自北方漢族的比例也有八成。福建人父系源自北方的成分甚至比現在的浙江人還高，但是福建人母系源自南方土著的成分更高。這是因為福建人、雲南人的父系祖先多數是王審知、陳元光等人在唐代率軍入閩時帶去的單身男性士兵，到了福建，娶土著女子為妻。福建人的父系祖先主要來自北方，這和廣東的情況形成鮮明對比，分子人類學檢測現代廣府人的父系和母系源自越人的成分都超過一半。這說明福建和廣東的歷史進程有很大不同，福建是中國東部山地面積比例最大的省，福建的平原比例小於廣東和浙江。因此福建原來人口稀少，而且比廣東更靠近北方，跟隨陳元光、王審知等人南遷的漢族成為當地的統治人群，這三個原因使得南遷的漢族最終取代土著的越人成為主要人口。所以分子人類學證明，江浙、福建和廣東的漢化進程不同，中國南方各地的歷史進程沒有共同的模式。

　　因為福建人的父系祖先主要來自北方漢族，所以現在福建話中源自南方

土著民族語言的成分微乎其微，不足百分之一。現在江蘇、浙江兩省有很多縣級以上地名源自上古的土著越語，如江蘇如皋、句容、無錫、蘇州（姑蘇）、浙江餘杭、諸暨、餘姚、義烏（烏傷）等。廣東省則有很多村落的地名用字，源自古代的土著越語，甚至在廣東最核心的珠江三角洲，就有很多地名帶有塱、那、古、邁、調、博等源自越語的用字。廣東省也有少量縣級以上地名，源自土著越語，比如番禺、博羅等。這些地名，反映了現代江浙人的少量越人血統和廣東人的較多越人血統。

但是在現在的福建，無論是大地名還是小地名，都基本找不到源自源自土著越語的用字。著名語言學家李如龍找出福建有四個小地名用字源自古代的越語，即寮、排、拿、畬。但是寮字在上古就進入漢語，西周的毛公鼎銘文記載周王朝有太史寮、卿事寮兩大最高機構，說明寮很早就是是漢語的正式用字。日本人從中國借用的漢字寮，現在的日語中，寮還指宿舍，所以寮字其實不能看成典型的越語。至於帶排、拿、畬的福建地名數量則很少，分布範圍也很小，所以這幾個源自土著越語的地名用字在現在福建地名中可以忽略不計。可見地名學研究也證明了，江浙、福建和廣東的歷史進程是三種模式，東南各省的歷史進程沒有一個共同的模式。總之，生物學、語言學、地名學和姓氏學四個方面的證據能有力地互相印證，綜合證明現代福建文化的主體源自中國北方。

第三章　從中原保留的古音看
　　　　　北方人南遷史

　　現在中原大地上的河南、河北、安徽、山東等省方言，雖然已經都屬於北方話，但是各地仍然保留了不少古音。這些古音往往能和中國南方的方言相印證，證明南方漢族的祖先從中原南遷。

一、唐末中原話南遷的三條路線

　　現在山西、陝西、甘肅話的掉說跌，吳語的北部和贛語、客家話、粵語也說跌。而從河南省東部到長江沿線、閩南語都說落，〔註1〕這兩個字都是古語，說明古代中原的東西部說法就不同。跌是古代中原西部的說法，應該是從湖北南傳到江西、湖南、廣東等地。落是古代中原東部的說法，從安徽擴散到長江沿線，再從光州南傳到閩南。

　　挑選，現代漢語多說挑，但是在北方各省和東南的吳語、閩語、贛語、粵語都有揀的說法。客家話說擇，擇最北部分布到現在河南新蔡縣，向南出現三條擴散條帶，一條是經過安徽南部到浙江中部，一條是經過湖北的南部到湖南的中部，一條是經過江西的南部到福建西部、廣東的東部。〔註2〕擇字顯然源自淮河上游，經過湖北和安徽南傳。擇字南傳的時間比揀字南傳的時間晚，所以在南方分布的地方不大，而且出現在較晚出現的客家話之中。揀字南傳的時間很可能是六朝，而擇字南傳的時間在唐代。

〔註1〕曹志耘主編：《漢語方言地圖集・詞彙卷》，第 146 頁。
〔註2〕曹志耘主編：《漢語方言地圖集・詞彙卷》，第 133 頁。

彎是現代漢語通用語，但是山西話說圪溜，顯然是曲的中古音 kiu 的變體。曲的南傳也是從湖北分為三條線路，湖北英山、崇陽、通城和鄰近的湖南平江、江西德安、宜豐說翹，顯然就是曲的訛誤。曲字從九江延伸到南昌、吉安、贛州、福州，並在廣東最終成為粵語的通用說法。另一條線路是擴散到浙江中南部，說屈。第三條線路是從湖南汨羅西傳到吉首。〔註3〕這三條線路非常接近擇字的三條擴散線路，也是在唐代才傳播，所以在南方的地域很小。這也說明粵語的形成較晚，從江西來的移民在粵語形成中的作用比較大。

給是古今漢語的通用語，但是在今山西臨汾、呂梁、平遙等地都說與，與也是古漢語，現在北方僅有山西這一帶保留。〔註4〕前人指出閩南話的給說 ho，有人俗寫成互，其實不是互而是與，互的含義和給不同。〔註5〕很可能是從 yu 變成 u 再變成 hu，讀音接近。羽的別音就是 hu，雩讀 yu，但是鄠讀 hu。浙江中部的金華說約，鄰近的安徽南部說科，都是約的變體。這兩條傳播路線都在上述三條路線中，證明唐代確實有這樣的移民。

我認為，晚唐從中原向金華、閩南、湖南的三條語言擴散線路正是河南軍閥向南方成功擴張的三條線路，向閩南進軍的就是光州固始縣人王審知，向湖南進軍的就是馬殷。馬殷是許州鄢陵縣人，隸屬孫儒。孫儒原來是蔡州（今上蔡）軍閥秦宗權的部將，秦宗權被朱溫打敗，孫儒率部南下江淮。孫儒被楊行密打敗，孫儒死在宣州（今宣城）。馬殷跟隨劉建鋒進軍湖南，建立了楚國。孫儒的部將王壇佔據了婺州（今金華），自稱刺史。王壇被建立吳越的錢鏐打敗，投奔建立楊吳的楊行密，但是王壇從河南帶來的很多士兵可能留在金華，影響了當地方言，使得很多中原詞彙留在了金華話中。

我在此前的文章指出，福建話還有不少詞彙與北方話類似，但是不同於浙東南的吳語和粵語，比如罵字見於閩語區大多數地方，但是浙東南的吳語說鑿，粵語說閙。再如抱，粵語說攬或供等，浙南的吳語說挾或馱等，閩語就說抱。再如想，浙東南的吳語說忖，粵語說恁，閩語就說想。閩南話和北方話都說一頓飯，南部吳語說一餐飯。閩南話和北方話都說看，南部吳語說望。再如蹲，從湖北東部、江西北部到閩西北的光澤、邵武、順昌再到閩南，

〔註3〕曹志耘主編：《漢語方言地圖集·詞彙卷》，第 171 頁。
〔註4〕曹志耘主編：《漢語方言地圖集·詞彙卷》，第 151 頁。
〔註5〕周長楫編：《閩南方言常用小詞典》，福建人民出版社，2007 年，第 63 頁。

都說跍，明顯有一個從中原向江西、福建擴散的條帶。這個條帶兩邊的吳語和湘語、客家話不說跍，這個條帶恰好是中原人南遷福建的路線。湖北東部緊鄰信陽，信陽原來或許也說跍。這些詞語也見於海南話和廣東沿海的閩南語，說明宋元時期的閩語就有跍字。這些詞語是生活詞語，不太可能是傳自書本。這些詞語像楔子一樣，從中原伸入福建，很可能就是唐末王審知麾下的光州移民帶到福建。〔註6〕

金門金城鎮閩王祠

　　河南因為一馬平川，地處四戰之地，所以歷史上經常受到戰火的摧殘。特別是宋、金、元時期，因為長期戰爭，使得河南的人口損耗較大，古漢語留存較少。明代王士性《廣志繹》卷三說：「宛、洛、淮、汝、雎、陳、汴、衛，自古為戎馬之場，勝國以來，殺戮殆盡。郡邑無二百年耆舊之家，除縉紳巨室外，民間俱不立祠堂，不置宗譜……此皆國初徙民實中州時，各帶其五方土俗而來故也。」〔註7〕他說因為戰爭導致中原在元代時人口被殺戮殆盡，明初四方移民把周邊風俗帶到中原。因為山西在金元時期人口留存較多，所以明初有很多人從山西向中原遷徙。現在河南省西北部靠近山西的地方，

〔註6〕周運中：《中國現代姓氏主要來源於周代河南》，《中州學刊》2014 年第 7 期。
〔註7〕〔明〕王士性撰、呂景琳點校：《廣志繹》，北京：中華書局，1981 年，第 43 頁。

還說山西話。王士性說中原很多村落找不到族譜，其實現在河南、河北很多村落還立有明清時期的石碑，碑文記載祖先從山西遷來的歷史，相當於族譜。所以我們不難推想，在宋代之前，河南保留的古音還有很多。

二、山西保存的古音

山西省四面是山，這些高山阻隔了歷史上的很多戰火，所以現在山西省在北方保留的古音最多。現在有的語言學家把山西話從北方話中獨立出來，單獨劃為一個方言區，稱之為晉語。〔註8〕

現在晉城人說我為 wa，非常接近閩南語的我 ua。晉城和長治之間的高平，也保留了很多古音。高平話的輸說 lu，閩南語的愈正是說 lu，輸和愈的聲旁都是俞，讀音接近 lu。高平話的這說 die，非常接近吳語的這。這字的上古音接近 die，閩南語完整地保留了上古音聲母知端合一的特點，現代漢語的 zh 在閩南語中往往讀為 d。高平話的清晨說清深，也非常接近吳語的清晨。高平話的我們說我 dou，咱們說咱 dou，他們說他 dou，你們說你 dou，人家說人家 dou，〔註9〕其實 dou 是等，現在南部吳語的台州話還說我等，粵語也說我等。江淮東部的泰州話，我們說我代或我俫，我代是老派的說法，其實我代就是我等。現在普通話的們字源自輩，們和輩讀音很接近，我們就是我輩。因為這些都是生活中最常用的字，所以保留了古音。

高平話還把小房子說成 sha，其實是舍，現在江蘇省中部還有很多地名叫某某舍，泰州話讀成 sa，有人寫成廈。現在江蘇高郵、江都等地的村落地名有很多帶有廈字，其實都是舍。舍的原義就是簡單的房舍，所以有寒舍、草舍、宿舍等說法。

根據曹志耘主編的《漢語方言地圖集》的地圖顯示，現在山西有的地方把太陽說成日頭，湖北、安徽、江西、浙江、湖南、廣東、廣西都有這種說法，〔註10〕顯然是源自中原。

現在山西左權縣的爺爺說公公，陵川縣說老爹，〔註11〕公公和老爹兩種說法現在主要在南方，華北僅有山西保留，這兩個地方在太行山中的偏僻之

〔註8〕侯精一主編：《現代漢語方言概論》，上海教育出版社，2002 年，第 41～66 頁。
〔註9〕馮辰生：《高平方言詞典》，高平市炎帝文化研究會編印，2016 年，第 8、9、168、169 頁。
〔註10〕曹志耘主編：《漢語方言地圖集·詞彙卷》，第 1 頁。
〔註11〕曹志耘主編：《漢語方言地圖集·詞彙卷》，第 42 頁。

處，說明古音主要是因為山地的庇護才得以保存。

金門金城王氏宗祠太原郡望　　　　漳州充龍許氏民居高陽郡望

　　山西話的抱說搿，〔註12〕其實就是挾，挾的上古音是 kap，演變為中古音 ka，寫成搿。現在從安徽南部到浙江中南部都說挾，並且明顯地呈現出一條向南擴散的線路。這條擴散線路的源頭很可能是古代的中原，只不過現在的中原話已經發生變化，所以保留在兩頭的山西和江南。因為南部吳語的源頭可以追溯到六朝時南遷的河洛雅言，所以這條擴散線路很可能是在六朝時期產生。東晉在今安徽南部僑置南豫州，很多中原人南遷到江南，帶來了挾這個字。

　　站是現代漢語通用語，但是山西的南部、陝西中部、河北的中南部、河南安陽、南陽、湖北鄖縣等地保留了立的說法，現在吳語、贛語的中部也說立。而東南其他絕大多數地方都說企，企鵝就是近代東南人發明的新詞，因為企鵝站立而得名。企的最北部分布到湖北麻城，再往北就是信陽，〔註13〕說明企也是源自中原的說法，很可能上古中原也有這種說法。

　　山西陽泉、偏關、呂梁和內蒙古一些地方，把拔說成挽，現在閩南語也

〔註12〕 曹志耘主編：《漢語方言地圖集·詞彙卷》，第 129 頁。
〔註13〕 曹志耘主編：《漢語方言地圖集·詞彙卷》，第 134 頁。

這樣說，﹝註14﹞說明閩南語這個字來自中原。福建和山西之間的地方僅有湖北宜昌這樣說，說明是從中原直接來到閩南，唐代的中原話很可能還有這種說法。王審知是唐末光州固始縣人，他率軍來到福建，建立了閩國，很可能是在此時把這個說法帶到了閩南。

現在山西省西南部的方言把水說成 fu，山東省西部也有類似的音變，把 sh 讀成 f，安徽阜陽話也把水說成 fei，福建的客家話也說 fei，顯然可以連接成一個完整的遷徙圖。山西和阜陽之間的很多地方，雖然現在已經沒有這種說法，但是古代的中原可能有更多的地方有這樣的說法。客家人從中原南遷，仍然保留這種說法。

現在山西省西南部的平陸、萬榮等地，砍說斫，傳到了陝北一些地方。斫現在主要分布在吳語、贛語、客家話、閩南話，﹝註15﹞無疑來自中原。

現在山西省中北部、陝北、內蒙古等地，擦說揩，吳語的中北部和湘語、贛語、客家話的北部，都說揩，﹝註16﹞也是來自中原。

山西邊緣的多山偏僻之地，保留的古音也比較多。比如現在山西絕大多數地方的踩都說踩，但是在偏關、靈丘、平陸和靠近山西省界的河南焦作、河北贊皇，還保留踏這種古老的說法。河南信陽、湖北鄖縣和西北各省也有這種說法，﹝註17﹞說明這是原來中原普遍流行的說法，殘留在中原周邊的一些地方。現在吳語和閩語多數說踏，晚出的踩字從東北一直延伸到廣東。

有的古代山西話，甚至在現在的山西境內找不到，但是被山西移民帶到了內蒙古和陝北，保留在現在內蒙古和陝北榆林的晉語中。比如內蒙古很多地方的跑說逛，﹝註18﹞這個字不是現代漢語的逛，二者含義不同，而應是古漢語的趕。現在江蘇、安徽很多地方還把跑說 gang，就是逛。趕的本義就是跑，許慎《說文解字》卷二說：「趕，舉尾走也。」其實是人跑而不是野獸跑，所以偏旁是走，趕從奔跑引申出了趕快的意思。

三、石家莊保存的古音

河北省和河南省一樣，東部都是大平原，歷史上容易受到戰爭侵擾，所

﹝註14﹞ 曹志耘主編：《漢語方言地圖集·詞彙卷》，第 130 頁。
﹝註15﹞ 曹志耘主編：《漢語方言地圖集·詞彙卷》，第 142 頁。
﹝註16﹞ 曹志耘主編：《漢語方言地圖集·詞彙卷》，第 141 頁。
﹝註17﹞ 曹志耘主編：《漢語方言地圖集·詞彙卷》，第 137 頁。
﹝註18﹞ 曹志耘主編：《漢語方言地圖集·詞彙卷》，第 139 頁。

以現在基本屬於北方話。但是在河北省西部靠近太行山的地帶，保留了很多古音。因為這一帶在戰亂時可以依託山地自保，來自北方的入侵者往往從東部的平原長驅直入，而繞過山麓地帶。

哭是現代漢語通用語，不僅北方話說哭，湘語、贛語、粵語都說哭，浙江中部的吳語和客家話說叫，但是福建北部都說啼，石家莊、保定、陽泉也說啼，北方僅有這一小片地方說啼。〔註19〕

筷子是現代漢語通用語，也從北方一直延伸到湘語、贛語、粵語，但是南部吳語和閩語都說箸，箸是古音。現在北方僅有石家莊東北部到保定西南部的幾個縣，保留了箸的叫法。〔註20〕筷是晚出的說法，源自竿，筷子類似竹竿，筷和竿的讀音非常接近。現在四川中部很多地方把筷子說成花簽或花竿，保留了筷的原始形態。簽的古音是kam，也很接近竿的讀音。

東西是現代漢語通用語，從北方一直延伸到贛語、湘語、客家話，吳語說物事，閩南語說對象，現在北方僅有石家莊南部和河南濮陽、山東菏澤等極少的地方保留了對象的說法。〔註21〕

前人很少注意到石家莊附近保留的這些古音，不僅在北方，甚至在南方不少地方都很罕見。說明歷史上石家莊一帶在戰亂中保存的人口較多，所以能傳承這些古音。漢語中古音向近古音變化的時代，在宋金時期，此時因為戰亂導致華北大平原人口死亡嚴重，語言也隨之變化。但是在這一時期，河北平原則像是颱風的中心，反而戰亂較少。

據《金史》卷一一八記載，金朝末年，蒙古人大舉南侵，金宣宗把首都從中都大興府（今北京）南遷到南都開封府（今開封），依靠河北的民兵阻擋蒙古。河北各地的豪強紛紛起兵，結寨自保。金朝興定四年（1221年）正式封九個民間武裝首領為公，號稱九公封建。威州（今井陘）人武仙被封為恒山公，《金史》說：「同時九府，財富兵強，恒山最盛。」他的地盤最大，兵馬最強，財富最多。武仙管轄之地，包括真定府（今石家莊北部）、中山府（今保定西部）、沃州（今石家莊南部）、冀州（今衡水）、威州、平定州（今平定）等地。武仙很快投降蒙古人，蒙古人任用先前投降的河北永清人史天倪為河北西路兵馬都元帥，武仙為副帥。正大二年（1225年）武仙殺

〔註19〕曹志耘主編：《漢語方言地圖集・詞彙卷》，第125頁。
〔註20〕曹志耘主編：《漢語方言地圖集・詞彙卷》，第112頁。
〔註21〕曹志耘主編：《漢語方言地圖集・詞彙卷》，第119頁。

史天倪，再歸金朝。史天倪的弟弟史天澤逃脫，依靠蒙古人打敗武仙，武仙南逃。河北槁城人董俊很早投降蒙古，他幫助史天澤逃脫，槁城是蒙古反攻武仙的一個重要據點。先前投降蒙古的河北定興人張柔，控制真定以東和深州、冀州以北的三十多城，被蒙古任為河北東西路都元帥。窩闊台即位，任命史天澤為真定、河間、大名、東平、濟南五路萬戶。史天澤是蒙古人麾下的華北漢兵三大帥之首，他管轄河北省中南部和山東省西北部的廣大地區。史天澤在任內招集流亡的人口，恢復生產。因此河北中部雖然也有戰亂，但是總體上還是在史天澤、張柔、董俊等漢人官員的直接管轄之下，人口恢復較快。武仙、史天澤的統治中心在今石家莊，這裡最為繁盛。而且因為這一帶的豪強率領很多漢軍參加了南征南宋的戰爭，所以在元代的政治地位較高，所以這裡保留的古音較多。

真定寧晉人王義，很早歸順元朝，任龍虎衛上將軍、安武軍節度使，行深、冀二州元帥府事，《元史》卷一五一《王義傳》：「義乃布教令，招集散亡，勸率種藝，深、冀之間，遂為樂土云。」同卷《奧敦世英傳》：「尋以元帥領真定、保定、順德諸道農事，凡闢田二十餘萬畝。改真定路勸農事……希愷襲勸農事……郡縣有水旱，必力請蠲租調，民賴之。南征時，置軍儲倉於汴、衛，歲輸河北諸路粟以實之……尋以勸農使兼知冀州。希愷至，為束約，健訟之俗為變。蒙古軍取民田牧，久不歸，希愷悉奪歸之，軍無怨言。」可見河北成為元朝南征的糧食基地，所以恢復較快。

金朝封建的華北九公之中，佔據今山西省東南部的上黨公張開，強盛程度僅次於武仙，實力遠超佔據今山西省中部的晉陽公郭文振。《金史》同卷說：「初置公府，（張）開與恒山公武仙最強……郭文振處開西北，當兵之衝，民貧地瘠，開又不奉命以糧賑文振軍。文振窮竄，開勢愈孤，以至於敗。」晉東南地區離蒙古作戰前線較遠，宋金以來的經濟一直比較繁榮，人口留存比較多，所以現在晉東南保留的古音也比較多。

河北、山西古音留存的原因不同，這兩個地方又和河南、山東不同，因為河北、山西遠在黃河以北，不是宋、金、蒙的三方交戰地帶，有不少人很早就投降蒙古，所以戰火反而不多。山東半島雖然三面環海，因此保留了不少古音。但是在金朝末年，山東到淮河以北出現了很多地方武裝，他們反抗金朝的統治，忽而投降蒙古，忽而歸屬南宋。其中最強大的山東首領李全，甚至指揮部隊從淮河南下，想滅亡南宋，正大八年（1231 年）最終在揚州兵

敗被殺。李全的兒子李璮仍然佔據山東，開始歸順蒙古，又投降南宋，中統八年（1262年）元朝攻破濟南，俘殺李璮。山東到淮河以北一帶長期戰火連綿，百姓得不到休養生息的機會，很多人死於戰爭。而且淮河兩岸都是平原，更容易受到戰爭的摧殘，不像太行山兩側能得到大山的庇護。這些原因都導致黃淮平原保留的古音，反而不及太行山兩側多。

總之，中國東南各地的諸多方言不僅保留了很多古字古音，而且在現在的北方各方言中也能找到不少能相互印證的蛛絲馬跡。中國東南各方言的主體都是來自歷史上的北方漢語，屬於漢語方言的分支。方言比較有力地證明了南方漢族的文化主要來自北方，研究中國東南地區的歷史進程必須採取多學科結合的方法，而語言學是必不可少的一項研究。如果研究中國東南地區的歷史缺了語言學的視角，或者僅通過東南方言內部比較而不比較南方和北方的諸多方言，都不能看到歷史的全貌。

第四章　古代中原地名向南方的移植

　　歷史上很多中原人遷移到南方，不僅帶去了中原的文化習俗，還直接帶去了不少中原的地名，移植在南方，保存至今。這些地名，有的來自中原先前就有的地名，有的是從郡望地名衍生而來。

一、汝南諸縣整體移植豫章

　　蔡姓是現在福建和臺灣的大姓，源自古代的蔡國，在今河南省上蔡縣。蔡國被楚國滅亡後，楚國曾經把蔡國人南遷到新蔡和下蔡，下蔡在今安徽鳳臺縣。蔡國人沿著汝河和淮河南遷，在中原戰亂時，又南遷到長江流域。沈約《宋書・州郡志二》江州豫章郡望蔡縣（今江西上高縣）說：「漢靈帝中平中，汝南上蔡民分徙此地，立縣名曰上蔡，晉武帝太康元年更名。」上蔡人很可能是經過湖北東部南遷江西，因為東晉就在今湖北省最東部的武穴市僑置了南新蔡郡，從河南上蔡到江西望蔡的最近線路正是經過南新蔡郡。《陳書・高祖紀上》記載蔡路養起兵，佔據南康郡（今贛州），阻擋陳霸先，說明南朝末年的蔡姓已經是贛南大姓。六朝隋唐時期蔡姓又從江西大舉遷入福建，明清擴展到臺灣，所以現在是福建和臺灣的大姓。

　　漢代上蔡縣南遷到了今江西上高縣，今天上高縣的南部就是宜春。而漢代有兩個宜春縣，豫章郡的宜春縣在今江西宜春，汝南郡的宜春縣恰好就在今河南上蔡縣南部。

　　漢代有兩個安成縣，汝南郡的安成縣就在汝南郡宜春縣的東南，另一個長沙郡安成縣在江西宜春縣的南部，在今江西安福縣西。

　　漢代上蔡縣的東北部有陽城縣，在今商水縣西部，孫吳在設陽城縣，在

今吉水縣北。

上蔡、宜春、安成、陽城這四個縣在漢代的河南接壤，在漢代的江西也有一模一樣靠近的四個縣，這絕不應是偶然。

望蔡縣的北部，在今江西武寧，還有漢獻帝時新設的西安縣，西晉太康元年更名為豫寧縣，令人想到中原的豫州。

漢代汝南郡的東南有富波縣，源自富陂，在今安徽阜南縣。孫吳在新設富城縣，西晉太康元年改名豐城，在今江西豐城南部。

更令人驚奇的是，孫吳臨川郡有西平縣（在今江西撫州南），汝南郡上蔡縣之西也是西平縣，這不應是巧合。

東漢在今江西撫州新設臨汝縣，東漢時期南方各地人口激增，很多北方人南遷。臨汝縣的名字很可能源自河南省的汝河，而撫州的大姓正是周姓。周姓的郡望就是汝南，所以臨汝縣很可能是來自汝河流域。《晉書》卷五十八《周訪傳》說：「周訪，字士達，本汝南安城人也。漢末避地江南，至訪四世。吳平，因家廬江尋陽焉。」周訪的祖先是汝南郡安城縣（在今汝南縣東南）人，在東漢末年的戰亂中南遷到了廬江郡的尋陽縣（在今湖北黃梅），南岸就是九江。這條線路正是蔡姓南遷的線路，也是西漢和東漢前期周姓南遷到江西的線路。

江西的臨汝、西平、富城三個縣連成一片，河南的西平、富波都在汝河沿岸，也不是巧合。

江西弋陽，很可能源自漢代汝南郡的弋陽縣，在今河南省潢川縣。弋陽的西北部就是安成、宜春、上蔡，東北就是富波縣，向南就是長江流域，所以在東漢時期很多弋陽人南遷到江西境內，帶去了弋陽地名。東漢末年在今江西弋陽設葛陽縣，隋代改名弋陽。唐代人說是因為葛陽縣官丟失了印章，才改名弋陽。其實葛陽就是源自弋陽，因為弋的古音非常接近葛，戈和弋是同源字，戈的讀音現在還接近葛。

漢代河南省境內的安成、宜春、上蔡、西平、陽城、弋陽、富城地名群在江西也能找到完全一樣的地名群，唐代宜春是袁州，首姓是袁姓，也是汝南的大姓，證明漢代從河南到江西有一股規模浩大的移民潮。上蔡、宜春、安成在西部的錦江、袁江、瀘水上游丘陵，原來人口不多，正是北方移民適合遷入的地方。

西漢汝南郡相關江西的各縣〔註1〕

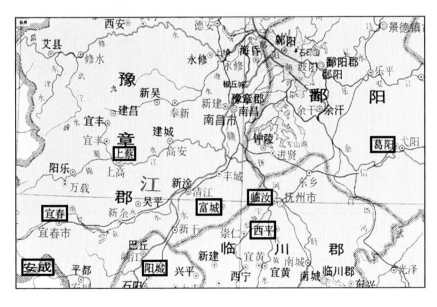

孫吳江西相關汝南的各縣〔註2〕

比較東漢明帝永和五年（140年）與西漢平帝元始二年（2年）的人口，發現零陵郡增長 636%，長沙郡增長 489%，豫章郡增長 474%，桂陽郡增長 314%，武陵郡增長 160%，丹陽郡增長 156%，吳郡增長 136%，可見湖南、江西的人口增長迅猛，江蘇、安徽南部也有不少增長。〔註3〕東漢總人口減少，而豫章郡卻快速增長，人口排序由西漢各郡的第 53 位升到第 4 位，人口密度也增長到全國平均值，縣均人口 79472 人，即使按照每戶五口計算，每縣超過萬戶。〔註4〕

有趣的是，晚唐建立閩國的光州固始縣人王審知、建立楚國的許州鄢陵縣人馬殷都是蔡州秦宗權的部下，又是蔡州（汝南郡）的移民來到東南。

汝南郡一馬平川，在兩漢末年的戰亂期間最容易受到摧殘。汝南郡的豪強大族很多，民眾受壓迫程度較深，這也是民眾向南方遷徙的重要原因。魏晉時期的汝潁流域的汝南、潁川、陳郡等地還有很多世家大族，《三國志》卷十四《郭嘉傳》記載曹操對潁川潁陰縣（今河南許昌）人荀彧稱讚潁川陽翟縣（今河南禹州）人郭嘉：「汝潁固多奇士！」《晉書》卷七十一記載西晉時，濟南郡著縣（今山東濟陽）人解結說：「張彥真以為汝潁巧辯，恐不及青徐儒雅也。」陳郡苦縣（今河南鹿邑）人陳頵反駁他說：「老子、莊周生陳梁，伏羲、傅說、師曠、大項出陽夏，漢魏二祖起於沛譙，準之眾州，莫之與比。」解結驚歎：「豫州人士常半天下，此言非虛！」陽夏縣（今河南太康）在陳郡，也在潁水流域。〔註5〕陳頵列舉的還有鄰近的梁國、沛國、譙郡，可見汝潁之士對所在的豫州有強烈的認同感。《晉書》卷六十二《祖逖傳》記載東晉時，范陽郡遒縣（今河北淶水縣）人祖納對汝南人梅陶、潁川人鍾雅說：「君汝潁之士利如錐，我幽冀之士鈍如槌。持我鈍槌，捶君利錐，皆當摧矣。」東晉衣冠南渡，汝、潁之地才在南北戰亂的衝擊之下逐漸走向衰落。

二、中原地名移到閩浙

河南省東部的永城市和安徽省北部的碭山縣有古代著名的芒碭山，傳說劉邦起兵之前就躲在這裡，陳勝墓和漢代梁王墓也在這裡。福建南平市的市

〔註3〕葛劍雄：《中國移民史》，福建人民出版社，1997 年，第 270～271 頁。
〔註4〕盧星、許智範、溫樂平：《江西通史·秦漢卷》，江西人民出版社，2008 年，第 104 頁。
〔註5〕胡寶國在《歷史研究》1991 年第 5 期發表的《漢晉之際的汝潁名士》認為陳頵不是汝潁之士，誤以為汝潁特指汝南和潁川兩郡。

區西部也有一座茫蕩山，南平在福建的西北部，是中原人南遷入閩的必經之地，所以這座茫蕩山無疑是來自中原南遷的地名。福建永定縣的西北部也有一座山叫茫蕩洋，也是來自北方的地名。

古代有一條灘水，流經今河南省東部、安徽省北部和江蘇省北部，商丘古代叫睢陽，就是因為在這條河的北部。安徽省北部現在還有灘溪縣，江蘇省北部現在還有睢寧縣，都是來自這條河。因為黃河的泛濫，導致灘水的形態發生了極大的改變，現在已經很難找到原來的面貌。有的河段改名，有的河段被泥沙覆蓋。因為黃河泥沙從上游侵入，所以現在河南省境內已經不存在灘河地名，現在安徽省還有灘河。現在福建省西北部的建寧縣城叫灘城鎮，在灘溪河邊，這個地名也是來自中原。

寧化縣的西部的石壁鎮，西通江西，是歷史上客家人遷徙的樞紐。石壁鎮的西南有淮土鄉，不知是不是源自從淮河南遷的客家人。

福建莆田，很可能源自古代河南的圃田澤，在今鄭州和中牟之間，現在鄭州之東還有圃田鎮。因為黃河泛濫，古代巨大的圃田澤已經被泥沙填平。《漢書·朱買臣傳》朱買臣說：「今聞東越王更徙處南行，去泉山五百里，居大澤中。」從東越王的都城（今福州）向南五百里，正是在今莆田，說明莆田原來就是海邊的大沼澤。梁末陳初，候官縣（今福州）人陳寶應割據福建，《資治通鑒》卷一六九說陳寶應南逃到莆口，一般認為就是今莆田。唐代設莆田縣，縣名很可能源自圃田澤，圃田澤也是大沼澤。

福建漳平到龍巖、南靖等地有博平嶺，漢代到清代的博平縣在1956年併入山東茌平縣，博平嶺很可能是來自北方的地名。

福建漳州，很可能來自山西和河北的漳河。唐代林寶的名著《元和姓纂》卷三說：「右鷹揚將軍陳元光，河東人。」陳元光的父親叫陳政，《隋書》卷六十四記載河東猗氏縣（今山西臨猗縣）人陳茂在隋代任益州總管司馬，升為太府卿，進爵為伯。陳茂的兒子陳政在隋代任太常卿，在唐代任梁州總管。陳政的年代和陳元光可以銜接，所以陳元光應該就是這個陳政的兒子。陳元光的郡望是河東，而漳河恰好在山西，或許漳州之名確實源自山西。

漳州是武則天垂拱二年（686年）由陳元光設立，因為唐代張鷟《朝野僉載》卷二說陳元光是嶺南大首領，所以很多人懷疑陳元光不是中原漢人，而是嶺南土著越人的酋長。

　　不過著名歷史學家陳智超指出，《宋會要輯稿‧禮》記載陳元光祠在漳州漳浦縣，南宋紹興二十年（1150 年）封陳元光的母親吐萬氏為厚德夫人，封陳元光的妻子種氏為恭懿夫人，吐萬是典型的鮮卑姓氏，種也是典型的北方姓氏，說明陳元光的家族確實都是北方人。

　　我認為此說非常合理，宋代距離唐代很近，而且這一次是朝廷祭祀，記載應該可信。如果陳元光是嶺南土著，他的母親和妻子不可能恰好都是北方人。所謂嶺南首領，是因為陳茂家族長期在南方任官，到陳元光已經是第三代，所以被中原人看成是南方人。吐萬是北方草原民族語言的萬 tuman，圖們江的名字就源自萬，原義是萬水。十六國時期，赫連勃勃建立大夏，國都統萬城也是源自萬。秦代的匈奴單于名字叫頭曼，也是源自萬。

　　我認為陳元光的母親吐萬氏很可能來自隋代大將吐萬緒的家族，《隋書》卷六十五《吐萬緒傳》記載吐萬緒位至左光祿大夫，這是隋代最為顯赫的吐萬氏名人。光祿大夫是第二品，陳政的太常卿是第三品，吐萬緒和陳政的官階差不多，可謂門當戶對。陳政是山西人，山西是古代鮮卑人進軍中原的最重要通道，所以陳政熟悉鮮卑文化。兩個人又都跟隨隋煬帝在江都，同朝為官，所以很有可能結為姻親。

　　陳元光時代的漳州在今雲霄縣，所以雲霄縣城現在還在漳江岸邊，漳江源自漳州。唐玄宗開元四年（716 年）才遷移到現在的漳浦縣，漳浦縣因為漳州得名，唐肅宗乾元二年（759 年）遷移到現在的漳州城。

　　福建泉州有洛陽江，很可能來自河南洛陽。洛陽江在泉州城東，是重要的航運樞紐，宋代泉州知州蔡襄主持在洛陽江口建造了著名的洛陽橋。橋長834 米，寬 7 米，從皇祐五年（1053 年）到嘉祐四年（1059 年）費時七年才建成。因為在海口，原來是由很多漁船聯結而成的浮橋。改建為石橋時，中間的橋墩仍然保留了漁船的形狀，兩頭很尖，能夠抵禦潮水。洛陽橋在當時是世界上罕見的海港石橋，帶動了泉州海港建造長橋的風氣，使得安平橋等很多類似石橋出現。洛陽橋等海港長橋促進了泉州陸路運輸的發展，有力地配合了原先就很發達的海運，為泉州在宋元時期成為世界第一大港奠定了堅實的基礎。

　　唐代景雲二年（711 年）之前的泉州中心在今南安的豐州鎮，有著名的九日山，《魏書‧地形志中》揚州期思縣（治今淮濱縣期思鎮）有九日山，期思緊靠王審知的家鄉固始縣，所以泉州九日山很可能來自河南。

中國南方還有很多來自中原的地名，不是移民從原有地名帶來，而是來自南遷的移民郡望堂號。比如福建省將樂縣南部的隴西山，就是來自李姓的郡望隴西郡，而不是直接來自甘肅隴西。

泉州洛陽橋

金門島東北部的金沙鎮陽翟村以陳氏為主，漢代潁川郡治陽翟縣，明朝初年，陽翟縣併入鈞州，明神宗萬曆三年（1575 年）為了避萬曆帝朱翊鈞的諱，改名禹州。宋代金門的六名進士全部都來自陽翟村，明清陽翟村還有兩名進士，這是金門科舉最發達的村落。

再比如浙江省金華市西南部的琅琊鎮，不是直接來自山東的琅琊，而是源自本地的村落琅琊徐村。因為徐姓的郡望是琅琊郡，所以叫琅琊徐，再簡稱為琅琊鎮。徐姓是古代山東省東部和江蘇省北部的大姓，西周初年，東夷和商人再次起兵攻打西周，周公東征三年才平定。周公封兒子伯禽在曲阜，建立魯國。魯國管轄的範圍向東直到大海，包括徐人之地，所以《詩經·魯頌·閟宮》說：「保有鳧繹，遂荒徐宅，至于海邦，淮夷蠻貊，及彼南夷，莫不率從。」秦始皇派方士徐福從琅琊臺出發，航海求仙。徐氏在六朝時期大量沿海南遷到江南，所以有琅琊徐這樣的村名。

再比如浙江省景寧縣東北部有渤海鎮，這裡在內陸山區，遠離渤海，怎麼會有渤海鎮？因為景寧縣的高姓郡望是渤海郡，古代高姓最著名的郡望就是渤海郡。所以景寧縣的渤海鎮原來是高姓開闢的村落，叫渤海坑村，改建為鎮時簡稱為渤海鎮。渤海高姓原來就在海邊，歷史上南遷時也有很多是沿海南遷，所以到了江蘇和浙江的南部。

三、河南地名移到湖南

今湖南省安仁縣，唐代之前未設過縣，《太平寰宇記》卷一百一十五衡州安仁縣：「本安仁鎮，後唐清泰二年徙潭州衡山縣，割宜陽、熊耳兩鄉為場，在熊耳鄉。周顯德元年，賊亂燒掠，移向北五十里宜陽鄉置。皇朝乾德二年，升為縣。」後唐清泰二年（935年），楚國馬希範立安仁場。後周顯德元年（954年），周行逢割據湖南時立安仁縣。

安仁縣的宜陽、熊耳無疑是來自河南的地名，現在河南省仍有宜陽縣，上古就有宜陽，宜陽縣的西南就是熊耳山。《後漢書》卷十一《劉盆子傳》記載建武三年（27年），東漢光武帝劉秀：「積兵甲宜陽城西，與熊耳山齊。」既然宜陽、熊耳地名來自河南，說明歷史上有宜陽的移民到安仁縣。今安仁縣仍有宜陽村、宜陽河。原熊耳鄉在宋代改為上鄉，在今安仁縣東南的永樂江上游，南宋祝穆《方輿勝覽》卷二四衡州山川：「熊耳山，在安仁縣東南七十里。」

今安仁縣東南有關王鎮，因為關羽廟得名，現在洛陽有關羽墓，則宜陽移民到安仁應在西晉之後，但是六朝看不到宜陽人到安仁的記載。安仁縣有豆家、豆氏塘、豆古等村，豆氏應是源自鮮卑人，《魏書》卷一百十三《官氏志》：「次南有紇豆陵氏，後改為竇氏。」竇簡化為豆，現在豆姓的重要郡望仍然是河南郡，安仁縣的豆氏應是源自宜陽縣，所以宜陽人南遷安仁應在隋代之後。宜陽人南遷安仁，應在隋唐時期。雖然馬楚的建立者來自河南，但是宜陽人南遷安仁的時間似乎不應晚到唐末，因為在此以前的安仁縣應該早已有鄉的設置，不會晚到唐末才忽然設立宜陽、熊耳兩鄉。

四、北方地名移到嶺南

西晉末年，北方五胡亂華，發生永嘉之亂，越往南方越安定，廣州客村的西晉永嘉七年墓出土的磚上有銘文：「永嘉世，天下荒，餘廣州，平且康。」還有磚文：「永嘉世，九州空，餘吳土，盛且豐。」因為華南安定，所以很多人從海路逃到華南。

現在廣東省的東莞，源自漢晉時期在今山東沂水縣的東莞縣，緊鄰琅邪郡。東晉時期，大量山東人通過海路到達浙江省東部，琅邪郡人孫恩利用這些人發動大戰。孫恩失敗後，逃往到海上，死在浙江臨海。他的部眾在妹夫盧循的帶領下，航海經過福建，到達廣東，佔據了嶺南。其中包括很多原來的東莞縣人，因而在珠江口最重要的地方設立了東莞縣。《隋書·經籍志》史

部地理類書有前燕出使東晉的使者蓋泓所寫的《珠崖傳》，他是航海去江南時遇到風暴，漂流到了珠崖郡（今海南島）。唐代鑒真第五次東渡時，從長江口出發，也被颱風吹到了海南島。《新唐書》卷一百一十《馮盎傳》記載北燕末代國君馮弘的兒子馮業，航海投奔東晉，被風吹到了廣東，因而成為嶺南大族馮氏的祖先。

廣州永嘉墓磚

古代東莞縣的範圍很大，包括現在的深圳和香港。直到明代萬曆元年（1573 年）才從東莞縣分設新安縣，1914 年改名寶安縣，1979 年才改為深圳市，近代才從新安縣分出香港。《宋書·州郡志四》廣州東官郡記載，晉成帝咸和六年（331 年）改司鹽都尉為東官郡。說明東官郡的治所靠近大海，而且首縣是寶安縣，說明東官郡最早的治所很可能就是在東晉所設寶安縣。

寶安縣城即今深圳南山區的南頭古城，2001 年南頭古城的南門外西側發現了東晉時期的壕溝，出土了很多六朝時期的文物。還發現了一座東晉的單室磚墓，長 3 米，寬 1.4 米，出土了很多文物，證明六朝時期寶安縣發展較快。唐代至德二年（757 年），寶安縣改名為東莞縣，縣城遷往現在的東莞。

南頭古城出土六朝文物

　　明代復設寶安縣時，縣城設在唐代廢掉的寶安縣城位置。寶安縣城扼守珠江口東側的南頭半島，位置非常重要。晚明重設寶安縣，主要是因為海防需要。此時葡萄牙人已經在南海非常活躍，倭寇和中國海上民間武裝也經常侵擾海岸，所以必須加強海防。很多人誤以為深圳是一個缺乏歷史的城市，其實現在的南頭古城就在深圳市內。不僅保留有南門、東門和一段城牆，還保留了寶安縣衙、文天祥祠、東莞會館、新安煙館等很多古建築。深圳不僅是一個有悠久歷史的城市，而且這個城市的歷史和北方人的航海直接相關。

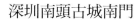

深圳南頭古城南門

現在廣東一些看起來是具有特色的地名，其實也是湖南各地的常見地名，比如澳門有氹仔島，氹是氹的訛誤，氹是蕩、塘的俗字，湖南有很多氹。再如香港有紅磡，湖南也有很多磡、勘字，應該是坎的俗字。粵北、粵東的墩，是湖北和湖南的常見地名。

廣東的埇、湧，讀作沖，就是湖南常見的地名沖，沖即河谷。寧波簡稱為甬，甬就是湧，閩語的湧就是波浪，寧波城所在的三江口原來就是江潮和海潮交融之處。湧的本字是永，漢字的永是小河注入大河的象形。永字反過來寫，就是派（𣲖），派字是大河分出小河的象形，所以派、脈是同源字。從語言文字學來考證，可知華南的湧字不是一個土俗字，而是來自古漢語。如果不認真研究語言文字學，往往會誤以為很多通用字是土俗字。

廣東的圍，就是湖南的堘。廣東的澳，就是湖南的坳。廣東有深圳，湖南也有圳，洞口縣有大圳，平江縣有圳勘。

廣東三水有大塱山，湖南耒陽有觀音朗山，衡東縣有上朗山。表示山的朗、塱又寫成崀，應即山梁的梁，現在北部吳語也把上說成浪。

珠江三角洲表示水道的滘，也源自湖南，澧縣東北有青龍窖，華容縣西南有花蘭窖，集中在洞庭湖。

東莞有企石鎮，湖南婁底有企石村。深圳東南有沱濘列島，湖南湘陰縣西北的洞庭湖有沱漣港。香港有銅鑼灣，湖南也有很多銅鑼、同羅地名。

唐代在泗州（在今江蘇盱眙縣西）興起了泗州大聖信仰，南傳到南方很多地方，都有分廟。所以現在南方很多地名都有泗州或泗洲，浙江湖州南潯有泗州村，江西宜春有泗州寺路，德興有泗洲鎮，浙江蕭山、富陽、廣東東莞、廣西梧州、福建莆田、湖南桂陽都有泗洲村。浙江樂清、湖南寧鄉有四洲廟，安徽宣城有四洲殿，廣東三水和四川三臺有四洲村。

現在中國東南的泗州大聖廟不計其數，泗州原來是沙墩村，因為隋煬帝開挖大運河而成為運河和淮河的航運樞紐。武則天長安四年（704 年），分徐城縣南部設臨淮縣，治沙墩村。唐玄宗開元二十三年（735 年），泗州的治所從宿遷縣南遷到臨淮縣。因為唐代的泗州是中國最繁華的城市，所以泗州大聖信仰才成為中國東南的重要信仰。因為南宋建炎二年（1128 年），南宋的東京留守杜充為了阻擋金兵南下，掘開黃河大堤，導致黃河主流南下到江蘇，注入泗水和淮河。黃河的泥沙含量是世界最高，因此河床迅速升高，導致黃河佔據了淮河下游的河床，而淮河的水位太低，不能進入淮河下游原有的河

道。淮河失去了入海口，在中游泛濫。淮河最終在清代康熙十九年（1680 年）徹底淹沒了泗州城，泗州遷往現在安徽的泗縣，仍然叫泗州，1912 年改名泗縣。

不過廣西凌雲縣，宋代、元代和明代叫泗城州，清代叫泗城府，不是源自泗州大聖廟。因為這裡地處廣西最西北部的邊遠之地，不是泗州大聖信仰的分布地。這個泗城很可能源自唐代泗州士兵戍守邊疆的寨堡，留下了泗城的地名。唐代咸通六年（868 年），派徐州、泗州的士兵兩千多人戍守邕州（今南寧），防衛南詔，約定三年回鄉。這批士兵在南方六年，仍然不能回鄉，因而在龐勳的率領下起義，想打回老家。一直打到宿州，最終被平定，龐勳戰死。凌雲縣在唐代屬於邕州管轄範圍，其西部就是南詔，正是在防衛南詔的前線。凌雲縣南部的百色市在宋代設唐興州，很可能是源自唐代產生的地名。

浙江台州洋頭村泗洲殿

第五章　東南的厝、江南的庫源自中原的舍

　　厝是閩南乃至福建、臺灣、廣東、海南、東南亞的閩語區最常用的方言特色用字，本指房屋，擴展為村落通名，比如林厝即指林家村，新加坡有蔡厝港、林厝港。厝是閩南語的常用字，閩南語的鄰居叫厝邊，屋內叫厝內。

　　語言學家李如龍先生研究福建方言與地名的分布關係，發現厝、阪、埕、兜、墘等字，只見於閩方言區，屋、崬、背等字只見於客家方言區。〔註1〕屋是漢語通用語，中國各地都有此字，不是閩語的特色用字。但是厝是閩語的特色用字，厝字是不是閩南語原創的一個字呢？很多人以為厝是福建原創字，本文首次提出，正如中國南方很多俗字一樣，厝字看似是東南原創字，其實源自中原的古漢語，本來是中原的常用字，東南的厝字和江南的庫字就是源自中原的舍字。

一、東南的厝與江南的庫

　　厝是最有閩南特色的地名用字，原義是民居，引申為村莊聚落名。其實不但閩南有這個地名，閩北、閩東都有，只是閩南最多，而閩北、閩東較少。臺灣、廣東、海南的閩語區，都用厝字。

　　一般人認為厝是閩語特有字，其實不是。浙江南部的麗水市境內，也是厝的分布區。在浙江麗水地區的遂昌、松陽、慶元、龍泉、景寧、雲和及溫州地區的泰順等地，普遍使用厝字表示房屋。麗水、縉雲二地，厝、屋通

〔註1〕李如龍：《漢語地名學論稿》，上海教育出版社，1998年，第119～121頁。

用。〔註2〕這些地方現在是吳語區，但是毗鄰閩語區，這提醒我們：厝字的源頭可能出自吳語，甚至是比吳語更北的方言。南部吳語的厝字不是因為福建移民才出現。因為這個字是南部吳語分布廣泛，歷史上沒有從福建向這些地區的大規模移民。

根據語言學家研究，閩語作為漢語的分支，前身是吳語。雖然進入福建的北方移民有浙江、江西兩條幹道，但是江西早期漢語方言主要也是受吳語影響形成。在六朝隋唐時期，贛語、客家話還沒有最終形成，而吳語的地位在南方最高，所以吳語對閩語的影響最大。〔註3〕

吳地在江南的最北部，是越文化和漢文化較早融合之地，富春縣（今浙江富陽）人孫權建立的吳是第一個囊括中國東南以與北方抗衡的王朝。孫權致力於開發東南江南山地，強迫山越漢化，在浙南、湘贛及閩西北建立很多新縣。東晉南朝時期，南方的中心仍在三吳。此時仍有很多人從吳會再往東南遷徙，源自江浙一帶的吳文化流佈到東南全部，所以語言學家認為閩語和吳語關係最近，保留了很多古代吳語的特徵。當蘇南、浙北的北部吳語已經不斷靠攏北方話之後，浙江南部的南部吳語還有很多詞彙和閩語一致或同源，陳章太、李如龍對比 127 個閩語詞與溫州話相同的有 56 個，鄭張尚芳先生曾經列舉出 35 個這樣的詞彙。〔註4〕這些同源詞彙多數屬於人身和生活詞彙，所以容易留存。所以南部吳語的厝字也是一個古老的方言底層，不是從閩語區借來的字。

關於厝字的由來，有很多爭論。有的學者以為厝的本字就是作為措置意思的厝字，《漢書·地理志》五方雜厝，注：「厝，處也。」其實這個厝是措置的意思，不是房屋的意思。我們看到古籍或文物上的厝字，要分析其在上下文的意思，不能簡單看成是現在東南方言的厝字。其實古代特別是北方的厝字多是指措置、處置，《廣韻》：「厝，置也。」《釋文》：「厝本作措。」《莊子·逍遙遊》：「又何厝心於其間哉？」《孝經·喪親》：「卜其兆宅，而安厝之。」《漢書·賈誼傳》：「夫抱火厝之積薪之下。」厝的本義是措置，有學者認為

〔註2〕曹志耘主編：《漢語方言地圖集·詞彙卷》，第 101 頁。
〔註3〕周振鶴、游汝傑：《方言與中國文化》，上海人民出版社，2006 年，第 38 頁。
〔註4〕鄭張尚芳：《閩語與浙南吳語的深層聯繫》，第六屆閩方言國際研討會，1996 年，香港科技大學。鄭張尚芳：《由音韻地位比較來考定一些吳閩方言詞的本字》，《方言》第 5 卷，2005 年，收入《鄭張尚芳語言學論文集》，北京：中華書局，2012 年，第 211～223 頁。

從措置引申出房屋之義，〔註5〕我認為不可能，這種引申的例子找不到，措置和房屋差距很大，不可能從措置引申出房屋的意思。

還有的學者以為厝的本字是處，《廣韻》：「處，處所也。」《易‧旅》：「旅於處。」《史記‧五帝本紀》：「遷徙往來無常處。」〔註6〕我認為此說也不可能，因為從處字的構形來看，其原義與房屋無關。處的本義是停留，與措置的措是同源字，但是處所是晚出的引申義。

現在的吳語地區有個常見的地名俗字厙，現代讀作 she。這個字顯然是舍的俗字，不過它的字形、讀音都很接近厝。厝也是晚出的俗字，讀音從錯或措。厙之所以下面是車，顯然是把車作為聲旁。正如厝的讀音從措、錯，所以我們要考察車的方言讀音。北部吳語，車讀 tsu，厙讀 so。介於南北吳語之間的浙江台州吳語，車讀 tsuo，音近閩南話的厝，台州吳語保留了較多的古音，南部吳語正是逐漸向閩語過渡。在江蘇中部的泰如片方言中，車的讀音是 tsa，接近閩南語的 tshia。

厝的古音接近舍，還有一證，孫吳沈瑩的《臨海水土異物志》把鯊魚稱為鰽魚。〔註7〕鰽音同厝，說明讀音近鯊、沙，也接近舍的古音。

不僅如此，泰如片方言所在的江蘇中部裏下河地區，是中國水網密集度僅次於江南平原的地區，這裡最常見的地名就是厙的本字舍字，讀作 sa。泰如片方言現在被語言學家劃入江淮方言，這是江淮方言中最接近吳語的一支，它的底層方言就是吳語。

江蘇省中部的高郵、江都等縣方言分為東西兩區，東部的裏下河地區屬於東部的泰（州）如（皋）方言，或者稱為通泰方言，西部的大運河沿線屬於淮揚方言，由於淮揚方言比較接近北方話，所以這裡的舍讀 səi 或 ɕi。淮揚方言的人接觸到了泰如方言的 sa，以為是大廈的廈，不知就是舍。所以在高郵、江都東部的很多地名帶有廈字，其實都是舍的訛寫。〔註8〕

江蘇中部，不止舍這一個地名通名用字和閩南的厝有關，還有一個墒，

〔註5〕黃典誠：《閩語作房屋解的「厝」字》，《黃典誠語言學論文集》，廈門大學出版社，2003 年，第 195～200 頁。

〔註6〕鄭張尚芳：《由音韻地位比較來考定一些吳閩方言詞的本字》，《鄭張尚芳語言學論文集》，第 221 頁。

〔註7〕〔吳〕沈瑩撰、張崇根輯校：《臨海水土異物志輯校》，農業出版社，1988 年，第 11～12 頁。

〔註8〕朱延慶：《江淮方言趣談》，南京出版社，2004 年，第 137 頁。

裏下河地區有些地名有塸字，這種地名在江蘇省僅見於裏下河地區，比如：建湖縣大蒿侖（應為塸）、塇塌侖、興化沈塸鎮。《江蘇省建湖縣地名錄》第83頁對北蒿侖、南蒿侖兩個村子地名來源的解釋是：「傳說土墩上長滿蒿子而得名。」則塸是土墩的意思，第180頁對塇塌侖的解釋是：「蘇州方言，意為泥牆。」《辭海》對的解釋是：「坎陷。」〔註9〕元末陶宗儀《南村輟耕錄》卷二十四《劉節婦》說：「劉節婦，泰州坂塸人。」〔註10〕說明裏下河地區的塸字地名至少元代就有，這個罕見的地名用字又見於閩南方言區，寫作侖，去聲，指坡度小的山崗，臺灣至少有上百處地名帶侖字，李如龍先生說本字不明，〔註11〕實即塸。裏下河地區之所以保留這個古字，因為本地區歷史上受戰亂影響較小，所以保留古代文化較多。

有趣的是，江蘇中部的建築風格也很接近福建。江蘇省的民居屋脊多有鴟吻，但是鴟吻翹起最高的地方就是東臺市到南通市一帶，而且南通一帶的屋脊中間凹下，類似閩南建築。這種風格只見於江蘇省中部，江南、淮北都沒有，直到浙南的溫州地區，建築風格才又開始接近福建。南通市在宋代以前是一片沙洲，南唐為靜海軍，後周改為通州，圓仁《入唐求法巡禮行記》提到長江口的白水郎，說明這裡的原住民是越人，他們和東南沿海來往較多，這可能就是南通、泰州地區建築風格也類似福建的原因。

所以我們不難猜出，閩語的厝，其實就是吳語的厍和泰如方言的舍。因為這兩個字的字形構造方式相同，而且讀音極為接近，意思也相同，都是指房屋，引申為村落通名。

這個民居及聚落用字起源很早，可能在六朝隋唐之前常用，所以被江南的移民帶入福建，在此變成厝。當然，不少遷居福建的江南人的祖先是中原人。因為起源很早，而且進入閩地很早，所以後人忘記，以為是閩語原創詞。唐代的福建還沒有多少名人或典籍，所以厝這個字出現在現存文獻的時間較晚，但是我們不能說厝這個字出現的時間晚，不過是因為晚近才被記載，很可能很早就出現。因為厝這個字是民間造出的俗字，所以出現在正式典籍的時間比較晚，或許經過長期演化，才在很多同源俗字中選擇這個字形作為正式字形。

〔註9〕建湖縣地名委員會編：《江蘇省建湖縣地名錄》，內部出版，1983年。

〔註10〕〔元〕陶宗儀：《南村輟耕錄》，北京：中華書局，1959年，第297頁。

〔註11〕李如龍：《漢語地名學論稿》，第134頁。

二、厝、厙源自中原的舍

　　吳語作為漢語的一個方言，其源頭也在江淮地區，至少通過江淮地區從北方或者楚地傳入江南。所以厝的最早源頭也是在江淮及中原東南部，這裡在上古時期是華夏的南疆，正如今日的福建是中國的南疆。那時的氣候比今日暖濕很多，大象、犀牛、鱷魚在商代的中原很常見，周代的氣候變冷，但是這些熱帶動物在長江流域還很常見。所以上古的江淮的情景就接近福建，江淮地區地勢低窪，河網密布，氣候暖濕，所以民居多是南方常見的干欄建築（木樓、竹樓），或者建造在人工修築的高臺上。今日的裏下河地區，村落還多是建在水中土臺上。所以出現了舍，舍就是這種民居的象形。上面的人字頭是屋頂，下面的十字是木樓的支架，最下面的口是土臺。

江蘇鹽城漢墓出土的干欄建築模型

浙江省博物館藏漢墓出土的干欄建築模型（下與上右）

　　王國維曾經推測宋就是商的音轉，宋都商丘（今河南商丘市）就是商族興起之地，宋國延續商朝，所以宋、商讀音接近。〔註12〕其實宋字的上面是一個屋頂的象形，下面是一個木，原意也是木樓。《說文》卷七下：「宋，居也，從宀，從木。」上古音的商是書母陽部，宋是心母侵部。

　　宋地附近還有徐人，淮河以南還有舒人，在淮河邊上的今蚌埠境內還有塗山，古代的當塗縣在此，現在安徽南部是當塗縣是在東晉的戰亂中僑置在南方。其實徐、舒、塗三個字同源，都與舍、余有關。當今中國的余姓主要分布在河南、江西、湖北、四川、廣東、安徽、浙江、重慶、湖南、雲南等地，皖贛鄂豫交界處為最密之處。〔註13〕舒姓南遷江西，而後有江西填湖廣，湖廣填四川，所以當今中國的舒姓主要分布在重慶、湖南、湖北、四川、江西五地，占全國舒姓 71%，除了西南地區，皖贛鄂豫交界處就是最密之處。〔註14〕余姓與舒姓的分布區接近，《陳書》卷二十九說到新吳縣（今江西奉新縣）洞主余孝頃，說明余姓很早就遷入江西北部。奉新縣鄰近的靖安縣、高安市發現了徐王青銅器，因為公元前 512 年，吳國滅徐，徐人南逃到吳國的敵國楚國，〔註15〕則余姓也有可能出自南遷的徐人。

　　舍的原意就是屋舍，上面是屋頂的象形，中面是木，下面是口。舍的讀音也接近宋、商，其原意都是木樓。《說文》卷五下：「舍，市居曰舍。從亼、中，象屋也。口象築也。」徐中舒說：「以舍之義訓，定余所象為屋頂及樑柱形，當無大誤。舍復從口者，《說文》云，象築也，當謂築地為基址。余之與舍，有屋頂、樑柱、基址，而無四周的牆壁，是僅能適合於淮水流域。」〔註16〕

　　其實舍就是榭的本字，上古音的舍是書母魚部 çya，榭是邪母鐸部 zyak，音近。《說文》卷六上：「榭，臺有屋也。」《爾雅·釋宮》：「闍謂之臺，有木者謂之榭。」榭就是木樓，或者是高臺上的屋子，所以就是舍。

　　後人經常以為木樓僅見於華南，其實上古的中原也有很多干欄建築。商代的氣候非常暖濕，胡厚宣根據甲骨文記載指出商代終年可雨，冬季降雪不

〔註12〕王國維：《說商》，《觀堂集林》，北京：中華書局，1959 年，第 518 頁。

〔註13〕袁義達主編：《中國姓氏·三百大姓》上冊，華東師範大學出版社，2007 年，第 154 頁、彩圖 40。

〔註14〕袁義達主編：《中國姓氏·三百大姓》中冊，第 256 頁、彩圖 164。

〔註15〕李學勤：《東周與秦代文明》，上海人民出版社，2007 年，第 117 頁。

〔註16〕徐中舒：《黃河流域穴居遺俗考》，《先秦史十講》，北京：中華書局，2009 年，第 142 頁。

大，黍和稻可種兩季，最多的農產是稻，犀牛、大象、貘、獐、竹鼠等南方動物很多，相當於現在的南方氣候。〔註17〕所以《呂氏春秋》卷五《古樂》說：「商人服象，為虐於東夷。」商人乘象，可見當時氣候暖濕。而商人活動的東方大平原湖沼密布，河道縱橫，草木茂密，蟲蛇出沒，所以商人需要居住在木樓上。樓字與干欄是同源字，干欄是漢譯越語，原為複輔音。《太平寰宇記》卷八十八昌州（治今四川大足縣）風俗說：「有夏風，有獠風。〔獠〕悉住叢菁，懸虛構屋，號閣蘭。男即蓬頭跣足，女即椎髻穿耳，以生處山水為姓名。以殺為能事，父母喪，不立几筵。」這裡說獠人住在懸空的屋子，稱為閣蘭，即今所謂干欄建築。《太平寰宇記》另外有四處提到干欄建築，其中卷一百六十三又稱高欄，都是異譯。

《韓非子·五蠹》說：「上古之世，人民少而禽獸眾，人民不勝禽獸蟲蛇，有聖人作，構木為巢以避群害，而民悅之，使王天下，號曰有巢氏。」韓非是韓國人，韓國在今河南省中部。商代之前河南省東南部還有干欄建築，也即構木為巢。但是周代之後，氣候變冷，所以這種建築消失了。後世傳言此地原來是構木為巢，所以出現了有巢氏的傳說。

日語的屋字有一種讀音是や（ya），正是余的上古音，余的上古音是以母魚部。我認為這是因為日語早期接觸到了中國東部沿海的語言，余的本義就是屋，所以日語屋的這種讀法源自江淮下游。日語中的漢語借字最早的一種讀音稱為吳音，源自江淮下游，當時的吳語範圍比現在大，淮河下游也是吳語區。日本和中國的密切交往始於南朝時期，所以早期日本引進的漢語主要是吳音。

綜上所述，現在中國東南浙、閩、臺、粵、瓊五省的閩語、吳語地區及東南亞閩語人群分布區的房屋、聚落常用字厝字，其實就是北部吳語常用的庫字，字形、讀音、意義都很接近，而庫是舍的俗字，所以厝、庫二字都是源自中原的舍字。舍是高臺或木樓建築的象形字，因為上古的中原南部及江淮一帶氣候正是現在的華南氣候，所以需要在高臺或木樓上居住。這就是宋、舒、徐等一系列地名、族名的由來及徐、舒、涂、余等姓氏的由來，宋的字形、讀音、意義很接近舍、榭，是同源字。舍變成江南的庫和東南的厝，傳播路線極為清晰。厝、庫、舍都是民眾日常生活最常用的字，其實除了這個

〔註17〕胡厚宣：《氣候變遷與殷代氣候之檢討》，《甲骨學商史論叢二集》，河北教育出版社，2002年，第857～906頁。

字，還有很多字是從中原傳入東南，本文無法一一展開。我們從東南地區最常用的厝字就可以看出幾千年來的氣候區和文化區南移的大勢，從上古漢字演變出各地變體就可以看到上古的中原華夏文化如何變成現代多元一體的中華文化。

三、屋、幄、室、垤

闽西南地區主要是客家人，客家人地區沒有厝字地名，常見的民居地名是屋、坊，這在江西全省都是常見地名。廣東的粵語地區常見的地名也是屋，沒有厝，可見廣東的屋字地名源頭也在江西。因為粵語區的漢族移民歷史上主要來自江西，所以地名上也接近江西，而非福建。

屋字在江淮方言東部地區及北部吳語地區都不常見，但是在江淮方言西部的湖北省境內也有不少，可見屋字地名的源頭不是中國東部沿海地區，而是西北內陸地區。

屋不是象形字，王力認為本義是幄，《大雅·抑》：「尚不愧于屋漏。」傳：「屋，小帳也。」《漢書·南粵王佗傳》：「去帝制黃屋左纛。」《陸賈傳》：「去黃屋稱制。」顏師古注：「黃屋謂車上之蓋也。」《左傳》昭公十三年：「子產以幄幕九張行。」注：「幄幕，軍旅之帳。」哀公十四年：「子我在幄。」注：「幄，帳也，聽政之處。」〔註18〕如果屋的本義是帳，引申成房屋，當然和游牧民族有關。北方游牧民族的房屋就是幕帳，俗稱為蒙古包。

如果我們對屋的原義還不能肯定，再看和屋有關的字。表示房間的室，字形和屋很近，但讀音不近。王力《同源字典》沒有列出室的同源字，我認為室的同源字是垤。揚雄《方言》卷十說：

> 垤，封場也。楚、郢以南，蟻土謂之垤。垤，中齊語也。

周祖謨《方言校箋》說戴本作封，證據是《太平御覽》及吳淑《事類賦》注引《方言》是：「楚郢以南，蟻土謂之封。」但是玄應《一切經音義》卷十九引文還是垤，所以《校箋》說垤字有據。〔註19〕其實《方言》原文說垤是封場，則垤非封，封字是下文而誤。蟻穴的封土稱為垤，迭是定母質部，垤是照母質部，都是舌音，讀音很近。螞蟻把土迭加在穴口，就是垤。

上古時期的中原人住在半地穴住宅，現在的黃土高原還有窯洞，豫西的

〔註18〕王力：《同源字典》，北京：商務印書館，1987年，第293頁。

〔註19〕〔漢〕揚雄著、周祖謨校箋：《方言校箋》，北京：中華書局，1993年，第64頁。

窯洞建在低於地面的洞穴中，就是這種民居的孑遺。半地穴住宅有高出地面的部分，類似蟻穴口的封土，所以垤、室是同源字。

晚唐五代之際，江淮西部人大量南遷江西，宋代才形成贛語和客家話。〔註 20〕於是屋字地名從江淮西部向南擴散，此時的江淮西部的徐、舒、宋文化早已消失，氣候也比上古秦漢時期乾冷，所以這裡的舍字地名不多。

總之，屋是源自西北內陸的民居，屋和東部沿海的舍（厝）是來源不同的兩大房屋名稱系統。屋是游牧民族的幕帳民居，或者是嵌在土中的民居，都是依附於土地的民居，便於保暖。而舍是懸於半空的民居，避免地面的潮濕。

屋、舍都向南傳播，屋傳入內陸的江西、湖南，舍從江浙傳入福建，最後兩大系統又交匯於嶺南。干欄建築應該稱為舍，但是在西南等地又被稱為高腳屋。在華南地區，人們早已忘記了屋、厝的原義和原型。

〔註20〕周振鶴、游汝傑：《方言與中國文化》，上海人民出版社，2006 年，第 22 頁。

第六章　閩蜀同風源自楚地考

　　福建和四川相隔很遠，但是在元代四川文化巨變之前，四川文化居然很接近福建，北宋人邵伯溫《邵氏聞見錄》說：「朝中有語云：閩蜀同風，腹中有蠱。」王得臣《麈史》說：「世言閩蜀同風。」程民生先生總結兩地的一些共有風俗，[註1]劉曉南先生指出，漢字的風本來有語言的意思，他又找出很多資料證明宋代的閩、蜀方言確實接近，比如周必大《二老堂詩話》南北音聲條說：「近世士大夫頗笑閩人作賦協韻云：天道如何，仰之彌高。殊不知蘇子由蜀人也，《文集》第一卷《嚴碑》長韻磨訛高豪何曹荷戈，亦相間而用云。」蘇轍用韻接近閩音，正是因為閩蜀同風。不過，劉曉南先生沒有破解閩蜀同風的問題，他僅是推測閩蜀同風的原因可能是兩地都受到西北關中方言的影響，所以他說要破解閩蜀同風問題，只有留待將來了。[註2]

　　今按閩蜀同風源自西北之說還可再商，因為歷史上四川雖然也受到陝西文化的很大影響，但是福建距離陝西顯然太遠，歷史上沒有從陝西到福建的短時期大規模移民，福建直接受到西北方言影響的可能性很小。而且西北方言也會影響到華北、黃淮和長江中下游各地，但是在這些地方，似乎看不到很多接近閩蜀之處。本文從一些方言特色詞彙入手，提出閩蜀同風的原因很可能是兩地都受到楚文化的影響。

　　李如龍先生曾經研究過閩方言中的古楚語和古吳語詞彙，找出來自古楚

[註1] 程民生：《宋代地域文化》，河南大學出版社，1997年，第57～58頁。

[註2] 劉曉南：《宋代四川方言概貌及「閩蜀相近」現象》，《語文研究》2008年第2期。劉曉南：《宋代四川語音研究》，北京大學出版社，2012年，第249～268頁。

語的 30 條，來自古吳語的 15 條，來自古吳楚通語的 5 條。〔註3〕本文認為，還有一些閩語詞彙來自古楚語。

廈門思明區定安路黃氏宗祠江夏堂

一、母說姐及姐母（查某）合成

根據《漢語方言地圖集》顯示，現在中國北方人稱母親為媽、娘，華南人說母，南北之中的長江流域說母媽。這是大體而言，南方的江淮話、西南話也說媽，金華、台州及其以北的吳語、贛語、湘語說母媽，華南人說母還有各種變體，比如粵語的老母，吳語、閩語部分地區的阿母等等。其實媽就是母，因為母的上古音接近媽。

但是南方還有一些奇怪的說法，比如客家人說彌，這可能是母、媽的音變，也可能來自南方土著民族語言。溫州、福州人說奶，一說來自南方土著語言。增城人說阿姑，潮州、惠來人說阿姨，饒平人說姨，廣西賓陽人說嬤，桂平、邕寧、寧明人說阿嬤，桂林人說嬤娘，這還是女性長輩。還有一些贛語區說爺，玉林人說阿伯，居然變成了男性長輩稱呼。

〔註3〕李如龍：《閩方言中的古楚語和古吳語》，1988 年福州首屆閩方言國際研討會，收入李如龍：《方言與音韻論集》，香港中文大學中國文化研究所、吳多泰中國語文研究中心，1996 年，第 121～126 頁。

南方還有不少地方居然把母親說成姐，雖然地域不大，但是分布範圍很廣：浙江江山、福建松溪、湖南耒陽、嘉禾、新田、廣西臨桂、永福、恭城、海南東方說姐，江西宜黃、福建崇安、建陽說阿姐，江西南康、廣東南雄、大餘說姐老，湖南郴州說姊姐，湖南東安、衡山、衡南、攸縣、茶陵、安仁說娭姐。〔註4〕娭姐可能是阿姐的音訛，有人俗寫為娭毑。這些說姐的地方居然涉及七個省的吳語、閩語、贛語、湘語、客家話、西南話等六種方言，如此大範圍的分布，應是一種古老的說法在諸多偏僻之地的殘留。

原來稱母為姐的地區還有很多：

1. 湖北、湖南：道光《永州府志》卷五下《方言》：「稱母多曰阿姐，或曰姐姐。」嘉慶《武岡縣志》卷十二《風俗》附方言俗字：「父曰爹，母曰姐。」乾隆《永興縣志》卷五《方言》：「母曰媽媽，又曰阿姐。」民國《漵浦縣志》卷二十八《雜識》：「呼母為阿姐。」康熙《巴東縣志》卷二《方言》：「而前裏又稱父謂之阿包，母謂之阿姐。」《宜昌縣志》：「而前裏又稱父為阿巴，母為阿姐。」

2. 兩廣：宣統《東莞縣志》卷十《方言》：「母又曰阿姐、阿媽、阿奶。」嘉靖《興寧縣志》卷三《風俗》說：「呼母曰阿姐。」〔註5〕同治《河源縣志》卷十一《方言》：「謂母為闇，或呼亞姐。」光緒《容縣志》卷四《方言》：「毑，古文姐字。羌人呼母也。茲也切，音近那，去聲。俗謂母曰老毑，妻曰老婆毑，凡禽之雌、獸之牝已生育者，亦謂之毑。」乾隆《慶遠府志》卷一《風俗》天河縣：「惟北鄉語近漢，名為百姓話。而其呼父曰阿杷，母曰阿姐。」

3. 江淮：嘉慶《蕪湖縣志》卷一《風俗》：「鄉人稱母謂之艾姐，孔鮒《小爾雅》叟，艾老也。揚子《方言》：凡尊老謂之艾。《說文》：蜀謂母曰姐。張揖《廣雅》：姐，母也。艾姐，猶言老母也。北齊太子稱生母為姊姊，宋呼嫡母為大姊姊，姐與姊義同雖。鄉人語殊不謬。」

以上僅是明清時期的部分方志，可見推想，明代之前南方稱母為姐的地域應該更大。

王國維有劄記《姐即母》，提到元代關漢卿的雜劇《閨怨佳人拜月亭》，稱父為阿馬，母為阿者，阿馬是女真語，今猶用之，王國維指出阿者是古漢語的阿姐，讀音接近，未必是女真語。故《北齊書》太原王紹德稱其母李後

〔註4〕曹志耘主編：《漢語方言地圖集・詞彙卷》，第47頁。
〔註5〕嘉靖《興寧縣志》，《天一閣藏明代方志選刊續編》第66冊，上海書店，1990年。

為姊姊，《四朝聞見錄》說南宋高宗稱韋后為大姐姐。〔註6〕《北齊書》卷九《文宣皇后李氏傳》記載文宣帝皇后李祖娥是趙郡李希宗之女，其子太原王高紹德，稱她為姊姊，可見這種稱呼很早就傳到了華北，而且一直保持到宋元時代。因為金元的戰亂使華北人口急劇減少，原有語言變化，母親稱為姐姐的叫法可能是在金元時代逐漸從華北消失。

王國維又提到許慎《說文解字》與《淮南子》的兩則記載，許慎《說文》卷十二：「蜀謂母曰姐，淮南謂之社。」漢代的蜀地人把母叫姐，許慎之所以又說到社，因為社的上古音的禪母魚部 zya，而姐的上古音是精母魚部 tsya，讀音很近，許慎看出二者有關，所以附帶說了淮南人的說法。許慎是汝南郡召陵縣（今漯河市召陵鎮）人，他的家鄉靠近淮南，所以其說可信。《淮南子·說山》：「西家子見之，歸謂其母曰：社何愛速死，吾必悲哭社。」高誘注：「江淮謂母為社。」陳廣忠先生指出這是楚語，〔註7〕蜀人和淮南人之所以有近似的說法，無疑是源自二者之間的楚人。

楚人在戰國時滅巴、滇，疆域擴展到西南，東漢時期的四川盆地東部楚人居半，《華陽國志》卷一《巴志》但望說：「江州以東，濱江山險，其人半楚，姿態敦重。」所以楚文化影響到了巴蜀的文化。淮南本是楚地，戰國末年，楚國還遷都到壽春（今壽縣），淮南成為楚國的核心。司馬遷在《史記·貨殖列傳》把江淮下游的吳地稱為東楚，因為楚國滅越，原來的吳越文化楚化。六朝時期的江南人把江北淮南的人稱為楚，唐宋時期的淮南名為楚地，方言名為楚語。唐人儲光羲《安宜園林獻高使君》：「楚言滿鄰里，雁叫喧池臺。」安宜即今江蘇寶應縣，時屬楚州。宋人梅堯臣《入滿浦》：「逢人多楚語，問客煮吳雞。難覓枚皋宅，蒼葭處處迷。」滿浦也在楚州，枚皋是淮陰人。楚地南界長江，過江即吳地。王昌齡《芙蓉樓送辛漸二首》：「丹陽城北楚雲深。」此時丹陽指今鎮江。岑參《送盧郎中除杭州赴任》：「海雲迎過楚，江月引歸吳。」元代人常把吳、楚對比，吳指江南，楚指江北。元人薩都剌《江館寫事》：「越女能淮語，吳姬學楚妝。」這是對舉，吳即越，淮即楚。元人郯韶《西湖竹枝詞》：「吳兒生長自吳語，卻向船頭學楚吟。」〔註8〕明初杭州人王洪在淮南所作《舟中雜興》：「河堤芳草邐，淮浦綠楊津。估客多吳

〔註6〕王國維：《東山雜記》，社會科學文獻出版社，2000年，第55頁。
〔註7〕陳廣忠：《〈淮南子〉楚語的漢語史價值》，《諸子學刊》第6輯，上海古籍出版社，2011年。
〔註8〕王利器、王慎之、王子今輯《歷代竹枝詞》，陝西人民出版社，2003年，第89頁。

語，征夫半楚人。」〔註9〕

　　散佈在東南七省的諸多方言，把母說成姐，也應該是楚語的殘存。古代和現代稱母為姐的地方在湖北、湖南、江西、廣東、廣西，這些都是歷史上楚文化的起源地或深受楚文化影響的地方。其中最多的地方是湖南東南部到桂林一帶，臨桂、永福、恭城圍繞桂林，桂林原來很可能也稱姐為母。最大的一片是湖南東南部，北到衡山，南到郴州，再向東不遠就是南康、南雄、大餘，而湖南原來是楚地，隨著北方文化的南進，楚文化向南退縮，湖南保留的楚語應該最多，所以保留在湖南的這一片範圍最大，這也說明姐說母是楚語。

　　值得注意的是，湘語北部的長益片把奶奶說娭姐，即湘語南部的媽媽，這種說法也見於客家話，〔註10〕這是一種晚出的說法，因為長益片在北，受到北方話的衝擊較大，而且《南史·始興王憺傳》說：「荊土方言謂父為爹。」原有的楚語稱父為爹，但是現在沿江的諸多方言包括北部方言說父為爺，祖父說爹，可見原有的父母稱呼在沿江地帶全部升級為祖父母稱呼，所以南部湘語作為媽媽的娭姐在北部湘語升級成了祖母。關於沿江地帶這種父母稱謂升級為祖父母稱謂的原因，涉及漢語方言親屬稱謂的總體研究，所以本文無法展開，我將另有專文。總之，如果把祖母說姐的地域加入，則母親為姐的地域更大，而且更接近江漢地區最原始的楚地。

　　現在的閩南語雖然不把母親說成姐，但是閩南語的女人或妻子是 tsa-bɔ，俗寫為查某，閩東方言說諸娘 tsy-neyng，有人附會說這是因為北方人到了福建，娶了越人女子為妻，秦漢之際的越王是無諸，所以把越女說成諸母。這種說法顯然荒謬，歷代越王不知有多少，無諸不是第一個越王，為何單單說到無諸？無諸距離漢人大舉入閩已有數百上千年，而且為何不說無娘？

　　我以為，閩南話的查母和閩東話的諸母，本字就是姐母，因為姐的上古音就是 tsya，現在閩南語的姐字還說 tsia，接近查、諸的讀音，姐母是楚語的姐和漢語的母拼合成的新詞。楚語入閩，無疑是從江西最近，所以在武夷山內外的江西宜黃、浙江江山、福建松溪都保留母叫姐的說法。福州話的諸接近且的現代讀音，閩南語的姐保留了且的古音。因為旦、且的字形太接近，很容易訛誤，所以查字其實是查的訛誤，所以查不讀旦，查、楂就是柤、櫨，

〔註9〕〔明〕王洪：《毅齋集》卷三，《影印文淵閣四庫全書》第 1237 冊。

〔註10〕曹志耘主編：《漢語方言地圖集·詞彙卷》，第 43 頁。

所以姐、查的上古音非常接近。

　　所以原來閩方言可能全部說姐，唐末王審知等人率中原人直抵閩海，帶來了中原話。但是隨王審知入閩的大多是單身士兵，於是娶土著女子為妻。所以檢測現在福建漢族基因發現，福建人的男性祖先居然絕大多數來自北方，而女性祖先大多數源自南方土著。〔註11〕復旦大學李輝教授的研究表明，現在福建人染色體中的 O1 單倍體群比例很低，甚至比浙江人還低。福州人和客家人的 O1 單倍體群頻率在福建人中又特別低，在中國南方人顯得很突出。O1 單倍體群是越人的標誌，說明福建人的父系祖先源自越人的血緣很少。〔註12〕於是此前閩方言的姐和中原話的母就拼合為姐母，當時的光州話可能還是說母。

　　鄭張尚芳從浙江南部的蠻話考察，認為查某是作姥，指勞作的女人。〔註13〕我認為此說不確，姥 mu 就是母的同源字，作的讀音是浙南蠻話的孤例，不能作為閩語的通例。

　　還有人認為查某源自侗臺語，閩南語的男人是 ta-pɔ，女人是 tsa-bɔ，開頭的 ta 和 tsa 都是古代越語的鐬，《越絕書》卷三：「修內矛。赤雞稽繇者也，越人謂人鐬也。」從邵武到永定都有人稱詞綴舍，讀成 sa 或 so，源自鐬，雲南德宏傣語的男人是 pu-tsa：i，女人 pu-jing，pu 是人。〔註14〕我認為此說有四個疑點，第一是鐬按照很多語言學家的意見是解釋上一句的武器而不是指人，〔註15〕第二是難以解釋一個鐬為何在閩南語的男人、女人詞頭分化為兩個讀音，第三是難以解釋為何古代越國的語言保留在閩西、閩北而不是閩東和閩南，第四是難以解釋現在壯傣語的人稱詞頭是 pu 而不是 sa。所以這個觀點，我認為未必成立。前人或以為閩南語的男人 ta-pɔ 即丈夫的古

〔註11〕金力：《寫在基因中的歷史》，收入韓昇、李輝主編《我們是誰》，復旦大學出版社，2011 年，第 95 頁。

〔註12〕李輝：《分子人類學所見歷史上閩越人群的消失》，《廣西民族大學學報（哲學社會科學版）》2009 年第 2 期。

〔註13〕鄭張尚芳：《由浙南蠻話論證「丈夫、作姥、囝」的語源》，張嘉星主編：《第十一屆閩方言國際學術研討會論文集》，廈門大學出版社，2013 年，第 122～126 頁。

〔註14〕吳文文、李發：《閩南方言中的「查甫」和「查某」》，《第十一屆閩方言國際學術研討會論文集》，第 114～121 頁。

〔註15〕鄭張尚芳：《句踐「維甲」令中之古越語的解讀》，《民族語文》1999 年第 4 期。

音，〔註16〕我認為這個解釋更好。泉州、廈門話的男人是 ta-pɔ，漳州話的男人竟然訛變為 tsa-pɔ，讀音比較類似女人 tsa-bɔ。照理說男人、女人的讀音原來不應該類似，所以閩南話的男人顯然應以泉州、廈門話而非漳州話為準。

二、源自楚語的閩語詞

現在北方人一般說知道，長江流域從上海到川滇都說曉得，粵語說知，閩南語是知 ian，有人俗寫為知影，其實和影毫無關係，就是知曉的音訛。先從 xiao 變成 iao，再變成 ian。

西漢揚雄《方言》卷一第一條說：「黨、曉、哲，知也。楚謂之黨，或曰曉，齊宋之間謂之哲。」〔註17〕知、哲音近，哲即智。楚語說曉，和黃河流域不同。現在長江流域全說曉得，就是源自楚語。知道的源頭不會早於唐代，宋代文獻多見。原來的中原古語就說知，現在粵語保留的中原古語。而閩南語的知曉，是中原古語和楚語的合成，如同姐母是中原古語的母和楚語姐合成。

現在的閩南語還有一些特色詞源自楚語，比如說女子美為水，其實水是一種俗寫，因為閩南語的水讀音不同，而且讀音也不是上聲而是去聲。這也源自古楚語，揚雄《方言》卷二：「娃，嫷，窕，豔，美也。吳、楚、衡、淮之間曰娃，南楚之外曰嫷。宋、衛、晉、鄭之間曰豔，陳、楚、周南之間曰窕。自關而西，秦晉之間，凡美色或謂之好，或謂之窕。」〔註18〕閩南語的水應是嫷，源自古代的南楚方言。

揚雄《方言》：「一，蜀也。南楚謂之獨。」〔註19〕李如龍先生指出，現在閩語各地都有這個詞，讀音稍有差別。〔註20〕

李如龍先生又說閩方言的裂開說必，我認為這也源自楚語，因為揚雄《方言》卷六說：「廝，披，散也。東齊聲散曰廝，器破曰披。秦晉聲變曰廝，器破而不殊，其音亦謂之廝，器破而未離謂之璺。南楚之外謂之比。」〔註21〕

〔註16〕周長楫主編：《閩南語方言大詞典》，福建人民出版社，2006 年。
〔註17〕〔漢〕揚雄著、周祖謨校箋：《方言校箋》，第 1 頁。
〔註18〕〔漢〕揚雄著、周祖謨校箋：《方言校箋》，第 10 頁。
〔註19〕〔漢〕揚雄著、周祖謨校箋：《方言校箋》，第 79 頁。
〔註20〕侯精一主編：《現代漢語方言概論》，第 214 頁。
〔註21〕〔漢〕揚雄著、周祖謨校箋：《方言校箋》，第 43 頁。

　　揚雄《方言》卷一：「蹠，踚，跰，跳也。楚曰踚。陳、鄭之間曰踚。楚曰跰，自關而西，秦晉之間曰跳，或曰蹠。」〔註22〕郭璞注蹠：「古蹠字。」此字即現在北方話蹦蹬的蹬。注跰：「亦中州語。」則此為北楚語，而南楚語是跰，上古音是章母鐸部 tҫyak。現在中國南方多數地區說跳，但是有一些零星分布的說法則很可能是楚語保留，比如廣東鶴山、恩平、開平說紥，福建屏南、寧德、古田說 tsik，湖南衡陽、安仁、桂陽說 tua，很可能就是跰。另外南方還有一個分布很廣泛的縱，《說文》卷十三：「縱，緩也。一曰捨也。」此字從絲，總之和跳無關。但是江蘇常熟、蘇州、浙江海鹽、江西樂平、婺源、餘江、安義、星子、福建明溪、尤溪、湖南株洲、四川西昌都說縱，這不能用移民解釋，和北方的踚、踚、跳等字讀音很遠，不是北方話南遷，應是楚語的殘留，縱的上古音接近跰。江西蘆溪、上高說 tshot，音近縱。福建仙游說趐，讀音也接近。

三、囝即伢、尕

　　漢語的小孩一詞大體可以分為五類：西北、西南說娃類，淮北到東北說孩類，江南到嶺南說細小類，包括小人、細人、細老、細文等，閩語說囝類，長江中下游說伢類，包括江淮話及贛語、湘語、客家話、西南話部分地區，湖北東南部及湘西北基本全是伢的分布區，向西南到廣西的三江、臨桂，東南到贛南西南部的十個縣及廣東南雄，甚至進入南部吳語的武義及閩東話的古田，〔註23〕古田因為地處交通要道，所以接受了來自長江流域的說法。

　　閩語的囝比較特別，唐代詩人顧況有《囝》詩云：「囝生閩方。」說明唐代閩語就有此詞，很多學者認為是閩語創造的詞。前引鄭張尚芳之文認為浙南蠻話的小孩詞綴的 tҫi、tҫie 是囝，囝的本字的子，原義是短小。我認為此說不確，子的中古音是 kiet，讀音不同。蠻話詞綴的 tҫi、tҫie 也不是囝，而是仔（崽），本字是稚，漢字的稚和日語小孩的詞綴 chia、英語的 child 都是同源字。囝是喉牙音，稚、仔、崽是舌音，不能等同。浙南蠻話靠近吳語，所以詞綴的仔（崽）讀音類同吳語。

　　我認為囝的閩南語是 kiã 或 ian、kin、in，青海同仁方言的小孩是尕 ka 娃，尕音很近囝，蘭銀官話的小說尕，其實這個字也見於江淮話，我的家鄉江蘇

〔註22〕〔漢〕揚雄著、周祖謨校箋：《方言校箋》，第 8 頁。
〔註23〕曹志耘主編：《漢語方言地圖集・詞彙卷》，第 40 頁。

省濱海縣方言中說小的詞有尕尕、尕尕大、小尕尕等，尕這個字的來源也可能是從江淮話進入西北話。因為從唐末党項等族佔據西北到元代蒙古人取代西夏有五百年，明初來到西北屯墾的很多將士來自朱元璋的家鄉江淮。

而且值得注意的是伢的分布見於長江中下游及東南九個省的八種方言，可見非常古老，很可能是古楚語。閩南語的牙是 gia、ga 或 ge，即便在江淮話的北部，伢也有 ia、nga 兩種讀音，伢、牙的讀音極近囝的閩南語 kiã、ian，二者是同源字，所以囝這個字很可能不是閩語獨創，而是唐代或更早進入閩地的楚語。有趣的是，伢在贛語中的分布有兩片，北部一片是南昌到湖口、瑞昌、修水一帶，東部一片是弋陽、貴溪到撫州、廣昌一帶，東部的這一片正是歷史上從贛入閩的要道。

囝之於伢，如同垵 kan 之於岸 ngan，閩語常用地名字垵指邊緣，如山垵、河垵、田垵、海垵，其實就是岸，垵是俗字，可以徑寫為岸。

明代陸容《菽園雜記》卷十五：

> 米南宮以書畫名一時，其文章不多見。家藏故紙中，有《露觔烈女碑文》一通，辭亦清古，今《維揚新志》已收入，茲不錄。錄其《贊》云：「王化煥猗盛江漢，叔運煽猗人倫亂。一德彥猗昭世典，情莫轉猗天質善。楚澤緬猗雲木偃，煒斯囝猗日星建。」此《贊》每句二韻，亦新奇。囝與蘭音同，閩人呼其子云然。古韻書無之，蓋後世方言耳。昔劉夢得以餻字不經見，詩中輒不敢用。囝，惟顧況有詩，陸放翁亦有「阿囝略如郎罷意」之句。然用之閩越，似亦無害。江淮之俗，故所未聞也。而施之刻石之文，何耶？〔註24〕

米芾是襄陽人，後來到了都城，他的家鄉和河南應該不用囝字，但是他為高郵露筋祠所作的碑文，用了囝字，是不是宋代的高郵話還有囝字？

還有一個相關的字是崽，現在分布在贛語、湘語、閩語、粵語的廣大地區，揚雄《方言》卷十：「崽者，子也。湘沅之會凡言是子者，謂之崽。」崽也是楚語，所以分布在長江中游及華南。

四、楚人入贛與贛人入閩

楚國是戰國時期南方的唯一大國，其疆域東到大海，西到巴黔，南到五

〔註24〕〔明〕陸容：《菽園雜記》，北京：中華書局，1985 年，第 186 頁。

嶺，北到沂泗，所以楚語影響了中國南方的所有方言。其實不僅是南方話，楚語還影響了中國北方話，現在遍布全國的一些通用詞彙出自楚語。比如上文說到的爹，原來是楚語，但是現在北方話也把父親叫爹。關於楚語對全國語言的影響，本文無法展開，我們主要關注的是楚語是如何進入閩地。

六朝時期的豫章郡第一大姓是熊，〔註 25〕熊是楚王之姓，說明在楚國東擴及楚人東遷的過程中，很多楚人進入江西。楚文化又從江西進入閩地，最遲在東漢已有很多贛人進入閩地。閩地原有的閩越在西漢被強遷到江淮等地，雖然還有不少越人，但是空地很多。於是贛人進入閩地，他們說的古贛語應該受到楚語的強烈影響。《三國志》卷六十《賀齊傳》：「候官既平，而建安、漢興、南平復亂，（賀）齊進兵建安，立都尉府，是歲（建安）八年也。（會稽）郡發屬縣五千兵，各使本縣長將之，皆受（賀）齊節度。賊洪明、洪進、苑御、吳免、華當等五人，率各萬戶，連屯漢興，吳五六千戶別屯大潭，鄒臨六千戶別屯蓋竹，同出餘汗。」樂史《太平寰宇記》卷一百一建州、邵武軍記載孫策於建安元年（196 年）立建安、南平縣，建安十年立建平縣，晉太元四年（379 年）改為建陽縣，又說獻帝末立漢興縣，孫休永安三年（260 年）改南平為昭武縣，太康三年（282 年）改名邵武縣，永安三年吳立將樂縣。但是從《三國志》來看，建安八年之前已有漢興縣。

最早在閩西北的漢族大姓是洪、苑、吳、華、鄒這五大姓，洪姓最大。而洪姓就是南昌大姓，倫敦大英博物館所藏敦煌文書斯 2052 號《新集天下姓氏族譜一卷並序》記載晚唐郡姓，有學者認為在開元中期以後，或以為在元和十五年（820 年）到咸通十三年（872 年），〔註 26〕其中宜春郡姓，首為袁，宜春郡即袁州，無疑得名於最大的袁姓。此譜的鄱陽郡姓，首為饒，鄱陽即饒州，饒州也得名於最大的饒姓。此譜的豫章郡姓有洪，豫章郡即洪州，洪州之名源自洪姓，唐初立洪州時的第一大姓應是洪。

鄒姓分布最集中的地方就是江西，據統計，宋朝、明朝鄒姓人口最多之地是江西，現在鄒姓人口最多之地還是江西，約占全國鄒姓總人口的百分之

〔註 25〕梁洪生：《唐以前江西地方姓望考》，《歷史地理》第十輯，上海人民出版社，1992 年。

〔註 26〕唐耕耦：《敦煌四件唐寫本姓望氏族譜殘卷》，北京大學中國中古史研究中心編《敦煌吐魯番文獻研究論集》第 2 輯，北京大學出版社，1983 年。毛漢光：《敦煌唐代氏族殘譜之商榷》，《歷史語言研究所集刊》第 43 本，1971 年。

十四，其次是鄰近的福建、湖南。〔註 27〕雖然僅有洪、鄒二姓可以確定來自江西，但是洪姓有兩萬戶部屬，洪、鄒二姓部屬人口近半，所以我們可以說閩西北最早的漢族移民多來自江西，這就是楚語曾經影響閩語的原因。孫吳征服福建之前，來自江西的移民較多，但是孫吳起於吳地，南朝定都江東，所以六朝時期湧入福建的吳人逐漸佔據上風，留下吳語影響閩語的諸多證據，使得今人往往看到吳語對閩語的影響，忘記歷史上最早強烈影響閩語的是源自古楚語的古贛語。

西漢時期江西東部的餘干（在今餘干縣）、南城（在今南城縣東南）、雩都（在今於都縣）三個縣中，南城縣最靠近武夷山，說明漢代的撫州入閩道也很重要。孫吳的臨川郡有十縣，治南城縣，而餘干縣上游的今上饒市境僅有上饒（今上饒）、葛陽（今弋陽）兩縣，說明撫州入閩道為主，上饒入閩道為次，所以隋代居然把邵武縣劃入臨川郡。現在江西上饒以東及福建浦城還是吳語區，而福建邵武、光澤、建寧、泰寧、將樂還是贛語區。〔註 28〕雖然現在閩西北的五縣贛語區是宋代以來重新贛化的結果，但反映了此處和江西的密切聯繫。至今撫州話還接近閩語，而上饒話沒有這種特點。撫州保留古音較多，不難推測，在北部贛語晚近數百年逐漸靠攏北方話之前，贛語總體上和閩語更加接近。

值得注意的是，劉曉南先生指出宋代四川方言和閩方言相似度最高，其次就是江西方言。我以為，正是因為閩蜀同風源自楚地，楚文化從贛入閩，所以江西方言也很接近兩地。

雖然元明清時期的戰爭導致四川原有楚文化的斷層，但是湖廣填四川又使得楚文化再次影響四川。但是明清時期的湖廣楚文化不是上古的楚文化，所以此時傳入四川的上古楚文化很少，四川原有的上古楚文化是否有一些殘留呢？按照前人研究，四川西南部因為戰亂較少，保留的文化較古老。不過我們很難判斷四川西南的方言是原有方言殘存，還是明清移民再次傳入，這個問題待考。

遙遠的閩南和西蜀，居然因為都受到楚文化的影響，而擁有近似的方言！元明清以來的四川多次大戰導致原有人群更換，所以現在的四川話已經找不

〔註 27〕袁義達主編：《中國姓氏‧三百大姓》上冊，華東師範大學出版社，2007 年，第 260～261 頁、彩圖 70。

〔註 28〕李如龍：《福建方言》，福建人民出版社，1997 年，第 84 頁。

到多少古老的成分。從本文找出的一些特色詞彙來看，閩蜀同風的原因很可能主要是受到楚文化的影響，至少說楚文化是閩蜀同風的原因之一。

第七章　客家人由來新考

　　客家人是漢族的重要支系，關於客家人的形成過程，學界多有爭論，結論千差萬別。有人說客家先民的主體是南渡的河洛衣冠，有人說客家人的祖先基本是平民百姓。有人說客家先民的主體是南方的土著越人，有人說客家人的主體是東遷的畬族。有人說客家人在唐宋之際形成，有人說在宋元時期形成，也有人說在明清時期才形成。

　　客家人地處贛閩粵三省交界的山區，介於贛語、閩語、粵語三大方言人群之間，地處東南中心的客家人形成問題關乎整個東南地區的歷史，因此有必要繼續深入研究。

一、前人諸說辨析

　　羅香林在早期客家研究經典著作《客家研究導論》、《客家源流考》提出五期移民說，第一期是西晉永嘉喪亂之後，第二期是唐代黃巢戰亂之後，第三期是北宋靖康之難到宋元之際，第四期是清康熙初葉到乾嘉之際，第五期是清同治六年到 1930 年代。他認為五代時北方漢族與外族混合，而南方漢族分化為江浙、湘贛、南海、閩海四系，湘贛系即客家，他說：「客家這系統的形成，大體已晚於五代至宋初。自然，客家裏面的分子，亦極多在南宋或元明清以至近代始自外地或別系摻入其內的，然此實無礙其系統和特性的傳演，亦無庸以此遂疑其民系形成的年代。蓋民系的形成，純基於自然和人為二環境大部分的變化，成為一種特殊民系以後，則此民系的活力及其社會遺葉，又可發生一種相當的勢力以維繫其民系形式上的存在，與夫固有特性的傳演，這是可以從各民族民系演化的歷史推證出來的。」〔註1〕

〔註1〕羅香林：《客家源流考》，中國華僑出版社，1989 年，第 41 頁。

　　羅著是客家學的開山之作，影響深遠。近年羅說受到很多質疑，其實羅說雖然在方法上比較單調，主要利用族譜，在定論時也多出自推測，湘贛的定名也很不精確，沒有注意區分湘贛民系及客贛民系的差別，但是本文將證明羅氏結論仍能成立。羅香林指出，不能因為南宋之後客家人與其他民系有交融就說客家人的形成要晚到南宋之後。

　　陳運棟認為客家人形成於南宋末年，文天祥在梅州抗元，導致原來的梅州客家消亡，各地客家遷入，形成了客家人。〔註2〕此說顯然不能成立，梅州本是汀贛客家人南遷之地，所以不能用梅州來考察客家人的形成。

　　房學嘉提出客家人是南朝時期南遷的中原人和古越人混合產生的共同體，主體族源是越人，而非少數流落至此的中原人。〔註3〕房說顯然不能成立，越人是東南地區的土著，但是現在的東南地區已無越人，越人早已被南遷的漢人完全同化。越語雖然影響了東南諸方言，但是現在的東南諸方言是漢語的方言，所以客家人的主體不可能是越人。不過房說提醒我們研究客家人的由來要注意現在客家人的聚集地在秦漢時期已經開始漢化，不能忽視唐宋之前的漢化基礎。

　　復旦大學的生物學者對福建長汀的 148 個客家男子做了遺傳分析，發現客家人父系遺傳的Y染色體與中原漢族最近，又偏向於苗瑤語族群中的畬族，不同於其他南方漢族偏向於侗臺語族群。混合分析發現，客家人數據結構中漢族結構占 80.2%，類畬族結構 13%，類侗族結構 6.8%。各族 M7 個體 Y-STR 單倍型的網絡結構分析發現，客家人中類苗瑤結構有兩個來源，其一來自湖北，其一來自廣東。客家人母系遺傳的線粒體 RegionV 區段 9 bp 缺失頻率為 19.7%，與畬族很近，不同於中原漢族。客家人的主要成分應是中原漢人，畬族是對客家人影響最大的外來因素，與客家話中的苗瑤語特徵相印證。〔註4〕這說明客家人的主體來源是北方漢族，也融合了一些畬族成分，但是越人的成分較少。

　　周振鶴、游汝傑在 1986 年提出，中唐安史之亂後到宋初，大量北方人南遷江西，使得客贛語形成，兩宋之際的移民浪潮使客家話從客贛語中分離出

〔註2〕陳運棟：《客家人》，臺北：東門出版社，1978 年，第 132～136 頁。
〔註3〕房學嘉：《客家源流探奧》，廣東高等教育出版社，1994 年。
〔註4〕李輝、潘悟雲、文波、楊寧寧、金建中、金力、盧大儒：《客家人起源的遺傳學分析》，《遺傳學報》2003 年第 9 期。

來，最終形成客家人。〔註5〕周師在 1987 年提出，對客家方言形成起關鍵作用的是安史之亂引起的對江西的移民，而此次移民為羅氏忽略。〔註6〕周師在 1996 年又有專文申論上述觀點，他說羅氏的五期說不分主次，不別源流，第一期與第二期相隔四五百年，根據譚其驤等人的研究可以清楚地看出，六朝時期南遷到江淮的中原人極少進入今江西省中部，最多到達今江西省北境，與贛南的客家人地區相隔太遠。所以客家人難以追溯到六朝，周師提出客家人的形成一定是短期大量移民的結果，因為只有這樣才能保持自身的方言特點，客家話和贛語同源，源自安史之亂以後的進入江西的大移民。唐末五代從贛中北遷往贛南閩西的移民又使客家人與贛語人群分離，唐宋時期的再次移民才形成了客家人。〔註7〕

　　周師新說結合方言研究歷史，通過客、贛方言同源關係，辨析出客、贛方言人群同源但是又有分化，指出客家人是贛語人群再次南遷的結果，這是學術重大進步，得到了學術界的廣泛認可。這啟發我們在研究客家人由來時注意辨析客、贛，才能發現真相。

　　周師又把唐代開元、元和及宋初太平興國年間江西及汀州、建州、潮州等地的戶口增減製成下表，不過我通過此表數字發現，安史之亂可能對江西人口的影響不大。對比元和、開元戶數可知，安史之亂後，人口增加的僅有饒、洪、吉三州，饒、洪二州人口增長較多，吉州增長很少。其餘各州全部是減少，而且從撫州、虔州越往東南，減幅越大，虔州、汀州、潮州減幅則遞增，建州的減幅遠遠高於撫州。

　　我認為，饒州不在江西北部，增幅卻最高，原因不是安史之亂，而是來自浙江的移民。浙江在南朝時期的人口密度是全國最高，而浙贛分水嶺較低，往來便利，良渚文化就已經通過江西向南傳到廣東北部，所以石峽文化接受了不少良渚文化因素。所以在人口密度增加時，浙江人很容易西遷到信江上游，今上饒以東是吳語區，因為原屬衢州，玉山縣是乾元元年（758 年）從衢州割入信州，同年置永豐縣（今廣豐縣），緊鄰玉山，又析饒州置信州，信州原有上饒、弋陽二縣，應是增加了玉山、永豐才設州，原饒州的西北部沒有

〔註5〕周振鶴、游汝傑：《方言與中國文化》，上海人民出版社，1986 年，第 42 頁。

〔註6〕周振鶴：《唐代安史之亂和北方人民的南遷》，《中華文史論叢》1987 年第 2、3 輯。

〔註7〕周振鶴：《客家源流異說》，《學術月刊》1996 年第 3 期。

設置新縣，說明饒州的人口增長應是來自浙江而非北方。

至於撫、虔、汀、潮、建等州人口的減少，主要原因是安史之亂導致唐朝瓦解，各地動亂，所以越是險遠之地人口減少越多。因此，安史之亂造成的移民對客家人形成的影響可能不是很大。

唐　州	開元戶數	元和戶數	增　減	宋州軍	太平戶數	加　減
饒　州	40899	74827	83.07%	饒　州	45917	41.16%
				信　州	40685	
江　州	21865	17945	-17.93%	江　州	24364	
				南康軍	20948	117.74%
洪　州	55405	91129	64.47%	洪　州	103438	
				筠　州	46329	
袁　州	22335	17126	-13.33%	袁　州	79703	208.23%
吉　州	34481	41025	8.97%	吉　州	126453	
撫　州	24988	24767	-0.88%	撫　州	61729	223.52%
				建昌軍	18847	
虔　州	32837	26260	-20.03%	虔　州	85146	224.24%
汀　州	4680	2618	-44.06%	汀　州	24007	816.99%
建　州	20800	15480	-25.58%	建　州	90492	793.55%
				邵武軍	47831	
潮　州	9329	1955	-79.04%	潮　州	5831	278.46%
				梅　州	1568	

謝重光認為客家先民主要是平民，唐中葉到宋末，贛閩粵交界處有五次大規模的移民：唐中後期（主要是安史之亂後）、唐末五代宋初、兩宋承平時期、兩宋之際、宋元之際，唐中後期主要是移民贛南，宋元之際主要是移民粵東，客家先民主要來自唐宋時期的江淮地區。客家人形成於南宋而非明代，標準是共同的經濟生活、共同心理素質、共同語言，因此中心地域是閩西而非贛南。〔註8〕謝著注意比較人口和政區變化，結合多種方法，但是他的結論也可商榷，因為他說：「客家話正是從唐末五代開始獨自發展，逐漸形成方言的。」又說：「推測客家方言形成於兩宋之際或南宋初，應是比較

〔註8〕謝重光：《客家源流新探》，福建教育出版社，1995年，第75、84、178、185頁。

符合歷史實際的。」〔註9〕依照此語，則客家話似乎在北宋時期已經形成，他論證南宋說的主要材料來自南宋的《臨汀志》，但是北宋地方志的大多散佚，我們不能因為這個原因就說客家人形成於南宋。他的移民五期說雖然把唐宋元時期的移民研究細化，但是上文說過安史之亂一次不能成立，下文我將說到北宋中後期，也即謝氏所謂的承平時期其實也沒有大規模移民，因此謝說沒有抓住移民的關鍵期。謝重光的《客家形成發展史綱》的修改不大，基本還是原來的結論。〔註10〕

　　陳佐泉提出嬴政攻越到安史之亂前的千餘年是客家形成的前驅期，安史之亂造成的移民是醞釀期，明代是形成期，清代以來是擴散期，因為此時客家人形成了共同的文化，並有了文化的自覺性。〔註11〕此說模仿羅說，但是又比羅說倒退，把前驅期上溯到遙遠的秦代，沒有抓住最關鍵的唐宋元時期。又誤以為明代客家人才有文化自覺性，其實我們在文獻看到明代的客家人有文化自覺性，不能說明代之前缺乏記載的時期內，客家人就沒有文化自覺性。《永樂大典》卷五三四三引潮州的《圖經志》說：「潮之分域隸於廣，實古閩越也。其言語嗜欲與閩之下四州頗類。廣、惠、梅、循操土音以與語，則大半不能譯。惟惠之海豐，於潮為近，語音不殊。至潮、梅之間，其聲習俗又與梅陽之人等。」謝重光指出此話出自宋代，既然宋代的潮州人就能敏銳地感覺到梅州人說話和他們不同，梅州人自然也能知曉潮州人說話和他們不同，更早時期的平民只要接觸到異文化都能感覺到自身文化的存在。不過此時還有發生大規模的民系衝突，但是這和文化認同是否出現是兩個問題。

　　萬陸（謝萬祿）認為客家民系孕育於贛南，時間在東晉到南宋的八百多年間，成熟於閩西，明清之後的很多廣東客家人源自寧化的石碧，閩西的環境有利於民系共同語的形成。〔註12〕可是他在書中又多次指出贛南的文化教育一直走在閩西之前，宋代的贛南有章貢四曾、興國鍾紹京、石城陳恕父子等文化名人，海內外語言學界多把客家話的形成定在宋代。如此則贛南的文化地位更高，贛南雖然不及閩西封閉，但是其丘陵地貌和贛江中下游地區顯著不同，也有很強的獨立性，所以我認為不應誇大閩西的作用。此書強調閩西主要是因為粵東移民多出自閩西，但是我認為這是客家人形成之後的擴散，

〔註9〕謝重光：《客家源流新探》，第169、172頁。
〔註10〕謝重光：《客家形成發展史綱》，華南理工大學出版社，2001年。
〔註11〕劉佐泉：《客家歷史與傳統文化》，河南大學出版社，1991年，第37～92頁。
〔註12〕萬陸：《客家學概論》，江西高校出版社，1995年，第81～125頁。

不在形成過程。

許懷林指出六朝的僑人不是客家的開始階段，因為僑縣全部沒有遠離長江，經過兩百年已經土著化，安史之亂後南遷者才是客家先民，客家人形成於南宋，客家人的民系自覺性很晚才有。〔註13〕

吳松弟老師認為客家人形成於南宋，因為在元代之前汀贛地區的客家人沒有達到四五萬人，宋末抗元的宗室在汀州召募峒丁而沒有召募客家人，此時的文獻沒有說到客家人，說明人數很少，他又根據族譜認為直接從北方南遷汀贛的人不多，大多是先遷到江南，則其不能把北方的風俗保留，只有南宋時期南遷的人群才能保留北方風俗。〔註14〕其實前人早已指出客家之名出現在明代，南宋時期自然不可能有客家之名，但是這不等於說客家人不存在。謝重光就舉印第安人為例，此名是歐洲人所取，但是我們不能說印第安人在此前不存在。峒丁的戰鬥力更強，古今中外都有召募外族或特殊職業人群為兵的事例，一般來說凡是特地召募來的人群反而是少數而非多數。至於客家文化不僅與北方文化相去甚遠，即便是與江淮、贛北文化也有不同，所以我們不能說南宋時期南遷的人群才能保留北方風俗，而應考察客家文化在何時與贛文化分離。

王頲認為客家人源自宋末元初的流民，但是他的觀點主要是從宋元之際循州、梅州的動亂提出，而循州、梅州是客家人從贛州、汀州向南的遷居地，不是起源地，此說忽視贛州、汀州，值得商榷。〔註15〕

王東提出客家先民的構成有四個層次，兩晉之前的客家地區原住民是原生形態的客家先民，兩晉南北朝時期南遷的移民是次生形態的客家先民，安史之亂形成的移民是再生形態的客家先民，宋元時期的移民是新生形態的客家先民，客家人形成於明代中期。〔註16〕王氏的四期說是對羅氏五期說的修正，強調了原住民的地位，根據周師之文把黃巢戰亂修訂為安史之亂，去除了太晚的清代第五期，變成了四期說。他認為客家話的形成時間與客家大本營地區的重要文化事象呈現一致性的時間是客家人形成的標誌，可是他根據 m

〔註13〕許懷林：《關於客家源流與客家民系的幾個問題的論爭》，《客家研究輯刊》1995年第2期。

〔註14〕吳松弟：《客家南宋源流說》，《復旦學報（社會科學版）》1995年第5期。

〔註15〕王頲：《避客循梅——宋、元代粵東北的居民和社會》，《西域南海史地考論》，上海人民出版社，2008年，第128～145頁。

〔註16〕王東：《客家學引論》，上海人民出版社，1996年，第80、136～144頁。

韻尾這一孤證誤以為客家話在明代中期才獨立發展，而其所引王力說 m 韻尾在北方話中知道 16 世紀才消失，這顯然太晚，而且與客家話的形成時間無關。他又誤把方志記載方言、風俗的時間等同於其出現時間，其實現存的方志自然多數在明代之後，不能說其記載的客家方言、風俗就形成於明代。

陳支平認為客家人和非客家人的中原祖居地沒有差別，二者南遷過程大致相同，二者有時有共同祖先，二者可以互相轉化。客家人是由南方各民系融合而成，明末之後客家人與廣府人產生激烈衝突，才出現客家之名，此時客家人才出現自身認同，所以客家人出現在明代中期。〔註17〕陳著利用了大量族譜資料，深化了羅香林的族譜研究，但是羅香林早已指出客家人和非客家人會相互轉化，這和客家人的形成是兩個問題，古今中外都有民族轉化，但是各民族依然存在。即使我們說人類有共同祖先，也不妨礙我們研究民族史，不能因為有共同的祖居地和共同祖先就說民族血緣沒有差異。上文說過民族名稱的出現與民族的出現是兩個問題，不能因為客家之名在明清時期出現就說客家人在明代出現。

陳支平研究方法的最大問題是從族譜出發，問題是我們現在看到的絕大多數族譜是很晚編成，很多內容未必可信。客家人在早期的詳細遷徙史不可能被族譜記載，所以我們不能從族譜來考察客家人的早期遷徙。很多族譜會偽造、攀附祖先，所以我們不能輕信族譜記載的祖先。

陳支平強調客家人的祖先和閩南人沒有區別，問題是客家話和閩南話差別很大，而且客家話和閩南話的差別不可能是明代才產生，客家話和閩南話都不是明代產生。陳支平完全迴避了最重要的方言問題，這就是客家人在明清以來形成說的最大漏洞。因為沒有任何一個語言學家認為客家話在明清才形成，所以主張客家人在明清以來才形成的人基本上都迴避了語言問題。如果不是他們有意迴避，而是忘記這個問題，則他們的研究方法就存在嚴重問題。語言是人群認同最重要的因素，也是最容易辨識的特徵。

陳支平的研究完全忽視北方和長江流域的戰亂史，忽視歷史上的一些大規模的移民潮，不明白不同時期不同移民潮的起點和終點都不一樣，不同時期的移民潮的規模也不一樣。所以客家人和非客家人的來源地、來源人群不可能一樣，但是他根本不使用族譜以外的史料，自然不可能發現這些問題，也不可能解決這些問題。他說客家人和非客家人都來自河南，等於沒說，我

〔註17〕陳支平：《客家源流新論》，廣西教育出版社，1997 年。

們也可以說數萬年前都來自非洲。

王東在 2007 年的新著中認為房學嘉的觀點完全不能成立，他高度評價了謝重光的著作，他認為陳支平的著作基本使用羅香林的研究方法，但是得出完全不同的結論，說明利用家譜研究又很大問題。他提出客家人應該用方言群與贛閩粵邊的地域來界定，所以他的著作貫穿客家方言群的考察。他認為兩宋之際贛中北向贛南、閩西的移民僅是補充型移民，而南宋時期贛南、閩西向粵東北的移民才根本改變了粵東北的人口結構，因為此時贛閩粵邊才孕育出客家方言群。他認為元代中後期，贛閩粵邊的漢族和畬族融合，形成了新的客家方言群，此時客家人才形成。〔註 18〕

王東的新說認為贛閩粵邊全部變成客家話地區，才是客家人形成的標誌。我認為贛南、閩西如果全部變成客家話地區，就可以成為客家人形成的標誌。粵東北的客家化是贛南、閩西客家文化的擴大，沒有改變客家文化和贛閩粵邊客家地區的性質。明清之後客家地域仍然在不斷擴展，並且從中國擴展到海外很多地方，這當然也不能成為客家形成的標誌。王東的新說又強調了畬族的作用，所以把客家人形成時間從南宋下推到了元代，我認為雖然有不少畬族融入了客家人，但是不占客家人的主流。更不能誇大畬語對客家話的影響，客家話仍然是漢族方言，不會因為畬族的融入而成為一種新的語言。王東的新著在一些具體考證上也有失誤，比如把淳熙年間的贛州戶數誤加了十萬戶，得出了南宋初年贛州人口激增的錯誤結論。其實南宋時期的贛州空間已經飽和，增速減緩，如果他能認識到這一點，或許就不會把客家人形成的時間下推很晚。

語言學家李如龍先生認為，粵語、客家話、贛語的共同點有 16 條，其中 4 條來自中唐以前，4 條來自晚唐五代，5 條來自宋代，3 條是宋代以後的創新，所以客家話是晚唐五代和中原話分開，經過湘贛吳一帶的動盪，宋代在贛南、閩西定型。〔註 19〕

總結前人研究，各有優點和缺點，我認為考察客家人的形成時間，應該

〔註 18〕王東：《那方山水那方人：客家源流新說》，華東師範大學出版社，2007 年，第 3～9、35～38、201、243 頁。

〔註 19〕李如龍：《從客家方言的比較看客家的歷史》，1992 年，香港中文大學國際客家學研討會，收入 1995 年會議論文集，又收入李如龍：《方言與音韻論集》，香港中文大學中國文化研究所、吳多泰中國語文研究中心，1996 年，第 248～266 頁。

結合社會經濟和文化兩方面的因素，如果客家人的原生地域贛南、閩西一帶進入開發的飽和期，人口增幅從激增轉為減緩，並開始大規模地向鄰近地區移民，說明本地區的人群已有較強的力量。根據下文研究，這個時間最遲出現在南宋，此時也有史料表明客家方言已經形成。說明最晚到南宋時期，客家人已經形成。但是客家人形成應該追溯到北宋時期，因為南宋初期贛南的長期動亂說明本地力量已經非常強大。所以我認為客家人應該形成於北宋時期，贛南、閩西是客家人形成的地域，至於客家人擴展到廣東等地已經在客家人形成之後。這個觀點，印證了語言學家的結論。

此前的贛南、閩西有南朝末年與唐宋之際兩個人口激增期，所以我認為這是客家人形成的兩個最重要的時期。前人往往關注永嘉喪亂、安史之亂、靖康之難引起的北人南遷，忽視侯景之亂和唐末江淮大混戰，其實永嘉喪亂、安史之亂、靖康之難不過是引發北方人南遷到江淮及江南，對贛閩粵邊地區影響很小，江淮及江南的戰亂引發的移民才對贛閩粵邊影響較大。

二、姓氏地理與唐末之前的客家先民

眾所周知，中國的姓氏分布有顯著的地理特徵，袁義達曾把中國前三百大姓在中國各地人群中的分布頻率製成三百幅彩色地圖，很少有學者根據姓氏地理研究客家人形成史。根據這些地圖，我把主要分布區涉及江西省的一些姓氏，按照其地域分布類型分成六類：

第一類是沿江分布姓氏，其主要分布區從江浙向西蔓延到長江中上游，經過江西北部，越往江西南部則越少。

第二類是贛閩分布姓氏，主要從江西北部或更北的江淮地區向東南蔓延到福建，但是在贛南也不多，主要經由上饒、撫州一帶進入福建。

第三類是吉湘分布姓氏，主要從江西中部的吉安向西擴展到湖南或更西地區，譚其驤的研究指出江西填湖廣的人群主要來自吉安，[註20]我認為這恰好與姓氏地理的吉湘型符合。

第四類是客家地區姓氏，其主要分布區即客家人地區，在今贛南、閩西、粵東等地，越往外圍越少。

第五類是東南地區姓氏，主要分布在浙江、福建，越往內陸越少，在江西東部較多，江西的西北較少。

[註20] 譚其驤：《湖南人由來考》，《長水集》上冊，北京：人民出版社，1987 年。

　　第六類是湘川姓氏，在湖南及西南較多，在江西的西部較多，越往東越少，多屬譚其驤考出的湖南蠻族姓氏。〔註21〕

姓氏地理	姓　　氏
沿江型	周、胡、袁、傅、戴、姚、毛、萬、嚴、龔、陶、章、倪、熊
贛閩型	蔡、余、江、范、鄒、饒、晏、卓、柳、涂、舒、簡、艾
吉湘型	劉、彭、蕭、匡、尹、賀、易、歐陽、蘭
客家型	謝、曾、鍾、廖、賴、溫、古、揭、官、巫
東南型	陳、鄭、葉、方、洪、莊、詹、阮、翁、柯、凌、樂
湘川型	羅、鄧、龍、譚、雷、文、歐

　　沿江型姓氏中的周、胡、袁、戴、姚等姓氏源自中原，而萬、嚴、熊等是楚人姓氏。周姓源自汝南，漢代即擴散到長江沿岸。倫敦大英博物館所藏敦煌文書斯2052號《新集天下姓氏族譜一卷並序》（以下《新譜》）記載晚唐郡姓，有學者認為在開元中期以後，或以為是在元和十五年（820年）到咸通十三年（872年），〔註22〕其中宜春郡姓是：袁、彭、易、邵，宜春郡即袁州，無疑得名於大姓袁姓，袁也是汝南大姓。江西北部還有洪州、饒州之名也源自大姓，《新譜》記載豫章郡姓有洪，豫章郡即洪州，洪州即來自洪姓。《新譜》鄱陽郡姓，首為饒氏，鄱陽即饒州，饒州也得名於饒姓。

　　贛閩型姓氏中的蔡、江、范、鄒、晏、柳源自中原及齊魯，而余、涂、舒源自江淮的徐、舒，江西靖安、高安發現了徐王青銅器，因為公元前512年，吳國滅徐，徐人南逃入吳國的敵國楚國，而江西多數屬於楚地。〔註23〕《陳書》卷二十九說到新吳縣（今江西奉新縣）洞主余孝頃，就在附近，則余姓出自南遷的徐人，又分化出涂姓。現在中國的涂姓主要分布在江西和閩臺，其實是從江西擴散到閩臺。饒、簡、艾上古時期就在江西，漢代在今修水縣有艾縣，艾姓源自此地。簡的古音接近干，或許源自干越。

　　吉湘型姓氏在唐代就已經形成，劉、蕭源自中原，尹是楚姓，賀是會稽大姓，彭、匡是本地姓氏。歐陽、歐二姓源自西遷的東甌人，東甌王之弟遷

〔註21〕譚其驤：《近代湖南人中之蠻族血統》，《長水集》上冊，1987年。
〔註22〕唐耕耦：《敦煌四件唐寫本姓望氏族譜殘卷》，北京大學中國中古史研究中心編《敦煌吐魯番文獻研究論集》第2輯，北京大學出版社，1983年。毛漢光：《敦煌唐代氏族殘譜之商榷》，《歷史語言研究所集刊》第43本，1971年。
〔註23〕李學勤：《東周與秦代文明》，上海人民出版社，2007年，第117頁。

今安福縣，歐陽姓很早就成為廬陵大姓，並在贛南、湖南、嶺南擴散。〔註24〕唐代林寶《元和姓纂》卷五劉姓：「廬陵，漢長沙定王後，生安成侯倉，子孫徙焉。梁安成內史劉元偃，代居吉州，云其後也。」〔註25〕尹姓源自晉代，《太平寰宇記》卷一百九吉州永新縣：「鄱陽侯墓在縣北三里，晉平南將軍、鄱陽侯、廣州刺史尹濯墓，今永新尹氏則其後也。」馬令《南唐書》記載廬陵大姓有蕭、劉、龍等，說明這些姓氏在唐代就是吉州大姓。

客家型姓氏有很多可以追溯到隋唐之前，《三國志》卷六十《鍾離牧傳》裴注引《會稽典錄》曰：「又揭陽縣賊率曾夏等眾數千人，歷十餘年，以侯爵雜繒千匹，下書購募，絕不可得。牧遣使慰譬，登皆首服，自改為良民。」秦漢揭陽縣在今潮汕地區，六朝時期消失，而孫吳在今江西寧都縣南突然出現了一個新的揭陽縣，《太平寰宇記》卷一百八虔州虔化縣：「廢陂陽縣，在縣東一百五十里，吳嘉禾五年置揭陽縣，晉太康五年改為陂陽縣，以陂陽水為名，隋開皇十三年廢入寧都縣。」所以新揭陽縣很可能是因為孫吳平定揭陽之亂而北遷，今揭姓源自揭陽，很早就有曾姓。

賴在六朝時期就是贛南大姓，《南齊書》卷三十九《劉繪傳》記載南齊初年南康郡（今贛州市）就有賴某。《新譜》記載唐代南康郡姓是：賴、葉、銀、尋，說明賴在唐代就贛南第一大姓。值得注意的是松陽郡姓是勞、賴、葉、瞿曇，臨海郡姓有葉，贛南姓氏類似浙南。蕉嶺《賴氏族譜》：「賴氏居潁川……西晉永興間，列寶官浙東……遷松陽加焉……長碩，字仲方，劉宋元嘉末，偕弟毅，由松陽遷南康郡之揭陽。」此處說賴姓由松陽遷南康，未知確否。《元和姓纂》卷八賴姓：「南康，唐祕書郎賴棐，本汀州人。後魏虔州（下有脫文）。」岑仲勉引《統譜》：「賴棐字忱甫，雩都人……乾元中舉進士，拜崇文館校書郎，不就。」〔註26〕賴姓在唐代就已經分布到了汀州，說明進入贛南很早。《通志》卷二十六《氏族略二》周不得姓之國賴氏：「唐有光祿大夫賴文雅，宋初……又有賴克紹登進士第，望出南康。」

唐代的贛南大姓有綦毋，《元和姓纂》卷二綦毋：「會稽。後漢，俊為會稽主簿，因居焉……南康。開元，右拾遺綦毋潛，虔州人。」〔註27〕綦毋姓

〔註24〕周運中：《西漢東甌、閩越內遷對比研究》，《地方文化研究》2013 年第 2 期。
〔註25〕〔唐〕林寶撰、岑仲勉校記：《元和姓纂》，北京：中華書局，1994 年，第 692 頁。
〔註26〕〔唐〕林寶撰、岑仲勉校記：《元和姓纂》，第 1254 頁。
〔註27〕〔唐〕林寶撰、岑仲勉校記：《元和姓纂》，第 122〜123 頁。

也源自浙江，《三國志》卷五十七《虞翻傳》裴松之注引《會稽典錄》說到交阯刺史上虞綦毋俊，漢代上虞縣已有綦毋姓，郡望是會稽，說明南朝到隋唐有浙江向贛南的移民潮。

這股移民潮可能經過閩北，《通志》卷二八《氏族略四》以諡為氏的哀氏：「《述異記》宋有哀道訓，望出南康、東陽，今建州多哀族。」哀姓，或許是袞姓之誤，現在吉安有袞姓，家譜記載祖先來自福建北部，符合哀姓的分布地。東陽郡是今金華，建州、贛州也有此姓，說明移民路線經過閩北。練姓，《廣韻》卷四練：「何氏《姓苑》云，南康人。」《古今姓氏書辯證》卷三二：「練，《姓苑》云，南康人，今建安多此姓。」練姓也是多見於建州、贛州。

廖在唐代就是贛南大姓，陸游《南唐書》卷八《廖偃傳》說：「偃，虔州虔化人。祖爽，父匡圖，仕皆至刺史。」《資治通鑑》卷二六七說後梁開平四年（910年）割據贛南的盧光稠死，其子盧延昌命部將廖爽為韶州刺史。

曾姓源自曾國，在今湖北隨州市，賴姓源自賴國，在今隨州市北部，廖姓源自蓼國，在今河南唐河縣西南，緊鄰隨州市，贛南的這三個大姓都源自隨州附近的狹小地區，說明在很早時期曾經有從這一地區向江西的移民浪潮。葉姓源自葉國，在今河南葉縣，謝姓源自謝國，在今南陽市，也在附近。則此移民路線是源自河南中南部，《宋書‧州郡志二》江州豫章郡望蔡縣（在今江西上高）說：「漢靈帝中平中，汝南上蔡民分徙此地，立縣名曰上蔡，晉武帝太康元年更名。」上蔡人很可能是經過湖北東部南遷江西，因為東晉在今湖北最東部的武穴市僑置南新蔡郡，從河南上蔡到江西望蔡的最近線路正是經過南新蔡郡。望蔡之南即袁姓聚居的袁州，《宋州‧州郡志二》江州臨川郡臨汝縣：「漢和帝永元八年立。」臨汝之名很可能來自汝南，漢代的汝潁一帶是人口最密、大族林立之地，很可能導致很多人從汝潁南遷。

劉姓很早就南遷到了贛南，《元和姓纂》卷五劉姓：「南康，楚元王交六代孫延壽，裔孫璠，居南康。六代孫惠馭，梁同州刺史。孫梅陵，唐少府監。」〔註28〕則劉姓南遷在東漢時，《陳書》卷一《高祖紀上》記載寧都人劉靄襲擊南康郡，阻擋陳霸先。馬令《南唐書》卷二十三《黃載傳》：「黃載，字符吉，其先江夏人，世為農。載弱冠，釋耒耜，就學於盧山，事虔人劉元亨。」虔州人劉元亨在盧山講學，說明唐代的虔州劉氏已經很有地位。

蔡姓也是南朝時期的南康大姓，《陳書・高祖紀上》記載蔡路養起兵，佔據南康郡，阻擋陳霸先。

鍾在唐代就是虔州大姓，始於侯景之亂由江南遷來，《元和姓纂》鍾姓：「項羽將鍾離眛。眛中子樓，亦單姓鍾氏。潁川，接始居潁川長社。魏太尉鍾繇……繇弟演，演元孫雅，過江為晉侍中，五代孫韜。韜生嶼、嶸……（嶼）生寵，梁臨海令，侯景時避地南康。南康，唐洛邑府統軍鍾山操，狀稱寵孫也，代居虔州贛縣。」〔註29〕鍾是客家大姓，因為很早就南遷到贛南，所以影響到了畬族，畬族也出現了鍾姓。鍾、藍、盤是畬族大姓，但是鍾是漢族大姓，藍、盤不是，鍾還分布在贛北，唐末割據江西的鍾傳就是洪州高安縣（今高安縣）人，這也說明鍾姓不是起源於畬族。

湘川型姓氏多起源於兩湖地區，但是很早就擴散到贛南，唐末割據贛南的有盧光稠、黎球、譚全播，譚是湖南蠻族姓氏，盧、黎主要分布在嶺南，黎姓源自黎族，說明贛南早期有很多蠻僚姓氏。《續資治通鑑長編》卷一七說開寶九年（976 年）：「初平江南，命著作佐郎建陽楊澈通判虔州……土豪黎、羅二姓，依山聚黨作亂，澈討平之。」黎、羅二姓當然可以追溯到唐代。

因為我們看到揭、曾、賴、廖、劉、蔡、鍾、練、盧、譚、黎、羅等眾多客家姓氏可以追溯到唐代甚至六朝時期，其中有很多是客家大姓，所以我們不能簡單否定羅香林的五期說。雖然唐代的贛南人口還不及宋代之後多，但是這些客家先民早已是漢族，隋末唐初的贛南、閩西已有數十萬戶口，他們對客家人的形成也起了重要作用。

三、唐末之前的贛汀人口增長和政區增置

西漢時期的南方人口還比較稀少，而兩漢之際江西的人口激增，《續漢書・郡國志》永和五年（140 年）與《漢書・地理志》元始二年（2 年）人口對比，近一百五十年間，長沙郡人口增幅為 489%，豫章郡為 474%，丹陽郡為 156%，吳郡為 136%，長江南岸的這四個郡，越往東則人口增幅越少，長沙、豫章二郡增幅相仿，遠遠高過丹陽、吳郡，顯然是因為接納了很多移民，而非自然增長或括戶土著所得。兩漢之際的江北戰亂，而江南安寧，所以很多人南遷江南。此時荊州的戰亂多於揚州，所以長沙、豫章增幅較大。

〔註29〕〔唐〕林寶撰、岑仲勉校記：《元和姓纂》，第 49 頁。

東漢末年又有很多人避亂南遷，《吳書・吳主傳》說：「曹公恐江濱郡縣為權所略，徵令內移。民轉相驚，自廬江、九江、蘄春、廣陵戶十餘萬，皆東渡江，江西遂虛，合肥以南惟有皖城。」此江西即江北，相對江東而言。廬江、蘄春兩郡之南即今江西，此時有很多人南遷江西，這是東漢末年人口南遷大潮中最猛烈的一浪。

西晉末年的永嘉之亂，使得很多中原人南遷江西，《晉書》卷八一《劉胤傳》說劉胤任江州刺史，有人對王悅講：「自江陵至於建康三千餘里，流人萬計，佈在江州。」東漢以來的江北人口南遷江西，主要集中在江西北部，劉宋時期的人口數字可以說明。因為江北人過了長江就可以躲避戰亂，不必繼續南遷。《隋書・地理志》說到江西諸郡在南朝時有畜蠱風俗，宜春尤甚，這是典型的越俗，即便是贛北也有很多越俗保留，更不論贛南。

晚近客家人家譜有一些說始祖在東晉南遷到贛南，其實大多都不能成立，不過是近人編撰家譜時的想像。《崇正同人系譜》鍾氏：「東晉末有鍾簡者，世居潁州，生三子：長曰善，次曰聖，三曰賢。元熙二年，避寇南遷……賢則徙居江西贛州。」東晉時沒有潁州、贛州等名，善、聖、賢等名也很像是編造，史書查無其人，元熙年間沒有大亂，《元和姓纂》記載鍾氏南遷在侯景之亂時，則自然應以唐代之前的說法為準。

侯景之亂是南朝盛極而衰的轉折點，此時江浙大亂，人多餓死，《南史》卷八十《侯景傳》說：

> 時江南大饑，江、揚彌甚，旱蝗相係，年穀不登，百姓流亡，死者塗地。父子攜手共入江湖，或弟兄相要俱緣山岳。芰實荇花，所在皆罄。草根木葉，為之凋殘。雖假命須臾，亦終死山澤。其絕粒久者，鳥面鵠形，俯伏床帷，不出戶牖者，莫不衣羅綺，懷金玉，交相枕藉，待命聽終。於是千里絕煙，人跡罕見，白骨成聚如丘隴焉。

此前不可一世的六朝世家大族也要在戰亂中自己採野菜充饑，《陳書》卷二十七《姚察傳》說：

> 值梁室喪亂，於金陵隨二親還鄉里。時東土兵荒，人饑相食，告糴無處，察家口既多，並採野蔬自給。

很多江浙人從海路南遷福建，《陳書》卷三十五《陳寶應傳》說：

　　侯景之亂……是時東境飢饉，會稽尤甚，死者十七八，平民男女，並皆自賣，而晉安獨豐沃。寶應自海道寇臨安、永嘉及會稽、餘姚、諸暨，又載米粟與之貿易，多致玉帛子女。其有能致舟乘者，亦並奔歸之。由是大致貲產，士眾強盛。

　　陳朝建立，為了增加江東腹心之地的人口，下詔流落嶺外的人回遷江南，《陳書》卷三《世祖紀》說天嘉六年（565 年）說：

　　三月乙未，詔侯景以來遭亂移在建安、晉安、義安郡者，並許還本土，其被略為奴婢者，釋為良民。

　　建安、晉安二郡即今福建省，義安郡是今潮汕、梅州地區，說明很多人還到了嶺南東部。

　　此時靠近建康安徽長江沿岸出現很多荒地，直到陳宣帝陳頊太建四年還沒有開墾，原來繁華的畿內一片蕭條，所以陳頊下詔設法增加人口，開墾荒地，《陳書》卷五《宣帝紀》太建四年（572 年）說：

　　閏（十一）月辛未，詔曰：姑熟饒曠，荊河斯擬，博望關畿，天限嚴峻，龍山南指，牛渚北臨……良疇美柘，畦畎相望，連宇高甍，阡陌如繡。自梁末兵災，凋殘略盡。比雖務優寬，猶未克復，咫尺封畿，宜須殷阜……自今有罷任之徒，許分留部下。其已在江外，亦令迎還，悉住南州津安置。有無交貨，不責市估。萊荒墾闢，亦停租稅。

　　此時有很多江淮、江南人西遷江西，《陳書》卷十三《魯悉達傳》說：

　　侯景之亂，悉達糾合鄉人，保新蔡，力田蓄穀。時兵荒飢饉，京都及上川餓死者十八九，有得存者，皆攜老幼以歸焉。悉達分給糧廩，其所濟活者甚眾，仍於新蔡置頓以居之。

　　此即九江對岸的新蔡，京都上川應指建康的長江上游，也即今安徽沿江地區，因為此處人南遷江西，所以故熟一帶出現很多荒地。東魏侵佔長江以北，應有很多江北人不願臣屬鮮卑，從江淮南遷江西。隋代尋陽郡人口是劉宋三倍，應是接納較多江北移民的結果。

　　東晉末年庾悅任江州刺史，《宋書》卷五十二《庾悅傳》說：「江州在腹心之中，憑接揚、豫藩屏所倚……今江右區區，戶不盈數十萬。」《宋書·州郡志》江州有 27 萬多人，則此數字可信。《宋書·州郡志》、《南齊書·州郡志》《隋書·地理志》記載江西各郡縣數、戶口數如下表：

	劉宋縣數	劉宋戶數	劉宋口數	南齊縣數	隋縣數	隋戶數	宋隋增幅	開元戶數	隋唐增幅
尋陽	3	2720	16800	2	2	7617	280%	21865	287%
豫章	12	16139	122573	12	4	12021	74%	55405	460%
鄱陽	6	3242	19500	6	3	10120	312%	40899	404%
臨川	9	8983	64850	9	4	10900	121%	24988	229%
盧陵	9	4455	31271	9	4	23714	532%	34481	102%
安成	7	6116	50323	7	3	10116	165%		
南康	7	4492	34684	8	4	11168	248%	32837	294%
合計	53	52033	277147	53	24	85656	164%	200475	234%

劉宋時期的豫章郡人口接近江西一半，臨川接近四分之一，而隋代的豫章郡人口減少，臨川郡人口變動不大，盧陵郡增加四倍，增幅最大，《隋書・地理志》說：「豫章之俗，頗同吳中，其君子善居室，小人勤耕稼。衣冠之人，多有數婦，暴面市廛，競分銖以給其夫。及舉孝廉，更要富者，前妻雖有積年之勤，子女盈室，猶見放逐，以避後人。俗少爭訟，而尚歌舞。一年蠶四五熟，勤於紡績，亦有夜浣紗而旦成布者，俗呼為雞鳴布。新安、永嘉、建安、遂安、鄱陽、九江、臨川、盧陵、南康、宜春，其俗又頗同豫章，而盧陵人厖敦，率多壽考。」說明盧陵郡的人口不僅多，而且比較長壽，應是遠離贛北戰亂之地的發展結果。隋代鄱陽郡人口是劉宋三倍，鄱陽郡的人口增長除了來自北方或鄰近的洪州、撫州，還有可能來自浙江。

關於六朝盧陵的發展，我發現《搜神後記》的一個小故事可以說明：

> 盧陵巴邱人文晁者，有始以來田作為業。年常田數十頃，家漸富。晉太元初，秋收已過，刈獲都畢，明旦至田，禾悉復滿，湛然如初。即便更獲，所獲盈倉，於此遂為巨富。

由此可見六朝時期的江西中部平原的農業有較大發展，盧陵人比較富裕，《隋書》所言不虛。

隋代贛南的南康郡人口也接近劉宋三倍，南康郡的移民應是主要來自贛中北。這是史書記載的贛南人口第一次激增，時間在南朝末年。蕭梁瓦解，各地土豪紛紛起兵。江西最大的五個土豪是臨川郡人周敷、南城縣人周迪、巴山郡新建縣（在今崇仁縣）人黃法氍、豫章郡南昌縣人熊曇朗、新吳縣人余孝頃，集中在豫章、臨川二郡，在此二郡戰亂時，有很多人移民到安寧的

盧陵、鄱陽、南康，盧陵最近，因而人口激增，鄱陽、南康次之。《元和姓纂》記載鍾寵在侯景之亂時南遷南康郡，即贛南鍾姓郡望之始。

隋唐之際的江西戰亂不多，對江西的發展影響不大。唐代開元的江西各地戶數與隋代相比，洪州（豫章）、饒州（鄱陽）增幅最大，而虔州（南康）、江州（尋陽）、撫州（臨川）增幅不大，稍高於江西平均增幅，吉州（盧陵、安成）的增幅最低，低於江西平均增幅，而此前的南朝末年盧陵的增幅最大，所以唐代的吉州空間飽和，人口增幅減緩。唐代前期的洪州、饒州增幅最大，安史之亂後也是這兩地的增幅最大，安史之亂對江西的影響很小，所以唐代前後期洪州、饒州增幅總是最大的原因應該相同，即上文所說接受浙江移民的影響。此時的贛中南接納的移民不多，增加的人口主要出於自然增長。

有些記載祖先在唐初來贛南的族譜並不可信，比如前人著作引《靈溪河南郡邱氏大宗祠族譜》說：「一世祖二居士原原籍河南洛陽，五世崇，唐初以指揮使降官虔州，居虔化欽賢里。」其實唐初根本沒有指揮使之職，唐末才出現，此說顯然是後人編造。

還有一些記載祖先在黃巢戰亂南遷的族譜也不可信，《寧都城南富春孫氏族譜》說始祖：「唐僖宗中和三年因黃巢之亂，以才武選為百將，引兵遊於閩，越江右間，遂定居虔化縣。」唐代沒有百將之職，此人帶兵游蕩於閩贛之間，又不知為何定居虔化縣，很不可信。

因為唐代前中期的贛南人口增長不多，所以僅增設一縣，《元和郡縣圖志》虔州七縣，六縣為唐代之前置，其中四縣一直未廢：

1. 贛縣起源很早，可能追溯到戰國秦漢之際，因為在贛江上游兩大支流交匯處，自古以來是贛南中心。

2. 南康縣是漢初設，原名南野，晉武帝改名南康。

3. 雩都縣是漢初設，《太平寰宇記》贛州雩都縣：「漢高帝六年使灌嬰防趙佗所立縣也。」

4. 虔化縣是吳末孫皓寶鼎三年（268 年）置，初名新都，西晉太康元年改名寧都，開皇十八年又改名虔化。

信豐、安遠在唐初廢，唐代中期又恢復，信豐縣：「獻帝初平二年分南野，立南安縣，晉武帝改為南康。永淳元年析南康，更置南安，天寶元年改為信豐。」安遠縣：「梁大同中，於今縣南七十里安遠水南置安遠縣，隋開皇中廢。貞元四年，刺史路應重奏分雩都縣置。」信豐縣是高宗永淳元年（682

年）恢復，安遠縣是貞元四年（788 年）恢復，不算新置。唐初很多縣在李淵、李世民恢復，此二縣晚到唐代中期才恢復，說明贛南在隋唐之際人口有所減少，因此孫吳以來在贛南新設的陂陽（揭陽）、平固（平陽）二縣在隋代裁撤。唐代中期才逐漸恢復，所以贛南在唐代前中期的人口增長不多。

新置的一縣是大庾縣：「隋以為鎮，神龍初改鎮為縣。」此縣因在大庾嶺要道而設，有特殊軍事需要，未必因為人口增長設置。

汀州是在開元二十一年（733 年）設置，《元和郡縣圖志》卷三十汀州：「開元二十一年，福州長史唐循忠於潮州北、廣州東、福州西，光龍洞檢責得諸州避役百姓共三千餘戶，奏置州，因長汀溪以為名。」元和時轄有長汀、沙、寧化三縣，沙縣是劉宋置，長汀、寧化是新置，長汀是州治，又寧化縣：「本沙縣地，開元二十二年開山洞置。縣西與虔化縣接。」

汀州原治雜羅縣，不在今長汀縣治，《太平寰宇記》卷一百二汀州：「唐開元二十四年，開福、撫二州山洞置汀州。牛肅《記聞》云：江東採訪使奏於虔州南山洞中置汀州，州境五百里。山深，林木秀茂，以嶺長汀、黃連、雜羅三縣。山都、木客叢萃其中。天寶年改為臨汀郡，乾元元年復為汀州。按州初置在雜羅，以其地瘴，居民多死。大曆十四年，移理長汀白石村，去舊州理三百里，福州觀察使承昭所奏移也。」又長汀縣：「唐開元中立郡，舊治在九龍水源長汀村，大曆中移在白鄉，地名金沙水，即今治也。」

李吉甫《元和志》說汀州在潮州、廣州、福州之間，而《寰宇記》說在福州、撫州之間，牛肅《記聞》說在虔州之南，廣州太遠，汀州在虔州之東，所以準確地說應是福、撫、潮間，因為此次開州是福州長史所為，而且初設在雜羅城，在今長汀縣三百里外的龍巖。撫州在虔州之北，漢化早，人口多，所以從撫州到汀州的移民最多。《寰宇記》說汀州初治在九龍水源，《元和志》說在光龍洞，應是一地，我疑光龍是九龍的形訛或音訛，形、音皆近。九龍水即今漳州九龍江，雜羅縣在其上游，即今龍巖。《元和志》卷三十漳州龍巖縣：「先置在汀州界雜羅口，名雜羅縣，屬汀州。天寶元年，改為龍巖縣。大曆十二年，皇甫政奏改隸漳州。」汀州移治很可能就是大曆十二年（777 年），因為移治，所以原治所在的雜羅縣改屬漳州。如果是大曆十四年才移到今長汀，則有兩年時間汀州屬漳州，但是史書沒說廢州。

長汀、寧化二縣設在汀州的最西部，說明二縣主要是因為江西移民進入才漢化，而且州治在大曆間因為瘴癘流行才從今龍巖向西北移到今長汀，說

明此前的長汀縣城附近已經比較漢化，瘴癘較少。長汀縣西北有山口通往贛南，北部有鐵礦，南有汀江水路通廣東，位置重要，所以成為州治。

樂史《太平寰宇記》卷一百二汀州引牛肅《紀聞》說汀州移治長汀時，有術士周元太制服樹上的山都（猿類）。我認為，周是典型的江西大姓，撫州特多，證明汀州很多人來自撫州。

語言學家魯國堯先生提出贛語、客家話有一些特點和江淮最東部的泰州、南通一帶的方言類似，源自以建康話為標準的南朝通語，因為江淮東部沿海地區比較偏僻，所以語言變化較慢，而江淮中西部人口變動很大，很多人從江淮地區南遷江西，把江淮方言的特點帶到了江西。〔註30〕

我認為此說極為精闢，與文獻記載的移民史完全吻合。因此六朝時期是客家人形成的第一個重要時期，此時大量北方人進入江西北部，在南朝末年的戰亂中又有很多人從贛中北南遷贛南。

四、梅州南朝墓磚上的潁川鍾氏

2004 年 12 月 10 日到 12 日，廣東省文物考古研究所和梅縣博物館、梅江區文化局在梅州市郊月梅村建設工地，發掘了一座一千多年前的南朝古墓。墓磚上有有葉脈紋、鉤方格紋、方格菱紋及其他三角幾何組合等多達七種圖案，還有潁川鍾氏墓、吉字等漢字。古墓採用雙層鋪磚，這是在梅州首次發現。我曾經在廣東省博物館的展覽中拍攝到這塊墓磚，認為這塊潁川鍾氏墓銘文的墓磚極為重要，證明客家鍾氏確實源自潁川郡。魏晉南北朝時期的貴族等級森嚴，非常重視郡望，普通人不敢僭稱貴族的郡望，更何況在當時還很蠻荒的嶺南，所以梅州南朝墓的潁川鍾氏墓磚不可能出自偽造。

潁川郡在今河南省中部，秦漢潁川郡治在陽翟縣（今禹州），包括今登封、許昌、平頂山、漯河等地，魏晉時期的潁川郡治移到了許昌。潁川郡緊靠古都洛陽，是古代最為重要的郡。潁川郡還走出了陳姓等大姓，現在福建、廣東等地的陳姓人家，常在門楣上寫「潁水流芳」「潁川世澤」等字，紀念祖先的居住地潁川郡。

漢晉時期，潁川長社縣（今長葛）的鍾氏是朝廷望族。《三國志》卷十九《鍾繇傳》裴松之注引《先賢行狀》說，長社人鍾皓是漢代著名學者，門

〔註30〕魯國堯：《客、贛、同泰方言源於南朝通語說》，《魯國堯語言學論文集》，江蘇教育出版社，2003 年，第 123～135 頁。

生多達千餘人，任司徒的高官。鍾皓的玄孫是鍾繇，漢獻帝時任尚書郎、廷尉正、黃門侍郎，他幫助曹操挾持漢獻帝，獲得曹操的賞識，拜御史中丞，遷侍中尚書僕射，封東武亭侯。曹操在關東征戰時，害怕割據西北的馬騰、韓遂攻擊，派鍾繇以侍中守司隸校尉，持節督關中諸軍。鍾繇到京兆（今西安），說服馬騰、韓遂送兒子為人質到許昌，使得曹操沒有後顧之憂。官渡之戰時，鍾繇送來西北精良戰馬兩千匹，幫了曹操大忙。匈奴單于在平陽（今臨汾）起兵，鍾繇不僅率軍前去，還打敗了袁紹的河東太守郭援。因為李傕、郭汜曾經挾持漢獻帝西遷，導致東漢故都洛陽人口驟減。鍾繇遷徙關中人到洛陽，充實荒廢的故都。曹操西征，因為有鍾繇奠定的堅實經濟基礎，得以平定西北，所以任他為前軍師。曹操為魏王，又任他為大理，遷相國。魏文帝即魏王，任他為廷尉，封崇高鄉侯，遷太尉，轉封平陽鄉侯。魏明帝封定陵侯，遷太傅。鍾繇是曹魏的三朝元老，八十歲去世，諡號是成。

　　鍾繇還是中國歷史上著名的書法家，被譽為楷書鼻祖。南朝梁武帝蕭衍專門撰有《觀鍾繇書法十二意》，稱讚鍾繇書法是：「巧趣精細，殆同機神。」南朝庾肩吾的《書品》把張芝、鍾繇、王羲之的書法列為上品之上。唐朝張懷瓘《書斷》稱讚鍾繇的書法是：「元常真書絕世，乃過於師，剛柔備焉。點畫之間，多有異趣，可謂幽深無際，古雅有餘。秦、漢以來，一人而已。」

他認為鍾繇的書法是秦漢以來第一人，超過王羲之。唐朝張彥遠的《法書要錄》說蔡邕的書法受於神人，而傳給崔瑗及女蔡文姬，蔡文姬傳給鍾繇，鍾繇傳給衛夫人，衛夫人傳給王羲之，王羲之傳給王獻之。

鍾繇的長子鍾毓任青州刺史，幼子鍾會任司隸校尉、鎮西將軍，率軍滅蜀，想割據西南，被誅殺，從此潁川鍾氏盛極而衰。《晉書》卷七十《鍾雅傳》記載長社人鍾雅，任佐著作郎、尚書郎。東晉初年任尚書右丞、宣城內史，平定廣德周玘起兵。蘇峻攻打建康（今南京），鍾雅被害。追贈光祿勳，因為家貧而賜布帛百匹。鍾雅之子鍾誕，任中軍參軍，早卒。如果鍾會沒有在西南叛亂，鍾氏很可能會成為南朝的頭等望族。雖然司馬昭沒有族滅鍾氏，但是鍾氏從此衰落，不再是當朝大族。不過鍾氏很早就離開長江流域，來到了當時還很蠻荒的嶺南，獲得了新的空間。

梅州在東晉之前不設縣，屬南海郡。東晉末年才在今大埔縣設義招縣，《宋書》卷三十八《州郡志四》廣州義安郡記載，晉安帝義熙九年（413年）分東官郡（治今深圳），設義安郡（治今潮州），同時以東官的五營設義招縣。北宋樂史的《太平寰宇記》卷一五八潮州潮陽縣引《南越志》說：「義安郡有義招縣，昔流人營也，義熙九年立為縣。」說明義招縣的五營是流放犯人的軍營，義招這兩個字一般指的是招徠土著漢化，這很可能是一個兼具屯田和邊防功能的軍營。南朝蕭齊又在今梅州設程鄉縣，從韓江到東江之間的道路才首次設縣。此時有很多北方漢人來到廣東，梅州古墓磚文的潁川鍾氏證明其中包括鍾氏。因為潁川鍾氏在東晉時期已經衰落，所以來到了當時還是非常蠻荒的梅州。流人營的犯人很多不是平民，而是被貶謫的官僚。

因為鍾氏很早就來到梅州，所以中國現在鍾氏分布最密集的中心就是梅州，梅州成為魏晉以來中國鍾氏擴散的源頭。向北擴散到贛州，向西擴散到廣東的西部和廣西的南部。

南朝末年，鍾士雄是嶺南豪強，為陳朝的伏波將軍。陳朝把她的母親臨賀蔣氏作為人質，安置在都城建康（今南京），隋滅陳才放回。他的同鄉鍾文華等起兵，鍾士雄要響應，被他的母親製止。又有鍾氏的妻子覃氏，覃是典型的越人姓氏，事見《隋書》卷八十。鍾士雄的家鄉應該在今廣東省的北部，靠近臨賀郡（今賀州）。鍾氏在南朝末年成為嶺南豪強，說明他們來到嶺南的時間已經很久，很可能是在西晉被流放到嶺南，進而發展為嶺南大族。

現在廣州番禺區的鍾村已經成為繁華的鬧市，鍾村在南宋末年由鍾姓建

村。鍾村地鐵站的西面一站是謝村站,謝也是魏晉南北朝時期的貴族大姓,但是在南朝末年衰落。所以唐代著名詩人劉禹錫的《烏衣巷》詩云:「舊時王謝堂前燕,飛入尋常百姓家。」指的就是南朝貴族王、謝等家族,到了唐代已經變成了平民百姓。謝姓和鍾姓一樣,雖然在朝廷的地位降低,但是在華南得到大發展,現在中國的謝姓主要分布在廣東、福建、江西、廣西、臺灣等地。

因為鍾氏是客家人形成過程中最重要的一支源頭,所以使得東南地區土著的畬族也有了鍾姓。畬族的源頭是南嶺的瑤族,瑤族有盤、藍、雷等姓,但是沒有鍾姓。盤姓源自苗族、瑤族的祖先盤瓠,因為是王族的姓,所以很少東遷,現在畬族的盤姓很少。畬族東遷到梅州,接觸到了梅州的鍾姓,才使得畬族有了鍾姓。現在有的人認為客家的鍾氏源自畬族的種氏,這是毫無根據的臆測,缺乏歷史依據。梅州出土的南朝潁川鍾氏墓磚,證明了是因為潁川郡的鍾氏從中原南遷,才使得畬族受到漢族影響,出現鍾氏。如果沒有中原來的鍾氏,畬族不可能自己編織出一個鍾氏來。

曾有學者懷疑唐末割據江西的高安縣人鍾傳是畬族,現在看來證據不足,鍾傳很可能是漢族。《元和姓纂》的鍾姓說:「項羽將鍾離眛。眛中子樓,亦單姓鍾氏。潁川,接始居潁川長社。魏太尉鍾繇⋯⋯繇弟演,演元孫雅,過江為晉侍中,五代孫韜。韜生嶼、嶸⋯⋯(嶼)生寵,梁臨海令,侯景時避地南康。南康,唐洛邑府統軍鍾山操,狀稱寵孫也,代居虔州贛縣。」說明江西的鍾氏也有從江南遷徙而來的成分,但是源頭還是在中原。孫吳在今江西省進賢縣設鍾陵縣,但是我們現在不知道鍾陵縣是否源自鍾姓。

畬族鍾氏很早就從內陸山地來到了海島,現在廈門島北部的五緣灣原名鍾宅灣,因為旁邊是鍾宅村。鍾宅村的鍾氏原本是畬族,明初來到廈門島。沿海畬族不多,所以鍾宅村的鍾氏在歷史上漢化很深。現在鍾宅村的廟宇護國王公宮,已經不是畬族信仰。不過護國王公很可能來自苗族、瑤族、畬族共同祭祀的祖先盤瓠,瓠、護的讀音接近。而且護國王公的名字暗示他的事蹟很可能來自盤瓠,傳說盤瓠在高辛氏時代打敗了來犯的敵人,這不就是保護國家的事蹟嗎?盤瓠在苗族、瑤族、畬族的傳說中是狗的樣子,但是在鍾宅村的王公宮,已經完全是人形。說明鍾宅村的古人在漢化時,改造原有信仰,把不符合漢文化的一些因素去除,保留了忠貞愛國的成分,這也是明朝提倡的儒家文化。

　　鍾宅村現在還有瀾海宮、媽祖廟、相公宮等很多廟宇，鍾宅人不僅祭祀海神，還有閩南沿海常見的送王船習俗，說明鍾氏在海邊早已已經融入了海洋文化。鍾宅村的鍾氏漢化很久，近年來才恢復為畬族身份，殊不知畬族的鍾氏有一些很可能來自漢族。

五、隋唐到宋代的循州漢化

　　唐代韋昌明《越井記》：「秦徙中縣之民於南方三郡，使與百越雜處，而龍（川）有中縣之民四家。昌明祖以陝中人來此，已幾三十五代矣，實乃越井相始。」秦代來到東江流域的人未必很多，但是應該有一些傳承下來。東晉元興時，分龍川縣立興寧縣。

　　隋代消滅陳朝，統一中國南北。隋代南方的地位較低，史料也不及北方豐富。但是正是因為隋朝建立了對南方的統治，導致隋代的廣東客家地區，漢化也很迅速，《隋書》卷十二《柳述傳》說柳述被貶到龍川郡，他的兒子柳旦：「大業初，拜龍川太守。民居山洞，好相攻擊，旦為開設學校，大變其風。帝聞而善之，下詔褒美。四年，徵為太常少卿，攝判黃門侍郎事。」柳述雖然死在嶺南，但是因為他出身大族，所以他的兒子柳旦還能做龍川太守。

　　隋代的龍川郡基本上是現在的東江流域，包括現在惠州、河源、汕尾等地。龍川郡的土著原來多住在山間，柳旦開設學校，教他們學習漢文化，所以龍川郡的風俗發生很大變化。隋煬帝不僅下詔誇獎他，還把他調到中央擔任貴族才能做的高官。說明客家人的形成是一個持續的過程，只不過因為很多人忽視了這些零散的珍貴資料，而誤以為客家人是在唐宋時期突然出現。

　　隋代被貶到嶺南的官員不止柳氏一家，在魏晉南北朝隋唐士族統治的時代，世家大族即使被貶到邊疆，也帶有家族很多人口。隋代的嶺南在這些中原貶謫人士的帶領下，漢化進程大為加快。這些貶謫的人士還能從犯人轉變為地方官，享有地方最高的地位，他們帶來的中原文化對當地文化產生了深遠影響。隋代的時間很短，很快進入隋唐之際的戰亂時代，隋煬帝時期貶謫到嶺南的人士沒有辦法回到戰亂的中原，很多留在了嶺南。

　　隋代這些來自中原的人士也成為客家先民的重要組成部分，根據《隋書》卷三十一《地理志下》，龍川郡有六千四百二十戶。唐代龍川郡改為循州，《新唐書》卷四十三上記載龍川郡有九千五百二十五戶，也就是說到唐代中期，

廣東省東部的人口就比隋代增加了一半。武則天在天授二年（691 年），龍川郡還新設了雷鄉縣，即今龍川縣，說明粵東核心地區的人口在增長。

王頲指出唐代的循州是蠻夷之地，宋代的循州則被稱為故蠻夷地，說明這期間循州的漢化加速。陳子昂《陳拾遺集》卷六《高某墓誌》：「左遷循州司馬，蒼梧南極，桂海東浮，是唯篁竹之區，而有山夷之患。永隆二年，有盜攻南海廣州，邊鄙被其災。皇帝哀駱越之人，罹其凶害，以公名家之子，才足理戎，乃命專征，且令招討。公奉天子威令，以喻越人，越人來蘇，日有千計……因追寇至廣州，遇疾，薨於南海之旅次。」可見唐高宗時的循州還是山夷之地，廣州的越人的勢力強大。張說《張燕公集》卷二十《元仁惠石柱銘》：「又歷循州河源、滑州靈昌二縣令，克己為政，蠻貊化忠信之言。」說明唐代中期的循州，漢化速度加快。黃庭堅《山谷全書》卷二十《魏瓘神道碑》：「公守循州，不夷附之。除用人士，俾調養之。土不菽麥，令無賦之。」沈括《長興集》卷一四《孫龍舒墓誌銘》：「循州，故蠻夷地，無學者。君為之築宮，延經師，使州子弟從遊。久之，循之俗遂變。」楊萬里《誠齋集》卷一二二《楊存墓表》：「改循州長樂縣令，長樂，二廣窮處也，士不知學，公首延士子修學校，與諸生行鄉飲酒禮，民風一變，聲最諸邑，薦者交章。」〔註31〕慶曆六年（1046 年）循州判官林諮《大廳記》：「戶四萬，出租米僅十萬石，於番禺都會中為最饒富。」〔註32〕

唐末劉隱割據廣州時，嶺南各地的勢力尚未歸順，其中有江東七十寨，或許是指東江流域。此時割據虔州（今贛州）的盧光稠，派其弟佔據潮州，派其子佔據韶州，很奇怪的是竟然不派人去佔據潮州、韶州之間偌大的循州。劉隱之弟劉龑乾寧元年（894 年），改循州（今惠州）為禎州，循州東北的雷鄉、興寧仍為循州，雷鄉是新的循州治所，乾亨六年（922 年）又改雷鄉為龍川縣。新的循州在南嶺之南，僅有兩縣，非常奇怪，或許是出自軍事需要。劉龑之子劉玢時：「妖人張遇賢，自稱中天八國王，攻陷循州……嶺東皆亂。」說明晚唐的東江流域已有一定實力，才能打敗廣州的軍隊。

樂史《太平寰宇記》卷一五九循州風俗：「織竹為布，人多蠻獠，婦人為市，男子坐家。」很多人以為這是北宋情況，其實樂史是從南唐入北宋的人，

〔註31〕 王頲：《避客循梅——宋元代粵東北的居民和社會》，《西域南海史地考論》，第 130 頁。

〔註32〕 〔宋〕祝穆、祝洙著、施和金點校：《方輿勝覽》，北京：中華書局，2003 年，第 662 頁。

他這本書很多內容來自宋代之前的資料，所以這段話未必是北宋情況。

我發現唐代人裴鉶的《傳奇》記載了一個離奇的故事，說唐敬宗寶曆年間（825～827 年），循州河源縣人蔣武，平時獨居在山岩，以射獵為業。一天有個猩猩騎象，來請求他去山上射殺吃象的巨蛇，蔣武做成此事，大象以死去的大象的象牙贈送給他，蔣武因此發財。又有一個騎虎的猩猩，送給他金釵，但是先前騎象的猩猩叫他不要收，說那是騎虎的猩猩用虎殺人所得，於是蔣武殺死騎虎的猩猩和老虎，為民除害。

這個故事中的猩猩不是一夥，還都能說話，又能馴象伏虎。所以我懷疑這個故事的猩猩不是真的猩猩，而是原住民，因為長得有點像猩猩，所以被北方來的漢族稱為猩猩。蔣武故事說明漢族的移民在山上殺虎殺蛇，開闢荒野，還和原住民有交往。這個故事說明晚唐的粵東山區開發加快，客家先民向深山開拓。正是因為晚唐中原戰亂，很快人向南方移民，加上南方戰亂較少，導致南方人口增長，所以開拓深山。

廣州惠州東南產生的海神譚公，擴散到香港、澳門等地，嘉靖《廣東通志初稿》：「譚公道，修行九龍，虎從其行。公道，歸善人，居九龍山修行，不記歲月，每仗履出山，一虎隨之，歿而顯靈。有用辦香厄酒祈雨暘者，即應。人以為神，山上尚有庵焉。」但是嘉靖《惠州府志》引天順《惠州府志》已有基本一致的記載，又多出一句：「庵有田，庵廢，今田並於永福。」古代的歸善縣即今惠州市和惠東縣，九龍山在今惠東縣的東南，靠近大海，這就是譚公成為海神的地理條件。譚公居住在深山，但是出山都伴有猛虎，類似裴鉶《傳奇》的騎虎猩猩，證明譚公很可能源自土著。

今天福建、浙江、江西都有畬族，但是僅有廣東博羅、惠東、增城、海豐四個地方的畬族保留了畬語。九龍山有角峰峯、南洋峯等地名，峯是畬的俗字。惠東縣境內的畬族分布在多祝、增光、平山三鎮，正是在九龍山地。增光、平山鎮的畬族主要是藍姓和盤姓，這是典型的苗瑤畬族姓氏。多祝鎮的畬族主要是黎姓，僅有一戶盤姓。黎姓的族譜記載，祖先是北宋元祐五年（1090 年）從福建遷到廣東，元代輾轉到高要、羅浮，明代初年才從清遠再遷到博羅、歸善。而盤姓是在 300 年前遷來，藍姓是在 500 年前遷來，時間明顯較晚。〔註 33〕黎姓顯然是源自百越的俚人，而不是苗瑤畬民族的姓氏，可見越人和畬族在山地融合。黎姓的祖先來自福建或高要，而畬族歷史上是從廣東向福建遷徙，這也證明黎姓的祖先不是畬族。

〔註33〕吳芳：《惠東縣畬族的變遷及畬語的生存現狀》，《文化遺產》2014 年第 2 期。

今天九龍山的東南有一條入海的河流吉隆河，吉隆的讀音非常接近南方越人的統稱仡佬，戴裔煊的《僚族研究》列舉了葛獠、仡佬、仡獠等很多同源字。九龍山的名字也是源自越人，馬來語的 gunung 是山，音譯為漢語的九龍，所以中國的九龍地名主要分布在華南。

六、唐末江淮大戰與贛汀人口增長

前人往往關注唐代的安史之亂和黃巢戰亂，而忽視一場更為重要的唐末江淮大戰，其實唐末江淮的大戰極為重要。

唐僖宗乾符六年（879 年）黃巢連陷江南諸州，於是唐朝改潤州刺史、鎮海軍節度使高駢為淮南節度使，高駢在晚唐的第一大城市揚州有七萬精兵，卻按兵不動，使得黃巢幾十萬人渡過長江、淮河，直驅中原。僖宗罷高駢兵權及鹽鐵轉運使，高駢索性大罵僖宗，割據淮南。高駢信任方士呂用之，窮奢極欲，不問政事。呂用之選驍勇兩萬，建立左右莫邪都，濫殺諸將，淮南人人自危。

恰好光啟二年（886 年）到次年淮南大饑，光啟三年（887 年）割據蔡州（今河南上蔡）的軍閥秦宗權乘機派軍南攻淮南，三月蔡州兵過淮河，高駢命部將畢師鐸迎擊。畢師鐸是曹州人，本與里人王仙芝起兵，王仙芝死後投降高駢。畢師鐸率部到高郵縣（今江蘇高郵），聯合諸將，於四月反攻揚州，準備除掉呂用之。因為揚州難攻，所以畢師鐸向宣歙觀察使秦彥求援，秦彥從宣州（今安徽宣城）出兵，攻佔揚州，抓住高駢，秦彥自稱淮南節度使。秦彥是徐州人，本是越獄逃犯，加入黃巢軍隊，又降高駢，得任和州（今安徽和縣）刺史。中和二年（882 年），秦彥派軍佔據宣州，自稱宣歙觀察使。

不料呂用之逃奔割據廬州（今合肥）的楊行密，引誘楊行密攻打揚州。秦彥向蘇州刺史張雄求援，張雄率兵到揚州附近，作壁上觀。揚州大饑，城中餓死大半，九月畢師鐸殺高駢。蔡州秦宗權派其弟秦宗衡及部將孫儒南渡，欲得漁翁之利。十月秦、畢突圍，投奔秦宗衡。孫儒殺秦宗衡自立，在淮南劫掠。楊行密進入揚州，結好割據汴州（今開封）的朱溫，殺呂用之等人。朝廷將揚州節度使授予朱溫，朱溫派軍南征，但是楊行密又欲抗拒朱溫，朱溫只好上表楊行密為淮南留後。

文德元年（888 年）正月，孫儒殺秦彥、畢師鐸，又佔據揚州，自稱淮南節度使，楊行密回廬州，不久佔據宣州，又攻常州。《舊五代史》卷一三四《楊

行密傳》說僅說楊行密回盧州，漏載攻宣州。《九國志》卷一《陶雅傳》：「文德初，從行密破趙鍠。」《李神福傳》：「龍紀中，涇縣王賞、太平秨常滿，俱聚盜剽鄉里，神福引兵破之。」涇縣、太平皆屬宣州。《劉金傳》：「文德初，從攻趙鍠於陵陽，明年……鍠聞之沮喪，果宵遁。」卷三《田頵傳》：「文德元年，圍趙鍠於宛陵。明年夏……鍠奔不暇，為頵親執以獻……是冬，與安仁義攻杜稜於常州，下之。十二月，復為孫儒所敗。」

　　據《舊五代史·楊行密傳》龍紀元年（889 年），孫儒攻宣州，楊行密乘機再占揚州。大順元年（890 年），孫儒再占揚州，楊行密反占宣州。《新五代史》卷六十一《吳世家》說：「龍紀元年，唐拜行密宣州觀察使。行密遣田頵、安仁義、李神福等攻浙西，取蘇、常、潤州。二年，取滁、和州。景福元年，取楚州，孫儒自逐行密，入廣陵。」二書記載不同，今按《九國志·田頵傳》說：「大順元年秋，頵屯浙右，懼儒兵盛，焚浙右營，散於野。二年春，退軍黃池、廣德，與孫儒軍寨壘相望，頵兵屢戰敗北。」《九國志》卷三《安仁義傳》說：「大順初，梁祖遣將龐從率眾十萬至高郵，孫儒盡眾禦之，行密乘虛襲據浙右，命仁義率眾拜儒將劉建鋒於武進。儒復渡江，陷蘇州。自是與儒，春夏鬥黃池，秋冬戰廣德。儒軍竟以眾盛，圍行密、仁義於宛陵。」則《九國志》可證《新五代史》確而《舊五代史》誤，龍紀元年楊行密在宣州，大順元年才攻取浙西的潤、常、蘇三州，並未入揚州。孫儒兵強馬壯，楊軍很快退回宣州，浙西重歸孫儒。大順二年（891 年）秋，孫儒焚揚州，驅丁壯渡江，殺老弱充食，準備一舉擒獲楊行密。不料江淮大疫，孫儒部屬死傷慘重。次年，景福元年（892 年）六月，楊行密反而打敗孫儒，收編了孫儒部下的精銳，重回揚州，接納了在中原戰敗的朱瑾及突厥沙陀部精兵，逐步佔據淮南及宣歙、浙西、鄂州，奠定了楊吳的基礎。天祐三年（906 年）楊行密病死，其子楊渭於天祐十六年（919 年）建立了楊吳政權。

　　歷時六年的江淮大戰是唐末最重要的戰爭，直接涉及揚州、盧州、宣州、蔡州、汴州多路大軍閥及蘇州等地的小軍閥，此戰從揚州、蔡州之爭演變為宣州、盧州之爭，又演變為盧州、蔡州之爭。揚州、宣州、蔡州勢力戰敗，蔡州的兵力消耗，被汴州吞併。朱溫還藉口就任淮南節度使，要過境徐州，趁機吞併佔據徐州的時溥，進而包圍兗州，迫使佔據兗州的朱瑾南投楊行密。淮南、宣歙、浙西等地被楊行密吞併，建立楊吳，從此與佔據中原的朱溫割淮而治。

　　孫儒的部將劉建鋒率孫儒殘部，從宣州進入湖南，劉氏為部將所殺，部將馬殷在湖南建立楚國。楊吳逐漸佔據江西，成為南方最大一國，屏障了吳越、王閩、南漢，使得中原政權無法南征，奠定了五代十國的局面。晚唐的朝廷主要依靠東南八道為生，高駢的割據及不久發生的江淮大戰使得唐朝喪失了僅有的經濟來源，導致唐朝覆亡，所以江淮大戰在中國政治史上的地位非常重要。

　　因為高駢按兵不動，黃巢從揚州很快渡過淮河，根本沒有在江淮大戰。黃巢在江西境內也沒有大戰，而且他穿過江西全境，即使引發移民，也沒有南北的差異。所以很多客家族譜說因為黃巢之亂南遷，完全是誤傳。

　　唐末的這場罕見的江淮大戰，才給原本最富庶的江淮地區，帶來毀滅性的打擊，《舊唐書》卷一八二《高駢傳》末說：「江淮之間，廣陵大鎮，富甲天下。自師鐸、秦彥之後，孫儒、行密繼踵相攻，四五年間，連兵不息，盧舍焚蕩，民戶喪亡，廣陵之雄富掃地矣！」《舊五代史》卷一三四《楊行密傳》說：「自光啟末，高駢失守之後，行密與畢師鐸、秦彥、孫儒遞相窺圖，六七年中，兵革競起，八州之內，鞠為荒榛，圜幅數百里，人煙斷絕。」揚州從晚唐最繁華的城市，突然變成了人煙稀少之地，除了戰死、餓死、病死的人口之外，還有很多人逃往鄰近地區。

　　此時大量江淮人逃奔江西，我發現一條直接說明這次移民的史料，北宋路振《九國志》卷二《安仁義傳》說：

> （孫）儒軍大敗，（安仁義）破五十餘寨，以功奏授檢校尚書左僕射、潤州刺史。仁義蓄性好貨，雖凋蔽之後，科斂尤急。初儒之亂，士庶多奔豫章。及諸郡平，流者皆復。行密皆以循吏守之，唯浙右人聞仁義所為，相與悲歎曰：「獨吾郡乃得番人！」以是多無歸者。〔註34〕

　　這裡說江淮人在唐末戰亂中，主要逃往相對安寧的江西。很多人又在戰亂之後返鄉，但是很多浙右人沒有返回，浙右指浙西節度使所治的潤州。因為潤州刺史安仁義是來自塞外的胡人，生性殘暴，潤州人不敢回鄉。其實除了潤州人，大量逃奔江西的江淮人也不可能全部回鄉。這些人定居在江西，改變了江西的居民結構，奠定了客家人的形成基礎。

　　江淮人之所以主要遷往江西，因為江西境內非常安定，唐末鍾傳割據洪

州、江州，危全諷割據撫州、信州，彭玕割據吉州，盧光稠、譚全播等人相繼割據虔州，《九國志》卷二《危全諷傳》說：「全諷敬愛賓客，善撫士民。頗有巧思，多所興創。」《譚全播傳》說：「在任七年，人物殷盛。」《江南野史》卷六《彭玕傳》說：「玕歸本郡，乃廣城池，務農訓兵，禁人賭博。」《九國志》卷一《秦裴傳》記載天祐三年（906年）鍾傳死，其子鍾匡時立，鍾傳養子江州刺史鍾延規投奔楊吳，秦裴率軍進佔洪州。卷四《周本傳》說周本在象牙潭擒獲危全諷，彭玕逃往湖南。而虔州又維持了12年才被楊吳征服，其間應有很多人從贛北南遷虔州，使得虔州在唐宋之際人口增幅較大。

因此謝重光統計贛南近半族譜記載祖先是在唐末五代南遷，而閩西有三成半族譜記載祖先在唐末五代南遷。謝著指出客家人主要來自江淮地區，他列舉的不同時期客家人祖先遷出地多有金陵（今南京），另外舉例說盧陵胡氏在五代時從金陵南遷。今按《同治泰和縣志》卷六說：

> 《弘治志》云，宋《淳熙志》，吳越在三代前，生聚稀曠，歷漢、晉、隋、唐，寖以滋息。考之地志，晉盧陵郡為戶一萬二千二百，至隋而二萬三千七百十四，又至唐三萬七十七百五十二矣，自儉而豐，可以觀見。況泰和為縣，介在一隅。當五季干戈之擾，四方大姓之避地者，輻輳競至。曾自長沙，張自洛陽，陳、嚴、王、蕭、劉、倪等族皆自金陵而占籍焉。而生齒之繁，遂倍蓰於舊。在宋淳熙時為戶六萬有餘，其後戶數未見有所增益。考之五季時，自金陵、洛陽、長沙徙來者，八姓九族。惟倪氏不嗣，其他八族之後，散處城郭鄉村者，每族多至三二百戶。然此但自各處徙來者而言，而土著之戶，實倍蓰之。

根據吉安的家譜記載，楊吳、南唐時期的移民中，來自金陵的移民最多。其實唐代的南京多數屬潤州，據兩唐書，自武德九年（626年）到唐肅宗李亨至德二載（757年）的131年間屬潤州。至德二載置江寧郡，李亨乾元元年（758年）改為昇州，轄江寧、句容、溧水、溧陽四縣。李亨後上元二年（761年）廢昇州，改江寧縣為上元縣，唐僖宗光啟三年（887年），復以上元、句容、溧水、溧陽四縣置昇州。《九國志》卷二《馮宏鐸傳》說：「大順元年，詔復以上元為昇州。」因為中間的三年戰亂，所以實際恢復在大順元年（890年），不過此時的昇州刺史是張雄，不是馮宏鐸。所以《九國志》說潤州人因為戰亂南遷江西，此處的潤州人包括今南京地區的人。

我認為，贛中南的很多族譜之所以記載金陵為遷出地，可能確有所本。隋滅陳之後，南京的地位衰落。唐末江淮大戰之中，南京居然成為寧靜的風暴中心。來自漣水（今江蘇漣水縣）的海盜張雄、馮宏鐸從海路佔據蘇州，繼而派趙暉佔據上元縣（今南京），《新唐書》卷一九〇《張雄傳》說：

> 張雄，泗州漣水人，與里人馮弘鐸皆為武寧軍偏將……取蘇州據之。稍稍嘯會，戰艦千餘，兵五萬，乃自號天成軍。鎮海節度使周寶之敗，奔常州，聞高駢將徐約兵銳甚，誘之使擊雄，與之蘇州。雄匿眾海中，使別將趙暉據上元，資以舟械。寶兵散，多降暉，眾數萬，雄即以上元為西州……楊行密圍揚州，畢師鐸厚齎寶幣，啗雄連和。雄率軍浮海，屯東塘。是時揚州圍久，皮囊革帶食無餘，軍中殺人代糧，才千錢。聞雄至，間道挾珍走軍，以銀二斤易斗米，逮糠粃以差為直。雄軍富過所欲，即不戰去。暉數剽江道，雄擊殺之，坑其眾，自屯上元。大順初，以上元為昇州，詔授雄刺史。未幾，卒……弘鐸代為刺史。

張雄等人原為海盜，貪圖財物，沒有政治野心，在揚州城外用米換錢，不參加混戰，所以張雄在南京又設昇州，居然沒有捲入戰爭。《九國志·馮宏鐸傳》說：

> 宏鐸，漣水人，少與張雄友善。雄以事為吏所抑，因與其徒亡人海為盜，宏鐸隨之，聚眾千人，自號天成軍，遂據上元。雄卒，宏鐸繼其位，聚水軍於金陵。樓艦之盛，聞於天下。大順元年，詔復以上元為昇州，命宏鐸刺史，遂增版築，大其城為戰守之備。行密定淮浙，因請歸附……又郡中數有妖怪，居人相驚恐，負抱嬰孩奔走，諭之不可止。宏鐸心不自安，遂悉眾南上……聲言將討豫章，實欲襲顳。

馮宏鐸準備南攻宣州，軍敗投降楊行密。因為昇州在唐末戰爭的漩渦中沒有大戰，保存了很多人口，而在馮宏鐸戰敗時可能有一些人南遷江西。

楊吳、南唐時期，江西新設縣17個：德安、新淦、清江、靖安、德興、瑞昌、上高、萬載、湖口、鉛山、吉水、龍泉、瑞金、石城、龍南、上猶、宜黃。江西的縣數在這時增長了一半，時段集中在南唐保大年間，其基礎當然是唐末以來奠定。江西的新縣除了清江、新淦，全在邊境。

唐宋之際人口增幅最大的是袁州，其次是江州、虔州、撫州、吉州，袁

州割出新喻縣，太平興國年間的人口已達元和年間的 4.65 倍，除了來自北方的人口，應有不少來自洪州等地。江州的人口增長主要來自北方移民，而贛中南各地應是以來自贛北的移民為主。

饒、信二州的增幅很小，可能是因為很多人從此進入福建，導致建州人口增加七倍。建州漢化較早，如此多的增幅不可能來自土著的漢化，一定是移民的結果。汀州的增幅稍多於建州，但是汀州漢化較晚，增加的人口中應有不少來自漢化的土著，移民數量遠少於建州。因為很多人南遷到撫州、贛州就已經遠離戰亂，不必再深入汀州了。

但是一些贛南土著可能會東遷到汀州，因為楊吳佔據虔州，掃蕩溪洞，會導致贛南土著遠徙，《九國志》卷一《王綰傳》：「改定南大將軍，知處州防禦使，溪洞民多盜，至皆平之。順義元年，授百勝軍節度使。」處州為虔州之形訛，處州（今麗水）在吳越的南部，百勝軍在虔州，故名平南大將軍。馬令《南唐書》卷九《韋建傳》說：「後隸虔州王綰為裨將，郡境曠遠，旁接溪洞，群盜充斥。建率勵勇士，所在克獲，百姓賴之。」說明王綰在虔州平定了很多溪洞，促進了虔州的漢化。

虔州在唐宋之際新置六縣是：瑞金、石城、龍南、上猶：

1. 瑞金，《宋本太平寰宇記》（以下《宋本寰宇記》）卷一百八虔州瑞金縣：「本瑞金場，淘金之地，偽唐升為縣。」《紀勝》卷三二引此段多出「保大中」三字。嘉靖《瑞金縣志》卷一《沿革》稱天祐元年吳析雩都象湖鎮置瑞金監，保大十一年升縣。〔註35〕

2. 石城，《宋本寰宇記》虔州石城縣：「本石城場，偽唐升為縣。」順治《石城縣志‧凡例》以為保大十一年建縣，並指出弘治縣志後唐長興二年（楊吳大和三年，931）建縣之說不確。〔註36〕

3. 龍南，《宋本寰宇記》虔州龍南縣：「本信豐縣地，偽吳武義年中析信豐縣順仁鄉之新興一里為場，壬子歲偽唐改為縣。」康熙《龍南縣志》稱本唐虔南鎮，吳改虔南場，保大十一年升縣。〔註37〕壬子為保大十年，待考。

〔註35〕嘉靖《瑞金縣志》卷二之二，《天一閣藏明代方志選刊》第 40 冊，上海古籍書店，1981 年。

〔註36〕順治《石城縣志》，國家圖書館分館編《清代孤本方志選》第二輯第 21 冊，71 頁，北京：線裝書局，2001 年。

〔註37〕康熙《龍南縣志》，《中國方志叢書》華中地方第 940 號，臺北：成文出版社，1989 年，92～93 頁。

4. 上猶，《宋本寰宇記》虔州上游（按：應為猶）縣：「偽唐壬子歲改為縣。」

5. 興國，《宋本寰宇記》虔州興國縣：「皇朝太平興國年中，析贛縣七鄉於瀲江鎮置興國縣，以年號為名。」

6. 會昌，《宋本寰宇記》：「會昌縣，本雩都縣地，皇朝興國年中，析雩都縣六鄉，於九洲鎮置會昌縣。」〔註38〕

瑞金縣城象湖鎮向東不遠，就是汀州所在的長汀縣城。石城縣城向東不遠，有寬闊的山口通往寧化縣。汀州的宋代太平興國戶數是唐代元和戶數的八倍多，居閩贛各地人口增長之冠，說明接納了大量移民。很多人從贛南往汀州，經過瑞金、石城二地，所以兩地人口也激增，因而設縣。

宋初設會昌縣，會昌縣東南通往武平縣，這是贛州東部三縣的最南一縣，因為其道路不及瑞金、石城重要，所以設縣最晚。但是時間相隔也不遠，說明這條道路在唐宋之際也很重要。

汀州在唐末迅速漢化，《資治通鑑》卷二百五十九乾寧元年：「是歲，黃連洞蠻二萬，圍汀州。福建觀察使王潮，遣其將李承勳將萬人擊之。蠻解去，承勳追擊之，至漿水口，破之。閩地略定。潮遣僚佐巡州縣，勸農桑，定租稅，交好鄰道，保境息民，閩人安之。」卷二百七十四：「（同光三年十一月辛未）汀州民陳本，聚眾三萬，圍汀州。（王）延翰遣右軍都監柳邕等，將兵二萬討之。」次年天成元年正月戊辰：「閩人破陳本，斬之。」

唐末乾寧元年（894年），汀州黃連洞有蠻族兩萬起兵，兵力強大，一直打到將樂縣東部，漿水口即今將樂縣西的將溪口。而到了王閩同光三年（925年），汀州人再次起兵，已經不是蠻族而是平民，也就是漢族，首領是陳本，從姓名來看也是漢族，說明汀州在此前已有很多漢族，此後也很少看到有汀州蠻族起兵的記載了。

不過陳本起兵之前的汀州還沒有完全納入王閩的控制，所以起兵多達三萬人，陳本起兵平息之後，汀州才完全被王閩控制。此後的汀州，終王閩、南唐沒有起兵，說明地方社會趨於穩定。《資治通鑑》卷二百八十二天福六年（941年）四月：「（王）曦疑其弟汀州刺史延喜與延政通謀，遣將軍許仁欽以兵三千如汀州，執延喜以歸。」福州發兵僅三千就平定汀州，說明汀州兵力薄弱。卷二百八十三天福七年：「閩富沙王延政圍汀州，閩主曦發漳、

〔註38〕〔宋〕樂史：《宋本太平寰宇記》，北京：中華書局，2000年，第163頁。

泉兵五千救之……閩富沙王延政攻汀州，四十二戰，不克而歸。」王延政發兵攻汀州，多達四十二戰，福州遠離汀州，汀州人居然也沒有趁亂起兵。

因為十國時代的汀州人口增幅最大，所以宋太宗淳化五年（994 年），新設上杭、武平二縣，雖然僅新置了二縣，而汀州的縣數增加了一倍，反映人口增加很多。汀州的礦產比贛州豐富，更加吸引流民進入。《輿地紀勝》卷一百二十三汀州說上杭縣原治鍾僚場，〔註 39〕《元豐九域志》說鍾僚是金場，說明上杭縣的興起源自金礦，《元豐九域志》記載的元豐年間贛州、汀州、梅州、循州的鄉數、鎮、礦場、務，如下表。〔註 40〕

州	縣	鄉	鎮	礦場、務
贛州	贛	6	平固、七里、楊梅、合流	蛤湖銀場
	虔化	6		寶積鉛場
	興國	6		
	信豐	5		
	雩都	6		銀場、天井錫場
	會昌	5		拔溪錫場
	瑞金	4		九龍銀、銅場
	石城	2		
	安遠	4		
	龍南	6		
汀州	長汀	3	留村	上寶銀場、歸禾、拔口銀務、莒溪鐵務
	寧化	3		龍門新舊銀場、長永、大庇銀坑
	上杭	4		鍾寮金場
	武平	5		
梅州	程鄉	5	李坑、梅口、雙派、樂口	樂口銀場、石坑鉛場
循州	龍川	2	驛步	大有鉛場
	興寧	2		夜明銀場
	長樂	3		羅翊、洋頭、大佐、瀨湖錫場

〔註39〕〔宋〕王象之著、李勇先校點：《輿地紀勝》，四川大學出版社，2005 年，第4174 頁。

〔註40〕〔宋〕王存撰、王文楚、魏嵩山點校：《元豐九域志》，北京：中華書局，1984年，第 250～251、404～405 頁。

七、北宋時期客家人的形成

前人對比北宋《元豐九域志》記載的元豐戶數與《宋史・地理志》記載的崇寧戶數，發現北宋晚期的江西各地增加很少，唯獨贛南人口增加了一倍多，王東認為原因無法解釋，謝重光認為接受大量移民，但是北宋末年的贛南附近沒有大戰，所以移民說不能成立。

我認為《宋史》虔州崇寧戶數的數字有誤，江西、閩西、粵東各州的崇寧戶數比元豐戶數稍多而已，建昌軍甚至略有下降，所以虔州不可能有兩倍的增長。如果虔州人口激增為原先三倍，不可能在史書中沒留下任何蛛絲馬蹟，但是此時虔州沒有動亂，沒有設新縣，沒有出現眾多名人，說明虔州人口變化不大。所以崇寧間的虔州戶數可能是 172432，而非 272432，則崇寧戶數虔州為元豐虔州戶數的 1.75 倍，所以北宋晚期的贛南沒有大規模的移民。

汀州武平縣東南角在北宋末年開闢，《輿地紀勝》卷一百三十二汀州景物目說：「象洞，在武平縣南一百里，其中廣闊，號九十九洞，民恃僻遠頑輸。政和置巡檢寨。」〔註41〕即今象洞鄉，在閩粵三縣交界的另一流域，說明北宋末年的武平縣境基本開闢。汀州的崇寧戶數與元豐相同，這是《宋史》缺乏資料，誤抄元豐戶數。梅州、循州的崇寧戶數全與元豐相同，自然也不可信。汀州戶口在北宋晚期應有大幅增長，可惜數字失傳。

州軍	元豐戶數	崇寧戶數	增減	州軍	元豐戶數	崇寧戶數	增減
洪州	256234	261105	102%	饒州	188195		
袁州	129684	132299	102%	信州	132617		
筠州	79591	111421	140%	建州	186566		
臨江	89397	91699	103%	邵武	87990		
撫州	15836	16148	104%	虔州	98130	272432 [172432]	278% [175%]
建昌	115208	112887	98%	南安	35799	377211	105%
吉州	273397	335710	123%	汀州	81454	81454？	100%
梅州	12372	12370？	100%	循州	47192	47192？	100%

嘉靖《贛州府志》記載南宋紹興年間（1131～1162年）贛州戶數是120985，

〔註41〕〔宋〕王象之著、李勇先校點：《輿地紀勝》，第4176頁。

淳熙年間（1174～1189 年）贛州戶數是 193339，王東說淳熙戶數是 293334，是因為他誤淳熙客戶為 134914，我查對嘉靖《贛州府志》，其實是 34914，所以此時客戶的口數為 82484，而且寶慶年間（1225～1228 年）贛州的客戶才是 33476，客戶的口數才是 99370，〔註 42〕另外淳熙主戶原作 258425，但是主戶的口數才是 436836，說明戶數有誤，應是 158425。所以南宋前期的三十四年間根本沒有王東所說的 242% 的激增。寶慶年間，贛州的總戶數是 321356。南宋前期、中期的戶數增速相仿，人口增幅也應相仿。南宋贛州人口增長，主戶增幅高於客戶，說明南宋時期的贛州沒有大量移民進入。

汀州的情況稍有不同，《臨汀志》記載慶元年間（1195～1200）的汀州戶數是 218570，是崇寧年間的 2.68 倍。而淳熙年間的贛州戶數與崇寧年間接近，說明南宋時期的贛州人口增長停滯，汀州則激增。北宋時期的汀州比較安定，《輿地紀勝》汀州引陳軒詩云：「居人不記甌閩事，遺跡空傳福撫山。地有銅鹽家自給，歲無兵盜成長閒。」〔註 43〕

	主 戶	客 戶	總戶數	主 口	客 口	總口數
紹興	71270	49715	120985	原缺	原缺	
淳熙	258425 [158425]	34919	193344	436836	82484	519320
增幅	222%	70%	160%			
寶慶	287880	33476	321356	540024	99370	639394
增幅	182%	96%	166%	123%	120%	123%

北宋中期的贛南、閩西已有上百萬人口，所以完成可以形成一個獨立的文化區，客家方言也在此時形成。泉州永春縣人陳一新在紹熙元年（1190 年）中進士，任汀州教授，他的《跋贍學田記》說：「閩有八郡，汀鄰五嶺，然風聲氣息，頗類中州。」〔註 44〕因為陳一新說的是閩南話，所以敏銳地感覺到汀州話接近中原話。這自然不可能是南宋初年幾十年內形成，而能追溯到北宋時期。

李燾《續資治通鑑長編》仁宗嘉祐七年（1062 年）二月辛巳說：

〔註 42〕嘉靖《贛州府志》卷四，頁二，《天一閣藏明代方志選刊》第 38 冊，上海古籍書店，1982 年影印明嘉靖刻本。

〔註 43〕〔宋〕王象之著、李勇先校點：《輿地紀勝》，第 4184 頁。

〔註 44〕〔宋〕王象之著、李勇先校點：《輿地紀勝》，第 4176 頁。

江西則虔州，地連廣南，而福建之汀州亦與虔接。鹽既弗善，
汀故不產鹽，二州民多盜販廣南鹽以射利。每歲秋冬，田事既畢，
往往數十百為羣，持甲兵旗鼓，往來虔、汀、漳、湖、循、海、惠、
廣八州之地。所至劫人穀帛，掠人婦女，與巡捕吏卒鬥格，至殺傷
吏卒，則起為盜，依阻險要，捕不能得，或赦其罪招之，歲月浸淫
滋多。

因為虔州、汀州不產鹽，所以二州之人在秋冬季節，武裝結群到廣東、
福建沿海販賣私鹽，往往變成盜賊，占山據守，而且越來越多。說明北宋中
期的汀、贛二州已有很強的民間勢力，而且有共同的經濟活動。《宋會要輯
稿》食貨之二四：「英宗治平元年四月，江西提點刑獄專制置虔汀漳州賊盜、
提舉虔州賣鹽蔡挺，理轉運使資序……初，江西仰食淮南轉般食鹽，涉歷道
遠，比至，雜惡不可食。而汀、虔州人，多盜販嶺南私鹽，數十百為群，與
巡捕吏卒相格，所至擾百姓，捕不能得，至或赦其罪招之。歲月既久，浸淫
滋多，朝廷以為患。嘗遣使乘驛會江西、廣東、福建三路轉運使，議行嶺南
鹽於虔、汀兩州。」《文獻通考》卷一五六：「熙寧七年，詔籍虔、汀、漳三
州鄉丁、槍手，以制置盜賊司言，三州壤界嶺外，民喜販鹽且為盜，非土人
不能制故也。」漳州的西北至今仍然是客家人之地，《宋會要輯稿》食貨之
六七，高宗紹興十五年（1146年）七月三日，知泉州吳序實言：「汀、虔盜
賊聚集，泉南七縣，罹其荼毒。」職官之四七，寧宗嘉定八年（1215年）：
「七月十一日，知贛州楊長孺奏：汀、贛聯境，民習凶頑，不務農桑，易於
為盜。近年贛盜頗稀，汀盜反為贛害。蓋贛人有犯，追捕甚嚴，人知懲艾。
惟汀州隸福建，汀人為盜於贛，贛州移文追捕，而汀州視如秦越，緣此數載，
汀盜公行。」

趙汝愚《論汀贛盜賊利害疏》：「臣伏見比歲州縣盜賊滋多，其間類多汀、
贛之人……汀州一郡，係在福建一路最高處，四面皆崇山峻嶺，其民皆十百
為群，依山險阻而居，散居四野者絕少。其間道路，行旅稀闊，亦難得邸店。
其人不能蠶桑，除耕田織布之外，皆別無生業。其俗喜兵而好鬥，爭鬥殺傷
之事，蓋無時無之。」南宋的客家人已經聚族而居，因為特殊的地貌和缺乏
食鹽，形成獨特的文化和尚武的習俗。

蔡戡《定齋集》卷十五《中大夫致仕朱公墓誌銘》「潮與循、梅、汀、
贛，壤地相接，彌望千里，蔚為盜區。」劉克莊《後村先生大全集》卷九三

《漳州諭畬》：「西畬隸龍溪，猶是龍溪人也，南畬隸漳浦。其地西通潮、梅，北通汀、贛，奸人死亡之所窟穴……汀、贛賊人，畬者教以短兵接戰，故南畬之禍尤烈。」文天祥《文山先生全集》卷十一《知潮州寺丞東岩先生洪公行狀》：「潮與漳、汀接壤，鹽寇群聚剽劫。」

北宋人已經把汀州、贛州看成是同一文化區，《輿地紀勝》汀州《詩》引陳軒詩云：「山連庾嶺為南嶠，水與潮陽作上流。」又引郭功父詩云：「嵐煙蒸濕同梅嶺，地脈逶迤接贛城。」《官吏》：「陳軒、郭祥正，元豐六年，太守陳軒治……與別駕郭祥正登山臨水，觸詠酬酢。山谷詩云：平生所聞陳汀州，蝗不入境年屢豐。」〔註45〕郭祥正詩云汀州的地脈聯通贛州，這顯然是文化意向，而非自然事實，因為汀、贛之間是山脈分隔而非山脈聯通。說明北宋人把汀、贛文化看成一體，這也說明贛南、閩西的客家文化已經形成。

從南宋開始贛州、汀州人大量向廣東遷徙，《方輿勝覽》卷三十六梅州引《梅州圖經》說：「土曠民惰，而業農者鮮，悉借汀、贛僑寓者耕焉。」有學者誤以為此語出自北宋圖經，其實紹興二十三年（1153 年）改虔州為贛州，所以此語必在南宋時。

羅香林《客家源流考》指出，很多客家人記載宋末元初他們的祖先從閩西寧化、長汀、上杭南遷粵東，尤以來自寧化石壁村為最，很多家譜說他們遷徙的原因是避蒙古大軍或參加贛南吉安人文天祥起義兵敗。其實族譜多數出自集體抄襲，聯繫南宋中期就有的這股移民潮，很多家譜所謂宋末元初遷徙很可能發生在南宋中期。南宋時期贛州人遷往汀州及贛、汀二州人南遷嶺南，這是客家人在面上的擴展而非質上的變化。

因為北宋時期的客家人已有共同的習俗、語言和經濟，所以我們可以說客家人在北宋時期已經形成。南宋以來客家人擴散到很多地方，分布面積大為增長，但是文化特質沒有大變，限於篇幅，本文無法論述。

〔註45〕〔宋〕王象之著、李勇先校點：《輿地紀勝》，第 4181、4184 頁。

福建南靖田螺坑客家土樓

福建南靖塔下村張氏祠堂

第八章　宋代南雄珠璣巷到
珠三角移民新證

　　中國很多地方都有流行的移民傳說，比如華北平原的洪洞大槐樹、江蘇中部的蘇州閶門外、雲南的南京楊柳巷等，在珠江三角洲則是南雄珠璣巷。嘉靖《廣東通志》引《南雄府圖經》：「嶺上古有珠璣巷……今南海衣冠，多其子孫。」屈大均《廣東新語》卷二《珠璣巷》：「吾廣故家望族，其先多自南雄珠璣巷而來。蓋祥符有珠璣巷，宋南渡時，諸朝臣從駕入嶺。至止南雄，不忘枌榆所自，亦號其地為珠璣巷。」此說在時間上大體正確，但是南宋初年不存在君臣到嶺南之事，其實是少量中原士人和很多贛南、粵北平民。

　　傳說南宋末年，一些南雄人因為元軍南下而遷居惠州，《惠州府志》：「舊俗，惠民多居南雄，因元兵將至，預十四日薦祖，次日避兵，今猶循十四日為中元節，和平十三日為中元。」〔註1〕

　　香山人黃佛頤據各種族譜、文集等編成《珠璣巷民族南遷記》，因為最流行的珠璣巷故事是南宋末年賈似道專權，皇妃出逃，珠璣巷人因為保護皇妃，懼怕牽連而南遷，所以黃書首列此傳說。〔註2〕陳樂素據黃書寫成《珠璣巷史事》，他注意到很多族譜中的移民路引時間是紹興元年，內容不符合宋代文書樣式和官制，但是他又指出建炎三年（1129年），因為金兵南侵，隆祐太后南走洪州（今南昌），四年（1130年）到虔州（今贛州），又南越大庾嶺。他還指出《建炎以來繫年要錄》紹興三年（1133年）三月癸未說：「時

〔註1〕胡樸安編：《中華全國風俗志》上編，河北人民出版社，1986年，第264頁。
〔註2〕黃佛頤：《珠璣巷民族南遷記》，南雄珠璣巷人南遷後裔聯誼會籌委會編：《南雄珠璣巷人南遷史話》，中山大學出版社，1991年，第1～84頁。

中原士大夫避難者，多在嶺南，上數詔有司給其廩祿。」他說元滅南宋時，又有很多人南遷嶺南。〔註3〕陳文明確說：「從南雄稱府一語，可以說明從口傳到筆傳，已經是到了明代，是明朝人的記載了。矛盾是多的，但傳說中含有一定程度的真實性，這卻不能忽視。我試作一些探索如下。」下文也即陳文的主體是探求珠璣巷故事的歷史依據，今天有人對陳文斷章取義，光說陳文認為珠璣巷產生在明代，這是一種混淆視聽。而且南雄府不過是明代人的俗稱，好比我們今天說南雄市，都是細枝末節，不能證明傳說的主體來自明代。

一、紹興時南雄人外遷和香山設縣

宋代廣東文化最發達的就是南雄州，《輿地紀勝》卷九三引大觀三年（1109年）洪勳《修學記》說：「其俗一而不雜，其風淳而不漓，其人所訓習，多詩書禮樂之業……本朝以來，操翰墨以取青紫者，比比相屬，顧衣冠文物之盛，殆未愧乎齊魯之風也……八行一路殊選，而南雄擅之……大觀元年，天子親製孝、悌、睦、婣、任、恤、忠、和八行之選，每路以三人為率，廣十五郡無應選者，惟南雄得譚煥、歐陽班、許孜三人。」

廣南東路在北宋太宗太平興國時（976～984年）有92559戶，神宗元豐三年（1080）有579253戶，年均增長率18.5%，僅次於湖南路，增長率排名全國第二。廣東路在紹興三年（1133年）有61萬戶，寧宗嘉定十六年（1223年）降到445906戶。前人指出，廣州在元豐時有143259戶，理宗淳熙時漲到195713戶。潮州元豐時有74682戶，理宗端平時漲到135998戶。南雄戶口在南宋也有大增，僅此三州就有355350戶，其餘還有11個州府，所以廣東在嘉定時不可能僅有445906戶。〔註4〕

嘉靖《南雄府志》卷下《食貨志》戶口：

> 粵稽往牒，宋全盛時，兩邑主戶，萬有捌千，客戶三千。紹興初，盜賊蠭起，編氓流移。乾道以還，勞來安集，漸復其舊。至嘉定，則戶三萬餘矣。中更兵革，鄉井蕭然，其耗也猶可諉也。

此書又記，北宋南雄州戶17366，口51703，其中保昌縣戶16000，口

〔註3〕陳樂素：《珠璣巷史事》，《學術月刊》1982年第6期。收入《求是集》第二集，廣東人民出版社，1984年。

〔註4〕郎國華：《從蠻裔到神州——宋代廣東經濟發展研究》，廣東人民出版社，2006年，第43～44頁。

48816，始興縣戶 1366，口 2887。嘉定間戶 33639，口 55756，其中保昌縣戶 30823，口 50357，始興縣 2816，口 5399。元代南雄路戶 19883，其中保昌縣 19000，始興縣 883。據《宋史》卷九十《地理志六》，南雄州在元豐時有 20339 戶，可見《南雄府志》所說全盛時主客戶 21000，基本可信。嘉定間戶數增長一倍，但是口數基本未增加，這很不正常。很有可能是南遷移民，報戶不報口。

紹興初年，南雄州因為戰亂而人口驟減，這些外遷的人去了哪裏？前人據黃佛頤書統計，從珠璣巷遷入廣州境內有 187 族，其中香山 49，南海 46，廣州 19，番禺 12，東莞 11，順德 10，佛山 3，寶安 3，新會 31，增城 2，新寧 1，另外恩平 1，高要 1，惠陽 1，韶州 1。宋代 147 族，北宋 9，其中宋末 6，南宋 123，初期 27，中期 4，末年 89，時間不明 3，南北宋不明 15。另外宋元間 1，元代 4，明代 3，時間不明 35，五代 1。〔註 5〕可見香山縣是移民首選地，其次是南海、新會、番禺、順德。因為沙洲淤積，空地很多，所以是移民首選地。

香山正是在紹興二十二年（1152 年）設縣，香山縣因為接納了很多來自粵北的移民，所以正式設縣。李心傳《建炎以來繫年要錄》卷一六三記載紹興二十二年九月：「丙午，升廣州香山鎮為縣，從本路諸司請也。」嘉靖《香山縣志》卷一《建置》：「宋元豐五年，廣東運判徐九思，用邑人進士梁杞言，請建為縣。不能行，止設寨官一員，仍屬東莞。宋紹興二十二年，邑人陳天覺建言，改升為縣。以便輸納。東莞縣令姚孝資，以其言得請於朝。遂割南海、番禺、東莞、新會四縣瀕海地，歸之。因鎮名為香山縣，屬廣州。」

李燾《續資治通鑑長編卷》三三一元豐五年：

> 廣南東路轉運判官徐九思言：「東海有島曰香山，僑田戶主、客共五千八百三十八，分隸東莞、南海、新會三縣。凡有鬥訟，各歸所屬縣辦理，遇風濤則踰月不通。乞建一縣，因香山為名。」本路監司相度，欲止置香山鎮，差監官一員兼煙火、賊盜，從之。

香山要設縣的元豐五年，正是在元豐三年之後兩年，此前的廣東人口有高速增長。但是此次設縣不成，直到紹興年間才成功設縣，很可能正是因為接納了很多來自粵北的移民。

〔註 5〕吳松弟：《中國移民史》第四卷，福建人民出版社，1997 年。

二、南宋初年虔州與南雄戰亂

　　南雄和鄰近的虔州（今贛州）在紹興年間，確實是全國戰亂最多之地，而紹興之後就非常穩定。這從南宋史書中可以清楚看出，下文一一列舉。

　　建炎四年（1130年）正月：「丁卯，虔州從衛諸軍作亂。初隆祐皇太后既至虔州，府庫所有皆盡……軍士與鄉民相爭，鄉民以槍刺軍士有傷者奔入所屯景德寺，被甲持仗，保所居。百姓亦持器仗，保坊巷。有虔化縣民沈立，率鄉兵三百人與城中相犄角，其將司全令甲軍出於寺後，轉殺鄉兵。由是鄉兵與將兵及百姓爭門而出，軍士遂縱火肆掠虔。」

　　二月癸未：「虔州鄉兵首領陳新，率眾數萬圍虔州，隆祐皇太后震恐。赦其罪，不聽。權知三省樞密院滕康劉玨、主管侍衛步軍司公事楊惟忠，皆坐視其亂而弗能禁。先是惟忠之將胡友既叛去，犯臨江軍。統制官楊琪與戰不勝，城遂陷。至是友以其眾復犯虔州，與新戰於城下，破之，新乃去。」

　　二月丁酉：「茶陵縣軍賊二千餘人，犯郴州永興縣，所擄鄉民皆面刺聚集興宋四字，欲自連、韶路，徑趨虔州。廣南東路提點刑獄公事曾統，恐其枝蔓，以便宜遣監韶州永通監宣教郎宋履往招之。」〔註6〕五月：「鄧慶、龔富，剽掠南雄、英、韶諸郡。」〔註7〕十月：「虔州進士李敦仁，少無賴……欲聚兵數萬人，據江南、福建三路……其後就招為承節郎，隸江西兵馬副都監李山軍中使喚。既而山遣敦仁往虔化捕盜，敦仁因與其弟世雄聚眾於羅源，有兵萬餘。是日破虔化縣，又入石城縣。詔山與吉州統制官張忠彥會兵討之，事聞在十二月癸未。」〔註8〕

　　紹興元年（1131年）六月癸巳：「賊鄧慶、龔富，圍南雄州，守臣鄭成之率軍民拒之。」〔註9〕七月壬寅：「虔州賊陳顒，聚鄉丁數千，焚掠雩都、信豐諸縣，詔趣捕之。」八月丙寅：「武顯郎、南雄州兵馬都監郭康，偽造制書，自稱奉使廉察廣東兵官已下。轉運判官章傑覺其詐，捕送廣州誅之，至是以聞。」〔註10〕

　　九月丙申：「斬進義校尉李世臣於越州市，世臣，敦仁弟也。世臣既為官軍所獲，而敦仁據虔化縣仙山，叛服未定。江西安撫大使朱勝非，自為文

〔註6〕《建炎以來繫年要錄》卷三一。
〔註7〕《建炎以來繫年要錄》卷三三。
〔註8〕《建炎以來繫年要錄》卷三八。
〔註9〕《建炎以來繫年要錄》卷四五。
〔註10〕《建炎以來繫年要錄》卷四六。

檄，募太學生彭世範往招之，不數日，敦仁與其徒二十餘人請降，然尚未解甲。」〔註11〕十二月甲戌：「李敦仁復犯虔化縣，合門祗候、權縣事劉僅與戰為所敗。」〔註12〕

紹興二年（1132年）三月壬辰：「虔化縣凶賊李敦仁，補正修武郎、合門祗候。其徒三十八人，皆授官，分隸張浚等軍中。敦仁起書生，為盜三歲，蹂四州十縣，最後為江東統制官顏子恭所破，至是始平。」〔註13〕

四月己丑：「廣東經略司言，虔州盜陳顒，率眾三千人，圍循州，焚龍川縣，詔江西大帥司遣將捕之。」〔註14〕

八月辛亥：「南雄盜鄧慶、吳忠聚眾千餘，州兵不能制。守臣奏江西統制官傅樞在南安軍，去本州才九十里，願得其兵擊賊。詔樞總兵，累年糜費錢糧，未嘗立功，當躬率所部兵討賊，如敢逗遛，重置典憲。既而樞捕忠之黨劉軍一，其餘皆平之。」〔註15〕

十一月：「辛未，廣東經略使汪伯彥始受命，時虔寇謝寶以眾數千，攻博羅縣。伯彥遣官兵募土豪與戰，各有勝負。寶乞就招，士民言遠人不諳戰守，願從賊，請以安人情。伯彥以便宜，授寶承信郎，賊遂散。」〔註16〕十二月：「虔賊謝達犯惠州，圍其城。守臣左朝奉郎范滐聞賊且至，募鄉豪入保子城。」〔註17〕

紹興三年（1133年）二月丁未：「虔賊周十隆，率眾犯循、梅、汀州。己酉詔統制官趙祥、韓京、申世景、王進，合兵捕之。」〔註18〕四月丁未：「神武副軍都統制岳飛，遣統領官張憲、王貴，分道擊虔寇彭友、李滿獲之。飛自至虔州，日破一寨，賊徒震恐。友等先據龍泉，至是乃敗。」〔註19〕七月癸巳：「虔卒石亮與其徒謀即州學，團聚為變，忠節指揮使石佺密告東南第六將韓思等，率兵捕其徒七人皆斬之。」〔註20〕

〔註11〕《建炎以來繫年要錄》卷四七。
〔註12〕《建炎以來繫年要錄》卷五十。
〔註13〕《建炎以來繫年要錄》卷五二。
〔註14〕《建炎以來繫年要錄》卷五三。
〔註15〕《建炎以來繫年要錄》卷五七。
〔註16〕《建炎以來繫年要錄》卷六十。
〔註17〕《建炎以來繫年要錄》卷六一。
〔註18〕《建炎以來繫年要錄》卷六三。
〔註19〕《建炎以來繫年要錄》卷六四。
〔註20〕《建炎以來繫年要錄》卷六七。

十月己亥：「初閩鹽自兵亂以來，商販絕少，鬻鈔不行。乃用邵武軍判官趙不已請，並令轉運司撥賣歲輸鈔錢十五萬緡。時虔盜竊發，多緣群入閩廣販鹽以作亂。右朝奉郎知梅州程杲乞散賣小鈔，謂非特可助國計，亦使細民得販，則暗消其為盜之端。事下榷貨務，而提轄官張純以為福建、廣東皆係官販，杲所言有侵漕計，且礙成法，事遂寢。」〔註21〕

十二月戊申：「初江西統制官傅樞赴行在，而所部在虔州。制置使岳飛移其軍往江州屯駐，樞與飛故有隙，其弟統領官機與飛軍統領官王貴亦不平。機單騎赴洪州，軍行至長步，其右軍部將元通率其徒千餘人遁去，進犯英州。掠范瓊女而去，又圍南雄州。事聞，詔本路帥司招捕趙鼎奏戮機，詔貸死送飛軍前自效。四年四月乙巳，既而通受廣東經略使季陵招安，通明年三月丁卯可參考。」〔註22〕

四年（1134年）五月癸酉：「詔神武右軍選精銳軍馬三千人戍虔州，專一措置虔、吉一帶盜賊，權聽江西帥司節制。先是岳飛出師，已破賊首鍾十四等十餘寨。至是其徒周十隆等，出沒未已。遂命將官趙祥、李升以所部往討之。」〔註23〕七月戊申朔：「曲赦虔州，降其州雜犯死罪囚釋徒已下，以招盜之未平者。」〔註24〕

八月辛卯：「中侍御史張致遠言，廣東循、惠、韶、連數州與郴、虔接壤，自鄰寇深入，殘破無餘。今則郴寇未殘，韶、連疲於守禦。而廣州之觀音、惠州之河源、循州之興寧，千百為群，緋綠異服，橫行肆掠，以眾為強。吳錫既還，湖南韓京，素稱怯弱，海荒迥遠，奏報稽時。臣聞朝廷近遣趙祥一軍招捕虔寇，因降德音，開其自新之路。廣東與虔犬牙錯境，今號魁首，多是虔人，願推廣於天恩，以撫綏於遐域。令祥與京，相為聲援。諭虔守與廣東帥審處事宜，得強梗而必誅貸，脅從而罔治。乘此軍力，悉務討平。」己亥：「虔州興國縣南木寨周十隆等千六百人，奉德音出降，江西制置司統領官毛佐、王贇、趙恕，往受之未成。官軍掠其婦女，十隆懼，復與其徒奔突水南而去。明年三月己亥，佐等並降官，遂掠汀、循諸州。」〔註25〕

五年（1135年）二月壬辰，趙霈言：「郴、虔、廣東，乍起乍息，略無寧

〔註21〕《建炎以來繫年要錄》卷六九。
〔註22〕《建炎以來繫年要錄》卷七一。
〔註23〕《建炎以來繫年要錄》卷七六。
〔註24〕《建炎以來繫年要錄》卷七八。
〔註25〕《建炎以來繫年要錄》卷七九。

歲，往者岳飛至，所遣徐慶，日破一寨，群賊假息，村落殄滅可期。慶遽追還，餘黨遂復熾矣。吳錫至郴襲賊，入韶州，朱廣、鄧晏等頗見窮促。未幾而錫亦徑歸長沙，責任不專，無益於事。韶、連、南雄，近為郴寇所擾。雖韓京屢小捷而軍威不振，循、梅、潮、惠又苦虔寇出沒，重以土豪殘暴，人不聊生。」〔註26〕

五月庚子：「知虔州韓昭奏，周十隆已就招詔，多方撫存，仍官其首領。」〔註27〕七月：「虔、贛頑民，轉寇嶺外累年，於茲今年朝廷發數路之師，欲痛掃除，使遂懲艾。雖劇賊如周十隆等，既已招降，目下稍安。然臣聞虔民之性，例皆兇悍，而聽命於豪強之家，為之服役。平居則恃以衣食，為寇則假其資裝。每賊所至州縣之間，既無城池，又無兵食，不過哀索金帛，以為犒設，書填官告，以議招安，才得片檄之申，便謂巨盜已息。孰敢定其要約、散其徒眾哉！於是下者獲利，上者得官全師而還，捆載而返，既狃為盜之利，益無忌憚之心，此蓋遠方官吏，蒙蔽朝廷之罪也。」〔註28〕

七年（1137年）五月丁卯：「詔江西制置大使李綱，趣捕虔、吉諸盜。時以山賊周十隆等未息，命江西統制官李貴往討之。左司諫陳公輔言：虔民素號兇惡，方承平時，亦自歲往廣南劫取財物，率以為常。自國家多事，乘此擾攘，徒黨愈熾，然此弊亦起於朝廷容忍太過。凡有盜賊盡是招降，所謂渠魁者，例皆不誅，且寵之以官。此豈足以奪奸雄之氣，又況虔賊實非他處之比，若不痛加誅殺，未必肯止。但令向前破蕩早見撲滅，不可更議招降，必謂弄兵潢池，皆吾赤子，不欲多殺。亦當誅其首領，而脅從者，量與釋放。庶使頑民知懼，不敢復肆兇惡，而盜賊可息故有是旨。」〔註29〕

二十二年（1152年）七月丁巳：「虔州軍亂，初江西多盜，而虔州尤甚。故命殿前司統制吳進，以所部戍之。虔之禁卒，嘗捕寇有勞。江西安撫司統領馬晟將之，與進軍素不相下。會步軍司遣將揀州之禁軍，而眾不欲行。有齊述者，以賂結所司，選其徒之強壯者，以捕盜為名，分往諸縣。夜兩軍交鬥，州兵因攻城作亂，殺進。晟遂焚居民，逐官吏……叛軍據城自守。」〔註30〕

〔註26〕《建炎以來繫年要錄》卷八五。
〔註27〕《建炎以來繫年要錄》卷八九。
〔註28〕《建炎以來繫年要錄》卷九一。
〔註29〕《建炎以來繫年要錄》卷一一一。
〔註30〕《建炎以來繫年要錄》卷一六三。

　　二十三年（1153年）二月：「庚午，轘虔州軍賊黃明等八人於市，明等據州城凡百有十二日。辛未，改虔州為贛州……先是秘書省校書郎董元德面對，論虔州謂之虎頭城，非佳名今。天下舉安，獨此郡間有小警，意其名有以兆之，望賜以美稱，事下中書後省。至是擬定，又請改虔化縣為寧都。從之。」〔註31〕

　　紹興之後的南雄州戰亂極少，宋寧宗嘉定二年（1209年）十月：「郴州黑風峒寇李元礪作亂，元礪有眾數萬。連破吉、郴諸縣，詔遣荊、鄂、江、池大軍討之。」三年：「夏四月癸亥，李元礪犯南雄州，遊騎至韶石。會江、湖諸司言元礪請降，而王簡卿未有所白，乃少俟之。既而簡卿言，元礪降書侮嫚，有甘罰錢之語。賊既不能入廣，復犯江西。起復奉議郎知吉州史定之，彌堅兄子也。當未至官時，賊已大作。及是詔，定之量易內地一等州郡差遣而命簡卿兼知吉州。時池州副都統制許俊、江州副都統制劉元鼎，皆在江西，頻戰不捷。簡夫親與賊戰，亦失利……（十一月）李元礪迫贛州南安軍……李元礪就擒。」〔註32〕十月丁丑，推南雄州戰歿將士恩。」〔註33〕

　　紹興五年（1135年）二月己酉，張致遠言：「郴、虔之人，資鹽於廣。劍、汀、邵之人，資鹽於泉、福。頃年廣東以鈔法禁絕之嚴，而郴、虔盜起，至今未熄。福建前此群盜，皆異時私販之人也。」前人指出，贛南人因為販鹽入侵廣東是在北宋就形成的傳統。〔註34〕北宋嘉祐七年二月辛巳條記載贛州、汀州靠近廣東，百姓在秋冬集結去廣東販鹽，時有劫掠。但是朝廷認為贛州屬江西，是淮南鹽的銷售範圍，所以多次主張仍然吃淮南鹽。廣東轉運使曾經運鹽到南雄，說明南雄是重要的鹽運通道。因此南雄的地方武裝很可能也是源自販鹽，所以他們非常熟悉到珠三角的道路。

三、南宋初年南雄人南遷考實

　　香山小欖的《麥氏族譜》有清代人考訂：「而我族南來各譜，又有謂紹興間金人南逼，有謂宋紹定間宋政日非，廣州地遠土饒，故先事南下者。究之

〔註31〕《建炎以來繫年要錄》卷一六四。
〔註32〕《兩朝綱目備要》卷十二。
〔註33〕《宋史》卷三九。
〔註34〕〔日〕佐伯富：《中國鹽政史的研究》，法律文化社，1987年。〔日〕佐竹靖彥：
　　　　《宋代福建地區的土豪型物資流通和庶民型物質流通》，《佐竹靖彥史學論集》，
　　　　北京：中華書局，2006年，第202～211頁。

事遠年湮，傳聞異詞，歲月不無訛舛。而揆厥時勢，當不離南渡後紹興間者為近，決不在咸淳間時也。」〔註35〕

我們如果看《南雄珠璣巷南遷氏族譜志選集》收錄的族譜資料，會發現雖然南宋末年咸淳南遷說占一半，但是也有近一半是在南宋初年南遷，還有極少數在北宋南遷，或是從福建經海路南遷但被附會到珠璣巷傳說中。

南雄州的戰亂始於北宋滅亡，先是南遷的官軍和虔州地方武裝發生戰爭。再有郴州、南雄地方武裝動亂，虔州人大舉入侵廣東。珠璣鎮是虔州越過大庾嶺的第一個鎮，是去廣東的必經之路。但是虔州人去廣東可以從全南、龍南、定南等縣，不必經過南雄。所以從南雄南遷到珠三角的應該是南雄本地人為主，主要源自鄧慶、龔富、吳忠之亂，從建炎四年到紹興二年，戰亂範圍波及英州（今英德）、韶州（今韶關）。鄧慶、龔富、吳忠等人下落不明，而平定他們的是在南安（今大餘縣）的江西統制官傅樞，那麼南雄的地方武裝有沒有可能南逃到珠三角呢？我發現珠璣鎮的東北緊鄰鄧坊鎮，珠璣鎮東南的水口鎮有龔屋村，龔屋西南不遠就是吳屋村，所以鄧慶、龔富、吳忠的家鄉很可能就在這一帶。珠三角族譜所載的紹興元年遷民路引，時間正是鄧慶等人開始動亂之時，所以紹興年間路引之說確實有歷史依據。

傅樞的部將元通兵變，也圍攻南雄，最終被廣東經略使季陵招安，紹興四年三月丁卯：

> 左武大夫、文州團練使、湖南安撫司後軍統制韓京，充廣東兵馬鈐轄，以所部屯廣州，彈壓盜賊，聽本路帥臣節制。其所部即今摧鋒軍，用經略使季陵請也。初江西叛將元通犯境，陵遣海南尉魏逢、使臣董鼐招撫之，即聽命寨於城外。無幾何，江西遣兵至。通遁，趨惠州，追兵及之，與戰不利，人情震恐。陵復遣逢、鼐追通回，至是乃以付京，尋坐它事誅，遠近始安。元通初見紹興三年十二月戊申。〔註36〕

來自江西南安的這支叛軍，從南雄流落到廣州，珠璣巷移民或許與這一支叛軍有關。

家譜記載紹興元年南遷的九十七人，黃姓多達十二人，鄧坊鎮和水口鎮之間就是黃坑鎮。珠璣鎮東北有羅田村、羅屋村，九十七人正是以羅姓為首。

〔註35〕南雄珠璣巷人南遷後裔聯誼會籌委會編：《南雄珠璣巷人南遷史話》，第38頁。
〔註36〕《建炎以來繫年要錄》卷七四。

周姓雖然僅有五人，但已經很多，因為周姓在華南很少，珠璣鎮之北就有周地排，周是江西和湖南大姓。九十七人中的廖、溫、何、歐、尹、胡、馮、黎、盧、蔡姓在南雄、始興都能找到。尹屋村、胡屋村、何屋村在珠璣鎮之北，水口鎮有何屋村、盧屋村，黎口鎮在珠璣鎮之南，黃坑鎮有蔡屋場村，黎口鎮有歐坑村。廖、溫是典型的客家姓氏，尹、譚則是典型的湖南姓氏。

廣州《易氏族譜》說：「宋乾道末，贛之坡洞豪頑，嘯聚為亂，蔓及雄、韶……淳興（熙）十一年甲午辰五月，遂負神主，棄產挾貲，入廣之城南小市街石亭巷居焉。」〔註37〕

開平棠紅《蘇氏家譜序》說：「宋開禧年間，有姦臣奏牛田坊有賊作亂，要在此處立寨，聚兵鎮守，庶得國泰民安。皇上准奏，即在此處立寨，傳旨居民遷徙。珠璣里人見近處無地，各姓共九十七名去府縣取文引遷徙。」〔註38〕

這兩則記載都符合南宋初年贛南、粵北戰亂的記載，贛南到南雄有很多地名帶有洞字，南雄和大餘交界處就有黃坡洞，牛田就在珠璣鎮之南。

建炎三年（1129年）七月，東京宗室，並移虔州。〔註39〕四年（1130年）三月，大宗正司自虔州移廣州。〔註40〕可以想像，有很多人跟隨宋朝宗室，從中原經過江西到廣東。

南宋初年有不少中原士人到南雄，紹興三年（1133年）九月己巳：「河南布衣朱敦儒，特補右迪功郎，令肇慶府以禮敦遣赴行在。初，敦儒策試不就，已見建炎二年二月丁卯，避亂抵南雄州。張浚將西行，奏赴軍前計議，敦儒卒不起。至是宣諭官明彙，言其深達治體，有經世之才。參知政事席益、吏部侍郎直學士院陳與義，又交稱其賢，乃有是命。」〔註41〕

南雄州也是宋朝流放官員的要地，建炎元年八月癸酉：「通議大夫提舉杭州洞霄宮耿南仲，責授單州團練副使，南雄州安置。」〔註42〕二年正月辛丑：「入內內侍省押班邵成章除名，南雄州編管。」〔註43〕三年二月己未：「右

〔註37〕南雄縣政協文史資料研究委員會、南雄珠璣巷人南遷後裔聯誼會籌委會編：《南雄珠璣巷南遷氏族譜志選集》，中山大學出版社，1991年，第75頁。
〔註38〕南雄縣政協文史資料研究委員會、南雄珠璣巷人南遷後裔聯誼會籌委會編：《南雄珠璣巷南遷氏族譜志選集》，第97頁。
〔註39〕《建炎以來繫年要錄》卷二五。
〔註40〕《建炎以來繫年要錄》卷三二。
〔註41〕《建炎以來繫年要錄》卷六八。
〔註42〕《建炎以來繫年要錄》卷八。
〔註43〕《建炎以來繫年要錄》卷十二。

文殿修撰知揚州黃願落職……乃除名南雄州羈管。」〔註44〕四月乙巳：「右
承奉郎黃大本貸死，杖脊刺配南雄州牢城收管。」〔註45〕十七年十月己酉，
尚書省令史李師中，被安置南雄州編管。〔註46〕二十五年十月壬辰：「左朝
奉郎主管台州崇道觀洪皓，卒於南雄州。」〔註47〕二十七年三月辛卯：「左
朝散大夫符行中，再責成州團練副使，南雄州安置。」〔註48〕乾道六年五月：
「丁丑，知潮州曾造犯贓，貸命、南雄州編管，籍其家。」〔註49〕寧宗開禧
二年（1206）八月：「戊辰，再奪李爽三官、南雄州安置。」三年十一月：「辛
巳，再奪鄧友龍五官、南雄州安置。」〔註50〕

　　北宋到南宋前期南遷的姓氏，還有郭、宋、何、龐、聶、霍、袁、韓、
梁、容、程、曾、陳、羅等，我們看到其中霍、韓、郭、龐等姓氏從古到今
都主要分布在華北，這就說明南宋初年確實有很多北方人南遷。

　　而南宋末年南遷的珠璣巷氏族中不僅有典型的嶺南沿海土著冼氏，還有
南朝末年就出現的大族馮氏，說明南宋末年南遷的珠璣巷氏族有很多出自附
會。雖然如此，南宋末年故事仍然是逃避南宋皇帝的追殺，而不是元朝皇帝
的追殺。有人認為珠璣巷故事源自反元，〔註51〕我認為不確。明朝以宣揚反
元復宋而建立，朱元璋貶斥南宋末年降元的泉州蒲氏家族。如果是明代人編
造故事，為何要說反對南宋皇帝？如果說反元不是更好？但是我們現在珠三
角的族譜中很少看到因為反元南遷的記載。有日本學者看到珠璣巷故事中出
現明代的圖甲，就說珠璣巷故事是明代出現，〔註52〕這樣的邏輯不能成立，
這只能說明珠璣巷故事的下限而不能說明其上限。明代的故事中有宋代和明
代的多重成分，好比商代的墓中可能有新石器時期文物，不能說明代的故事
中僅有明代的成分。

〔註44〕　《建炎以來繫年要錄》卷二十。
〔註45〕　《建炎以來繫年要錄》卷八八。
〔註46〕　《建炎以來繫年要錄》卷一五六。
〔註47〕　《建炎以來繫年要錄》卷一六九。
〔註48〕　《建炎以來繫年要錄》卷一七六。
〔註49〕　《宋史》卷三四。
〔註50〕　《宋史》卷三八。
〔註51〕　曾祥委：《珠璣巷遷徙集體記憶的研究——以羅貴事件為中心》，《文化遺產》
　　　　　2008 年第 2 期。
〔註52〕　〔日〕片山剛著、朱海濱譯：《「廣東人」誕生之謎——從傳說和史實之間來
　　　　　考察》，《歷史地理》第二十一輯，第 418 頁。

王承文考證了很多唐代北方人南遷嶺南的歷史，他還認為嶺南族譜之所以缺少這一時代的移民記載，主要是因為晚唐和五代十國的戰亂。〔註 53〕

四、閩南人未能同化珠三角的原因

我們還可以通過很多其他視角來反證珠璣巷移民，從現在的中國方言地圖很容易看出，現在廣東省沿海大多數地方說閩語，東部從潮汕延伸到海豐，西部從陽江延伸到徐聞，唯有珠三角不說閩語，前人已經指出廣東沿海的閩語區源自宋代福建人大規模移民廣東。〔註 54〕

雷州、瓊州、昌化軍、萬安軍、吉陽軍，元初至元二十七年（1290）的戶口，是北宋元豐三年戶口的 6.49 倍、7.46 倍、11.52 倍、24.61 倍、4.1 倍。如此急速增長無疑是因為大規模移民的到來。海南島東南部的萬安軍增幅最大，向北依次遞減，向南也有減少。這是因為海南島的東部正當福建人來航的要衝，而且海南島原有人口不多。吉陽軍偏南，黎族太多，所以移民稍減，說明這個對比的數字可信。

趙汝括《諸蕃志》卷下《海南》：「其貨多出於黎峒，省民以鹽、鐵、魚、米轉博，與商賈貿易。泉舶以酒、米、麵粉、紗絹、漆器、瓷器等為貨，歲杪或正月發舟，五六月間回舶……閩商值風飄蕩，貲貨陷投，多人黎地耕種之……惟檳榔、吉貝獨盛，泉商興販，大率仰此。」〔註 55〕瓊州地方志說：「瓊無火麻，產苧麻，歲四番收採，閩廣專用之，常得倍利。」〔註 56〕

北宋末年的雷州：「多平田沃壤，又有海道可通閩、浙，故雲居民富貴，市井居廬之盛，甲於廣右。」〔註 57〕化州：「以典質為業者，十戶而閩人居其九，閩人奮空拳過嶺往往致富。」〔註 58〕雷州海康縣（今雷州）：「農亦甚惰，其耕者多閩人也。」〔註 59〕吳川縣的大族吳、林、陳、李，都是宋代來自福

〔註 53〕王承文：《唐代環南海開發與地域社會變遷研究》，北京：中華書局，2018 年，第 855～873 頁。

〔註 54〕謝重光：《宋代潮汕地區的福佬化》，《地方文化研究》2012 年第 1 期。

〔註 55〕〔宋〕趙汝适著、楊博文校釋：《諸蕃志校釋》，第 217、221 頁。

〔註 56〕〔宋〕王象之撰、李勇先校點：《輿地紀勝》卷一百二十四瓊州風俗形勝島夷卉服條引郡志，第 3931 頁。

〔註 57〕〔宋〕王象之撰、李勇先校點：《輿地紀勝》卷一百十八雷州風俗形勝引《圖經》，第 3801 頁。《方輿勝覽》卷四十二雷州，此句引自余安道《學記》。

〔註 58〕〔宋〕王象之撰、李勇先校點：《輿地紀勝》卷一一六化州風俗形勝引范氏《舊聞拾遺》，第 3757 頁。

〔註 59〕〔宋〕蘇轍著、曾棗莊、馬德富校點：《欒城集》後集卷五《和子瞻次韻陶淵

建。〔註 60〕

　　紹聖四年（1097 年）知州丁槤《建學記》說南恩州（今陽江）：「民庶僑居雜處，多甌閩之人。」〔註 61〕宣統《陽江縣志》：「惟西境儒洞等處接近電白，與電白、雷、瓊音同，與土音迥異。」現代電白縣沿海是閩語區，光緒《電白縣志》：「前明軍衛留居電城，今城中人語曰舊時正。海旁聲音近雷瓊，曰海話，山中聲音近潮嘉，曰山話。」

　　福建人移民到潮州、惠州的海豐縣、高州、雷州、海南島等地，主要是為了生存。但是他們偏偏跳過空地很多、土壤肥沃的珠江口，現在珠江三角洲不僅看不到閩南語的成片之地，甚至連閩南語的方言島也很少。劉克莊《城南》詩說廣州：「瀕江多海物，比屋皆閩人。」廣州的福建移民，現在早已被廣府人同化，所以廣州現在不存在閩語方言島。

　　這就證明，南宋時期的珠江口，人口已經非常稠密。正是因為原來人口勢力很大，所以福建人無從插足。如果南宋的珠三角有很多空地，一定會形成面積較大的閩方言區。而來自粵北的移民，因為文化上接近廣州，所以很容易融合。而來自福建的移民，因為文化差異較大，所以不易融合。有學者指出，香山的很多族譜記載祖先來自福建，但是今天這些人說粵語。我認為這反映宋元時代的香山社會就有極強的能力來同化一些福建移民。總之，香山縣在南宋時期確實接納了很多來自粵北的移民，珠璣巷的傳說有很多可信之處。

五、宋末海上朝廷回到珠三角的原因

　　另外還有一個視角可以反證南宋時期的珠三角已經得到開發，那就是南宋末年的海上朝廷從海南島一路向北到崖山。景炎二年（至元十四年，1277 年）十二月丙子，宋端宗趙昰至井澳（橫琴島）。丁丑，南逃到海南島文昌縣東北的七州洋。三年（1278 年），到雷州的硇洲島。四月，趙昰死於硇洲，趙昺即位，六月到崖山。

　　南宋海上朝廷不停留在海南島，也不停留在很大的海陵島，而是一路向北，朝向元軍。我認為正是因為回到珠三角，海上朝廷才能獲得充足的糧食。

　　　　明勸農詩並引》，上海古籍出版社，2009 年，第 1194 頁。

〔註 60〕〔清〕陳舜系：《亂離舊聞錄》，李龍潛等點校：《明清廣東稀見筆記七種》，廣東人民出版社，2010 年。

〔註 61〕〔宋〕王象之撰、李勇先校點：《輿地紀勝》卷九十八南恩州引，第 3342 頁。

全漢昇等人指出，[註62] 宋代海南島依靠廣東的糧食，蘇軾說：「北船不到米如珠。」[註63]《宋史》卷二八四《陳堯叟傳》：「先是，歲調雷、化、高、藤、容、白諸州兵，使輦軍糧泛海給瓊州。其兵不習水利，率多沉溺……堯叟因規度移四州民租米輸於場，第令瓊州遣蜑兵具舟自取，人以為便。」《宋會要·食貨一七》：「以故泉、福客人多方規利，而高、化客人不至，以此海南少有牛米之類。」海南遇到饑荒：「仰廣東客糴以給。」[註64] 直到明末，海南島還依靠廣東的糧食，萬州：「州民朝夕之糧，仰給海北。」[註65]

宋代福建、浙江也依靠廣東糧食，《宋史》卷四〇一《辛棄疾傳》說：「閩中土狹民稠，歲儉則糴於廣。」周必大說：「福建地狹人稠，雖無水旱，歲收僅了數月之食，專仰舟船往來浙、廣，般運米斛，以補不足。」[註66] 真德秀說：「福、興、漳、泉四郡，全靠廣米，以給民食。」[註67] 李曾伯說：「閩、浙之間，蓋亦嘗取米於廣，大抵皆海運。」朱熹說：「廣南最係米多去處，常歲商賈轉販，舶交海中。」又說：「廣中雖云不熟，然亦當勝本（福建）路。」又說：「唯有廣東船米，可到泉福。」廣東的米還運到江浙，朱熹說：「廣東海路至浙東為近，臣昨受命之初，訪聞彼處米價大段低平，即嘗印榜遣人散於福建、廣東兩路沿海去處，招邀米客。」又說：「印榜遣人散於浙西、福建、廣東沿海去處，招邀客販。」又說：「見今廣招廣南、福建、浙西等處客販，搬運米斛到來投糴。」又說：「及有指揮行下閩、廣，勸諭客米前來溫州接濟。」又說明州（今寧波）：「雇備人船出海，往潮、廣豐熟州軍收糴米斛，準備賑糶賑濟。」又說：「付熹前去與知明州謝直閣同共措置雇，募海船，收糴廣米。」又說：「今二廣之米，艫舳相接於四明之境，乘時收糴，不至甚貴，而又顆粒勻淨，不雜糠枇，乾燥堅碩，可以久藏。」又說：「且散榜自廣以東諸州，以招誘之矣。恐番禺以西，更有出米通販去

〔註62〕全漢昇：《宋代廣州的國內外貿易》，《中國經濟史研究二》，北京：中華書局，2011年。

〔註63〕〔宋〕蘇軾：《蘇東坡全集》續集卷二。

〔註64〕〔宋〕李曾伯：《可齋續稿》後卷六《奏乞調兵船戍欽仍行海運之策》，《影印文淵閣四庫全書》第1179冊，第674頁。

〔註65〕〔明〕張燮：《群玉樓集》卷五十《奉政大夫湖廣黃州府同知前萬州知州盤江林公墓誌銘》，《張燮集》第三冊，北京：中華書局，2015年，第851頁。

〔註66〕〔宋〕周必大：《文忠集》卷八二《大兄奏箚》，《影印文淵閣四庫全書》第1147冊，第847頁。

〔註67〕〔宋〕真德秀：《西山文集》卷一五《申尚書省乞措置收捕海盜》，《影印文淵閣四庫全書》第1174冊，第230頁。

處，謹覆具公移，並以榜文三百道，仰累頤指，散下曉諭。」〔註68〕吳自牧《夢粱錄》卷十六說杭州：「所賴蘇、湖、常、秀、淮、廣等處客米到來。」

　　海陵島雖然面積也較大，但是當時的開發尚未成熟。現在海陵島還有很多村名是土著越語的地名，比如那站、那鑊、那快、那洋、打啦、古勞、瓦曬、麻禮、地拿，南宋的海陵島可能還以越人為主。《元史》卷一三二《哈刺䚟傳》：「諭南恩州，宋合門宣贊、舍人梁國傑以畬軍萬人降。」說明南宋的南恩州（今陽江）還有很多畬族，尚未完成漢化。因為南宋的陽江海島農業不夠發達，所以南宋海上朝廷也不在海陵島停留。

　　前人研究表明，南宋珠三角修了很多水利工程。〔註69〕珠三角有不少大地主為南宋流亡朝廷獻糧，《續厓山志》記載香山縣沙湧人馬南寶，家世殷富，因為獻糧千石而拜工部侍郎，戰敗投海，馬南寶墓在今斗門小赤坎村。番禺縣人李志道，獻糧十萬石。〔註70〕台山大江鎮沙湧村人伍隆起，運糧被殺，墓在附城鎮香頭墳，〔註71〕證明珠三角在南宋已經得到有力開發。

六、粵語與江西方言的密切關係

　　麥耘指出，粵語中的一些特點與宋代通語吻合，也有類似贛語、客家話的成分，是南宋移民帶來，很可能就是珠璣巷移民。他還認為很多廣府人祖先是宋末抗元的遺民，假託南宋皇妃之禍。劉鎮發認為宋末江西方言發展為粵語，麥耘認為粵語在宋代已經從江西方言脫離。〔註72〕

　　王洪君認為贛語、客家話、粵語共有的元音格局屬於晚唐五代北方通語的層次，此時到達韶關的北方移民成為粵語人群的主流祖先，他們在宋末元

〔註68〕〔宋〕朱熹：《晦庵先生文集》卷二五《與建寧諸司論賑濟箚子》、卷二七《與林擇之書》、卷二九《與李彥中帳幹論賑濟割子》、卷一三《延和奏箚三》、卷二一《乞禁止過糶狀》、卷九九《約束糶米及劫掠狀》、卷一七《奏救荒事宜畫一事件狀》、卷一七《奏明州乞給降官會及本司乞再給官會度牒狀》、卷二一《與宰執箚子》、卷二六《上宰相書》、卷五《林子方》。
〔註69〕曾昭璇、曾憲珊：《宋代珠璣巷遷民與珠江三角洲農業發展》，暨南大學出版社，1995年，第20～24頁。
〔註70〕〔清〕黃淳等著、陳澤泓點校：《厓山志》，廣東人民出版社，2018年，第286、289頁。
〔註71〕廣東省文化廳編：《中國文物地圖集》廣東分冊，廣東省地圖出版社，1989年，第243、388頁。
〔註72〕麥耘：《從粵語的產生和發展看漢語方言形成的模式》，《方言》2009年第3期。

初南遷到珠三角。〔註73〕

　　他們的看法非常類似，認為粵語的源頭主要來自江西，但是他們過分相信了南宋末年南遷說，而不知南宋初年的移民更重要。

　　我們可以通過方言地圖集，看江西和珠三角常用詞的聯繫。稱太陽為熱頭，從浙江中部、江西北部，延伸到珠三角。稱月亮為月光，從江西、湖南延伸到廣東，福建稱月亮或月。南方多數稱下雨為落雨，粵北、粵西、粵東和贛州西南部稱落水。廣州西北部的肇慶等地稱虹為龍，源自贛語的西北部。珠三角稱今天為今日，類似江西、湖南。珠三角稱明天為聽日、天日，聽日源自天日，湖南藍山說天日，梅州說天光日，源自贛州、撫州、宜春等地的天光。去年說舊年，明顯地從江西擴散到嶺南和閩南，閩北、湖南說去年。珠三角的鳥說雀仔，源頭在撫州。湖南和廣西，蚊子包括蚊子和蒼蠅，閩南話說蠓仔，唯獨江西和廣東的蚊子說蚊子。珠三角稱小孩為細紋，顯然源自江西、湖南的細人，粵北說細仔、細老哥。珠三角奶奶說阿媽，類似閩南話，但是珠三角周邊說阿婆，源自江西崇義、上猶、遂川，江西很多地方說婆婆。外祖父說阿公，源自南昌、撫州。客家話說姐公，江西、湖南、福建多數地方說外公，外祖母的分布情況類似。稱丈夫為老公，稱妻子為老婆，是從江西擴散到廣東，湖南、福建都不同。兒子說仔，是從江西、湖南擴散到華南，福建說囝。脖子說頸，從江西擴散到華南。福建說脰，湖南則說頸和其他字組成的詞。粵語陰莖稱為雀，其實來自江淮，現在華北、信陽、江蘇、安徽、浙江都有零散分布。穿說著，從江浙、江西擴散到粵語，福建說送，廣西很多地方和湖南說穿。繫說綁，從江西擴散到廣東，浙江到福建說縛、結。袖子說衫袖，從江西擴散到華南，福建說裀，湖南說衣袖。夾菜說鉗，從贛南、撫州分布到南雄、珠三角，應是贛語的古詞。豬舌稱為豬利，從江西擴散到華南，南方其他地方沒有這種說法。餓說饑，從浙江、閩西北、江西擴散到華南，湖南說餓或膽，福建說枵。鍋說鑊，從浙江、江西擴散到廣東，福建說鼎，廣西說鐺（即鼎）。桌子說臺，從江浙、江西擴散到華南，福建、湖南都說桌。廣東的傘多數說遮，江西峽江、河南信陽也說遮，說明源自北方。江浙、宜春的蹲說伏，贛南、閩西說匍，粵語說否，是同源字。藏說屏，從江西擴散到華南、湖南，江浙和福建說囥。掉說跌，從江西擴散到華南、湖

〔註73〕王洪君：《兼顧演變、推平和層次的漢語方言歷史關係模型》，《方言》2009
　　　　　年第3期。

南。欠錢說爭，分布在華北和廣東，江西餘江也說爭，說明南遷通道很可能是江西。給說畀，源自撫州，其實是江淮的把。彎說曲，從江西擴散到華南、福建。粵語一毛錢說一毫，江西樟樹也說毫。〔註 74〕

第二類是從贛南開始分布到廣東的詞，鳥窩說竇，從贛南、永州擴散到廣東、廣西和武平、上杭、永定。屁股說屎窟，從贛南擴散到華南，從上饒擴散到閩西北。乳房稱年，從江西擴散到福建和華南。屌為鳥，從贛南擴散到華南。渴說頸渴，從贛南分布到華南。粵語的拔說搣，客家話是扐，是同源字。贛語、湘語說扯，閩南語是挽。玩說撩，從贛南擴散到華南、福建。漂亮說靚，從贛南擴散到華南。〔註 75〕

第三類是僅分布在廣東或兩廣的詞，從韶關到珠三角，殺豬都說㓥，雞蛋都是雞春，舌頭說利，喝說飲，瓶說樽，東西說野，看說睇，砍說斬，埋說壅，撿說執，找說搵，想說念，賬算對說嚴，一塊錢說一文錢。〔註 76〕這一組詞是唐代之前的古漢語或南方語言，未受後來移民影響。

第四類是從北方、江淮經過江西，跳躍擴散到珠三角。如珠三角稱冰雹，類似江淮。客人，從北方經過江西擴散到珠三角，廣東、福建很多地方說人客。山西、江淮的很多地方，鳥說雀，江西中部和湖南西部也有少量分布，廣東多數說雀仔，廣西多數說雀兒。廣東多數地方爺爺說阿公，但珠三角說阿爺，南方僅有浙東也有類似說法。屙分布在沿江各省，向南擴散到湖南、江西、兩廣。兩廣的聞，來自北方，在湖南、江西也有分布。兩廣的哭，來自北方，經過湖南和江西的中北部傳入。兩廣的咬，來自北方。挑說擔，從北方分布到華南。知道說知，來自北方，越過了長江流域的曉得。兩廣的埋，多數說壅，也分布在川東、鎮巴、信陽、霍山、湖北，說明來自長江流域。娶妻為娶，是從北方經過江西中部擴散到華南，華南主要說娶，而江南主要說討。女婿從北方經過贛南，擴散到珠三角，南方多數說郎或丈。冷說凍，從皖南、湖南、西北，分布到兩廣。刀塊說利，從河南、西北分布到華南。〔註 77〕

〔註 74〕曹志耘主編：《漢語方言地圖集．詞彙卷》，第 1、2、5、6、8、9、10、36、38、40、43、44、45、49、50、52、63、74、79、80、83、87、97、109、113、118、130、135、144、146、150、151、171、203 頁。

〔註 75〕曹志耘主編：《漢語方言地圖集．詞彙卷》，第 37、76、78、98、153、188 頁。

〔註 76〕曹志耘主編：《漢語方言地圖集．詞彙卷》，第 27、31、62、114、143、147、153、189、202 頁。

〔註 77〕曹志耘主編：《漢語方言地圖集．詞彙卷》，第 7、36、41、42、51、55、72、

　　日常用詞有一半是粵語和贛語相同，所以粵語的主要源頭來自江西，這證明南雄珠璣巷傳說得到語言學印證。粵語和閩語的對立，主要源自上古長江流域楚語和吳語的對立。閩語有很多來自楚語的成分，但是更多來自吳語。廣東的地名也和江西類似，而和福建差別很大，比如廣東、江西都流行屋字地名，但閩語的屋說厝。

　　唐文宗開成年間，長安人何溢任昭州（治今廣西平樂）刺史時：「變臭舌之異風，化獷悍之殊性。」〔註78〕懿宗咸通末年，河間人張褐任封州（治今廣東封開）司馬：「封民語不可解，褐時以文義教之，漸知讀書，士子日來請益，與論文章無倦時。」〔註79〕

　　晚唐五代很多北方人來到廣東，《新五代史·南漢世家》說：「時天下已亂，中朝士人以嶺外最遠，可以避地，多遊焉。唐世名臣謫死南方者往往有子孫，或當時仕宦遭亂不得還者，皆客嶺表。」

　　朱熹說：「因說四方聲音多訛，卻是廣中人說得聲音尚好，蓋彼中地，尚中正，自洛中脊來。只是太邊南去，故有些熱。若閩浙則皆邊東角矣，閩浙聲音尤不正。」〔註80〕朱熹發現粵語的很多地方比閩浙方言還接近北方話，這就證明此前已經有很多北方人來到廣東。

　　朱熹說粵語比閩浙方言更接近北方話，因為廣東和中原的經度相同，而閩浙偏東。這個觀點很有道理，因為五嶺的地貌和武夷山差別很大，五嶺的西部四嶺多是南北走向，中間有寬闊的山口，最寬的地方甚至可以在秦代就迅速開鑿出靈渠。而武夷山是一道連綿的高山，所以北方移民容易進入廣東，而不易進入福建。西江、東江、北江匯聚在珠三角，形成一個較大的平原。而福建的河流都是分散入海，各河口的平原極其狹小。福建的山地面積比例比浙江、廣東高很多，現在福建的各河口平原的面積還是兩千多年來人為擴展的結果。所以古代北方移民容易在珠三角立足，而不易在狹小的福建沿海立足。所以秦漢兩朝在廣東已經設有十多個縣，但在福建僅設一個冶縣（在今福州），這個冶縣還是江浙到廣東的航海補給站。六朝和晚唐，北方移民才大舉進入福建，福建的早期漢化進程遠遠不及廣東迅速。秦漢時期的福建

　　122、125、127、133、143、150、151、177、181 頁。

〔註78〕《大唐故茂州刺史何溢墓誌銘》，《全唐文補遺》第一輯，第348頁。

〔註79〕〔明〕黃佐：《廣東通志》卷四六《張褐傳》，第1152頁。

〔註80〕〔宋〕朱熹：《朱子語類》卷一三八，《影印文淵閣四庫全書》第702冊，第772頁。

內陸還不能被中原王朝掌控，而廣東的北方移民強大到在秦末就獨立為南越國，並且立國接近百年。歷史上的廣東接納的北方移民更早更多，所以粵語比閩浙方言更接近北方話。

南宋周去非《嶺外代答》卷三《欽民五種》：「欽民有五種：一曰土人，自昔駱越種類也。居於村落，容貌鄙野，以唇舌雜為音聲，殊不可曉，謂之蔞語。二曰北人，語言平易，而雜以南音。本西北流民，自五代之亂，占籍于欽者也。三曰俚人，史稱俚獠者是也。此種自蠻峒出居，專事妖怪，若禽獸然，語音尤不可曉。四曰射耕人，本福建人，射地而耕也。子孫盡閩音。五曰蜑人，以舟為室，浮海而生，語似福、廣，雜以廣東、西之音。」蜑民語言接近福建、廣東話，說明宋代的欽州蜑民已經漢化，周去非說的廣東、廣西之音就是粵語，不是閩語。語言學家已經認定廣府話在宋代已經產生，不是明代產生。說明珠三角文化在宋代已經成型，而非晚到明代才成型。

七、南雄移民排擠香山土著的故事

珠海山場村原來是香山鹽場，《珠海市文物志》引《香山縣志》講述的一個故事，稱最早的兩族是譚、陸，宋代遷來的有鮑、吳、黃等族，鮑姓發展為強族，土著的譚族和鮑族發生很多械鬥，譚族敗走今中山的崖口，陸族也敗走三鄉鴉崗。段雪玉引用這個故事，又引用《珠江晚報》2004 年 9 月 20 日馬永濤採訪山場村村長黃成七，講述譚姓曾經有一個開醫館的善人，被奉為本地的城隍爺。又引《鮑氏族譜》記載，祖先在宋孝宗時從南雄遷到山抵埔，六世祖遷到山場村。吳氏的祖先在南宋咸淳九年（1273 年）從南雄保昌縣沙水村，遷到山場村。黃氏的祖先，從新會遷到香山，又過四代才到山場村。但是認為這些珠璣巷祖先故事值得質疑，又引《崖口那洲譚氏長房譜》、《譚氏族譜》記載，始祖在元代任廣東鹽課道提舉，生於南宋咸淳元年（1265 年），卒於元代大德四年（1300 年），其夫人和兒子遷到崖口。

段雪玉認為這個故事必須結合元初的香山鹽民之亂來看，因此引用元代張伯淳《養蒙文集》的《嘉興路總管府推官劉君先塋碑》：「明年（1283 年）提舉廣東鹽使司事，廣寇黎德弄兵，聚致千艘，所過州縣傾動。君躬率鹺丁，與之犄角，官場賴以安。所儲庫鹽，得存以斤計者八萬。招徠叛民顧總統、鄧監軍，凡二十有六人，鬻鹽戶周從龍等遁去來歸者四十家，擒許寬三十七人倚眾抵禁者。」《元史》卷一九三《合剌普華傳》：「改廣東都轉運鹽使，

兼領諸番市舶。時盜梗鹽法，陳良臣扇東莞、香山、惠州負販之徒萬人為亂，江西行省命與招討使答失蠻討捕之，先驅斬渠魁，以訊鹹告，躬抵賊巢，招誘餘黨復業，仍條言鹽法之不便者，悉除其害。」他認為歸附朝廷的鹽民才能繼續在鹽場生存，抵禁的人很可能被排擠出鹽場。〔註81〕

我認為，譚姓作為土著的觀點和譚氏族譜的記載顯然非常矛盾，譚氏族譜的很多說法應該是出自編造。如果譚氏的祖先是元初的廣東鹽課道提舉，元代的文獻不太可能沒有記載。如果譚氏的祖先是大官，他的夫人和兒子不可能突然遷到崖口。應該是譚姓在械鬥中失敗，搬到到新的地方，才更有必要編造祖先是官員的故事，來提高自己的地位。

段雪玉的觀點有一定道理，山場村的械鬥和元初的鹽民動亂這兩件事可能有關。但是我認為也不能簡單對應，因為譚姓在大德四年（1300年）之後才離開山場，已經在至元二十年（1283年）動亂之後的第18年。如果我們要把山場村民的口述故事和族譜、正史文獻對應，也沒有必要完全否定族譜的記載，更不能稱被元朝擒拿的人都被排擠出去。

顧、鄧都不是珠三角的常見大姓，動亂中的顧總統、鄧監軍很可能是南宋末年的官員，他們也被元朝招降，證明元初有不少北方來的南宋舊官繼續擁有一定地位。雖然南宋的官員未必喜歡蒙古人，但是元朝南下的官員也有很多漢族，所以南宋的官員很有可能最終選擇和元朝合作。

元初香山鹽場動亂的主體參與者應該是土著的鹽戶和疍民，但是他們未必在動亂之後獲得較高的地位，許寬等三十七人被擒拿就是一個證明。鹽戶和疍民的地位本來就不高，一旦動亂的領導者選擇和元朝合作，這些鹽戶和疍民就自然成為犧牲者。但是這些人不可能都被官府排擠出去，應該還是有很多人留下。譚姓等土著是在動亂之後很多年才被排擠，因為留下的南宋官員、移民在動亂都歸附朝廷，經過十幾年的經營，基礎穩固，形成了新的地域社會，所以才能在十幾年後排擠土著譚姓。

既然南宋遷來的移民很可能選擇和元朝合作，排擠土著。所以山場村民的移民排擠土著的傳說不太可能是編造，留下的人是移民的後代，他們沒有必要編造自己的祖先排擠土著的故事，他們也承認譚姓作為城隍爺的地位，譚、陸是典型的南方越人姓氏。總之，山場村的這個故事很可能確實有所依

〔註81〕段雪玉：《宋元以降華南鹽場社會變遷初探——以香山鹽場為例》，《中國社會經濟史研究》2012年第1期。

據，宋元時期存在南雄移民在珠三角排擠土著的故事。

我們不能籠統地概況歸附朝廷的人獲得在本地的生存權，而應該分析不同的人群。南宋的香山場有三個層級的人群：江南官員、南雄移民、嶺南土著。元初的香山場有四個層級的人群：元朝的華北新官、南宋的江南舊官、南雄移民、嶺南土著。元初的動亂，本質是新來到嶺南的北方民族王朝和原來的地域社會，發生了融合的衝突。一旦新的官員吸納了江南舊官，矛盾就得到緩解，地域社會獲得新的平衡。

南雄的移民比南宋的官員更加熟悉華南文化，但是又比珠三角沿海的土著鹽戶和疍民更熟悉中原文化，因此更容易和北方來的宋元官員合作。因為南雄的特殊地理位置，決定了南雄人更有能力在朝代鼎革和新的動亂中取得溝通北方官員和南方土著的特殊地位。當時的嶺南沿海鹽戶和疍民在文化上和江南、華北的距離很遠，很多人還不被看成是漢人。南雄移民從南宋的第二層級降到了元代的第三層級，他們也有和新的朝廷合作的動力。元朝才到嶺南，也有需要招徠不少南方的漢族而不是趕盡殺絕。

元初的嶺南內陸武裝勢力比沿海武裝更大，《元史・合剌普華傳》：「按察使脫歡大為奸利，遂奏罷之。群盜歐南喜僭王號，偽署丞相、招討，眾號十萬。因圖上其山川形勢，及攻取之策三十餘條，遂與都元帥課兒伯海牙、宣慰都元帥白佐、萬戶王守信等，分兵搤之。未幾，右丞唆都督兵征占城、交趾，屬護餉道。比至東莞、博羅二界中，遇劇賊歐、鍾等，橫絕石灣，其鋒銳甚。合剌普華身先士卒，且戰且行，矢竭馬創，徒步格鬥，殺數十人，勇氣益厲，以眾寡不敵，為所執。賊欲奉之為主，不屈，遂遇害於中心岡。」鍾是典型的客家姓氏，合剌普華成功制服沿海的武裝，但是死在東莞和博羅縣界，靠近客家人的地界，這是南雄移民不及之處。

因為東江流域的地域社會，從南宋到元初都缺少外來移民集團和外來官員集團，他們的地域社會性質更加單一，他們的宗族組織比香山沿海鹽戶、疍民的組織嚴密，所以他們和新的王朝衝突更大。

其實南雄移民南遷到珠三角固然是因為順流而下，但是他們最終選擇的地域以香山縣為主，正是因為三角洲有很多空地，而且土著的鹽戶、疍民沒有嚴密的組織。他們也可以選擇從廣州去東江流域或西江流域，但是這些地方原有的嚴密宗族組織阻礙他們的發展，所以他們不會選擇去東江和西江流域。

所以我認為香山鹽場故事的本質是反映了南雄移民在宋元之際嶺南地域社會構建中的重要作用,這也就解釋了南雄珠璣巷故事在珠三角越來越流行的一個重要原因。

八、珠璣巷故事不是明代編造

中國各地流行的移民傳說都有歷史依據,洪洞大槐樹代表明初山西移民,經過金元戰亂,華北平原人口大減,山西因為多山,保留人口較多,所以政府遷徙山西人到平原有實錄、方志、碑刻、地名的諸多證據。至今山西話不僅保留入聲,而且很多古音、古詞和吳語、閩語、客家話、粵語相通,所以被語言學家從北方話中分出為晉語。〔註82〕這樣不容否定的事實,竟有人撰文來否定,〔註83〕實在是為了反對而反對。這種極端疑古文章在方法上就很狹隘,研究移民史必須結合地名學、語言學等多學科,否則變成盲人摸象。

再如江蘇中部的蘇州閶門外移民傳說,其實集中在淮安、揚州府,不是江蘇北部而是江蘇中部,在淮河以北則以中原移民為主,在吳必虎繪製的地圖上非常清楚。〔註84〕如果我們看淮河岸邊的濱海縣,也很清楚,黃河故道沿岸的家族很多來自中原,而來自蘇州的家族集中在南部的射陽河流域。因為明初沿海多倭寇,所以此次政府組織江南移民到淮揚帶有海防性質。〔註85〕

雲南的南京楊柳巷移民傳說,其實是代表明初從江淮來的大軍,此前的雲南經過南詔、大理的割據,漢人不多,元代是蒙古人和回回人統治,漢人移民也很少。所以明初江淮士兵是現代雲南漢族的重要來源,昆明話有很多特點接近南京話。明初的甘肅和寧夏也有非常類似的移民,此前的西夏和元代漢人也很少,明初的移民也主要來自江淮士兵,所以蘭州人傳說祖先來自南京珠市巷。

根據分子人類學檢測,現在福建人的父系主要來自中原,母系以土著越人為主,而廣府人的父系和母系都以越人土著為主,珠三角很多人都是漢化

〔註82〕侯精一主編:《現代漢語方言概論》,第41~66頁。

〔註83〕趙世瑜:《祖先記憶、家園象徵與族群歷史——山西洪洞大槐樹傳說解析》,《歷史研究》2006年第1期。

〔註84〕吳必虎:《歷史時期蘇北平原地理系統研究》,華東師範大學出版社,1996年,第61頁。

〔註85〕周運中:《濱海史考》,江蘇鳳凰科學技術出版社,2016年,第85~88頁。

的越族疍民。〔註86〕珠三角很多族譜確實是明清以來編造，現在有些學者強調疍民族譜附會珠璣巷傳說。〔註87〕但是我們應該承認，這些附會的族譜不能否定南宋初年有從贛南、粵北的大規模移民潮到珠三角，如果沒有這些漢族移民，珠三角的疍民不會漢化，不會附會珠璣巷傳說。

譚棣華、劉志偉、井上徹都認為，珠璣巷故事是明代廣東非漢族漢化時為了獲得編戶而編造，很可能源自黃蕭養之亂後重編戶籍。〔註88〕這些看法有一個嚴重的缺陷，曾祥委已經指出，如果珠璣巷故事是珠三角疍民土著編造，為何偏偏把祖籍地選擇南雄珠璣巷呢？為何不選擇華北、河洛？不選擇江蘇、浙江？不選擇湖南、湖北？不選擇福建？曾祥委還指出，明代人編造自己是宋代難民對於他們獲得身份有何好處？如果要編造自己的漢族，要說自己有身份，為何不說是漢唐從長安、洛陽來到此地？可見這種說法根本說不通，在疍民附會珠璣巷移民之前，珠璣巷移民已經有很強影響。

有人既引曾昭璇的研究，承認珠江三角洲在宋元時期已有大規模的水利工程，又引用梁肇庭的看法，認為客家人16世紀遷入惠陽、博羅、海豐，18世紀遷到增城、東莞、新安等地，客家人在此時才成為一個族群，進而認為廣府人形成的關鍵期也在18世紀。〔註89〕

我認為這個觀點顯然非常錯誤，既然珠江三角洲在宋元已有大規模水利工程，就不能忽視宋元時期在廣府人形成史上的重要性。客家人在贛南、閩西形成，很晚才大規模南遷廣東，顯然不能把客家人的流當成客家人的源。在客家人沒有和廣府人大規模接觸之前，客家人和廣府人已經形成。所以這種觀點太過狹隘，把視野侷限在珠江三角洲，連江西、福建都沒有看到，更沒有看到整個東南和中國史。如此狹隘的視野既不能看清東南的歷史大勢，

〔註86〕金力：《寫在基因中的歷史》，收入韓昇、李輝主編《我們是誰》，復旦大學出版社，2011年，第95頁。李輝：《分子人類學所見歷史上閩越人群的消失》，《廣西民族大學學報（哲學社會科學版）》2009年第2期。

〔註87〕蕭鳳霞：《宗族、市場、盜寇與蛋民：明以後珠江三角洲的族群與社會》，《中國社會經濟史研究》2004年第3期。

〔註88〕譚棣華：《從珠璣巷史事聯想到的問題》，《廣東歷史問題論文集》，臺北：稻禾出版社，1993年。劉志偉：《附會、傳說和歷史真實》，《中國譜牒研究》，上海古籍出版社，1999年，第155～160頁。〔日〕井上徹著、王標譯：《中國的系譜和傳說——以珠璣巷傳說為線索》，《傳統中國研究集刊》第二集，上海人民出版社，2006年。

〔註89〕科大衛著、卜永堅譯：《皇帝和祖宗——華南的國家與宗族》，江蘇人民出版社，2010年，第60～68頁。

也不能看清東南每一個區域的歷史真相。

我認為,這些認為珠璣巷故事是明代編造的文章,不看嘉靖《南雄府志》記載紹興人口外遷,不看香山縣正是紹興二十二年設置,不考察宋代紹興時南雄和周邊地區的戰亂,不看粵語和江西話的密切聯繫。井上徹的文章強調的是明代珠江三角洲周邊山地的漢化,這和珠三角中心的漢化是兩回事。珠三角中心的漢族在明代向廣東山地遷徙,正是因為宋元時期的珠三角已經漢化。明代疍民附會珠璣巷傳說,不能證明珠璣巷移民不存在。用疍民附會珠璣巷來論證珠璣巷移民不存在,邏輯上就非常荒謬。嘉靖《廣東通志》引《南雄府圖經》說廣州人自稱珠璣巷子孫,顯然不可能是正統年間黃蕭養之亂後編造,這麼短的時間內編造的傳說就能流行嗎?

廣東的漢化和珠三角的漢化是兩回事,廣東的漢化是明代才完成,但是珠三角的漢化則是明代之前完成。明代中期珠三角周圍山地的漢化進程才開始加速,景泰三年(1452年)設順德縣,成化十四年(1478年)設高明縣、恩平縣,弘治二年(1489年)設從化縣,六年(1493年)設龍門縣,十二年(1499年)設新寧縣(今台山),嘉靖五年(1526年)設三水縣,三十八年(1559年)設廣寧縣,萬曆元年(1573年)設新安縣,四年(1576年)設西寧縣(今鬱南)、東安縣(今雲浮),永曆三年(1649年)設開平縣。康熙二十四年(1685年)設花縣,雍正十年(1732年)設鶴山縣,嘉慶十八年(1813年)設佛岡廳。這些地方都在珠三角的周邊,不是在珠三角,必須嚴格區分。

如果我們到珠三角實地考察,就會發現宋代建的村落和明代建的村落,差別很大。我到番禺石樓鎮實地考察,發現大嶺村是宋代建立,其東北緊鄰的隆教村是明代建立,隆教村的居民基本都是莊姓,祖先據說在宋代從福建遷居東莞,明代才遷來隆教建村。隆教村的規模比大嶺村要小很多,而且更靠近海口,現在潮汐每天還能影響到隆教村前的河流。大嶺村在一座稍高的山的西側,故名大嶺,而隆教村在大嶺村東北部的一座小山的東側。宋代的珠江三角洲比現在小很多,海潮的影響更大。所以宋代人在大嶺的西部建村,躲避海潮。經過幾百年沙洲的淤積,隆教村可以建在小山的東側朝向海口的地方。我在大嶺村考察時發現,這裡也流行珠璣巷的傳說,不過版本又有不同,珠璣在傳說中變成了人名。我認為正是因為珠璣巷傳說形成的歷史非常久遠,所以出現了很多版本。如果是很晚的編造,不太可能出現很多版本。

從村落的位置和規模很容易分辨宋代和明代移民,如果認為廣府人在明

代才形成,就無法解釋村落之間的顯著差異。以上僅是一個很小地域範圍內的例子,如果我們選取珠江三角洲所有村落或更多的村落,做一個詳細的考察,或許能得出更好的結論。

　　總結上文,南宋初年南雄珠璣巷移民到珠三角的傳說有充分的歷史依據,不僅不可能是明代編造,也不可能是宋元時期編造。南宋時期的移民加速珠三角的開發和漢化,對珠三角的歷史影響很大。

番禺石樓鎮隆教村、大嶺村位置圖

番禺大嶺村的陳氏祠堂

第九章　從瓷業變遷看東南歷史

　　因為中國人發明了瓷器，所以外國人也稱瓷器為 China，瓷器是海上絲綢之路的重要商品。現在考古發現最早的瓷器出現在閩南，但是漢唐時期瓷業的中心卻是在北方和長江流域。五代時期，長江流域的瓷業因為戰亂衰落。宋代南方的瓷業中心向東南沿海轉移，但是最著名的瓷業中心仍然以北方為多，五大名窯有四個（官、汝、定、鈞）在北方，北方還有磁州、耀州、邢州等名窯。金元時期，北方的汝、鈞、耀、定等窯衰落，南方的建窯衰落，景德鎮和龍泉窯興起。明代的海禁導致龍泉窯衰落，泉州、漳州窯因為有走私渠道而興盛。廣東在此前未產生著名瓷器，清代才有廣東的廣彩興起。

　　可見瓷業雖然在東南產生，但是重心一度北移到華北。瓷業的興衰深受政治、經濟等因素影響，因此我們可以通過瓷業的變遷來考察東南歷史。

一、東南的原始瓷

　　2015 年，福建永春縣介福鄉紫美村苦寨坑和緊鄰的德化縣三班鎮遼田尖山發現了 3700～3400 年前的原始瓷窯群，是目前發現最早的瓷窯。證明原始瓷可能是從福建向江西、浙江傳播，閩北的浦城發現商代的龍窯。歷史上的福建還有福州懷安窯、洪塘窯、閩清義窯、青窯、連江浦口窯、寧德窯、莆田莊邊窯、晉江磁灶窯、南安南坑窯、安溪窯、同安汀溪窯、建州窯、武夷山遇亭林窯、漳州窯、將樂窯、茶洋窯、松溪窯、浦城大口窯、邵武四都窯等很多著名瓷窯，瓷器大量外銷到世界各地。

　　江西鷹潭東郊的角山村板栗山遺址發現現存夏、商時代最大的窯場，面積超過 7 萬平米，持續時間三四百年，是上古持續時間最長的窯場，發現完

整或可復原的陶瓷器 3000 件，碎片幾十萬件，是最早的商品性窯場，是率先同時使用龍窯和馬蹄形窯等先進窯爐的窯場，是最早首先混合使用高嶺土和普通黏土為原料的窯場，陶瓷上發現符號 2359 個。發現很多製作的器物，能夠復原完整的製造流程。角山窯場靠近高嶺土礦，周圍的丘陵有豐富的林木作為燃料。又靠近信江，有發達的水運條件，燒造的商品不但在鄰近的江西、福建、安徽境內使用，還遠銷到湖北、湖南等地。這就證明了江西的陶瓷業不是宋代景德鎮窯、吉州窯、南豐窯崛起才繁榮，而是有悠久的基礎。

鷹潭角山出土的帶符號陶瓷片

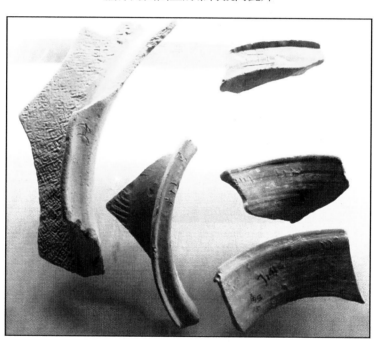

鷹潭角山出土的陶墊、陶拍

鷹潭角山出土的原始瓷

鷹潭角山出土的陶器

　　浙江德清、紹興、上虞、蕭山出土很多商周時期的原始瓷器，有些是採用越地傳統器物造型和花紋，有些是仿造中原青銅禮器造型，反映了中原文化和南方文化的融合。

德清皇墳堆出土西周原始瓷器

二、浙江瓷業的發展

　　雖然現在發現的最早原始瓷在閩南，但是長江流域的人口更多，浙江更靠近長江流域龐大的市場和六朝政治中心，瓷器生產量更大，創新更快，所以六朝時期瓷業的中心在浙江。

　　這就好像華南的竹子比北方多很多，但是上古的華南未能發展出簡牘，簡牘是在缺乏竹子的中原大量出現，因為上古華南的社會發展進程遠遠不及中原，不可能出現大量簡牘。

　　又像華南有很多野生稻，但是最早的農業也不是在華南的南方出現，而是在華南的北部和長江流域交界處出現，現在考古發現最早的水稻都是在南嶺和江南，比如桂林甑皮岩遺址、江西萬年縣仙人洞遺址。這是因為華南的

食物豐富，也不存在冬天，所以不需要存儲很多糧食，缺乏發展農業的動力。
因為桂林之北的湘桂谷地非常開闊，可以開挖靈渠，所以桂林氣候接近長江
流域，南宋范成大《嶺外代答》卷四《廣右風氣》指出桂林氣候與江浙類似，
《雪雹》指出桂林有雪，引杜甫的詩《寄楊五桂州譚》云：「五嶺皆炎熱宜人
獨桂林。梅花萬里外，雪片一冬深。」

　　歷史上浙江慈谿和上虞等地的越窯、台州窯、婺州窯、甌窯、龍泉窯、
杭州官窯等瓷窯，對海外各地特別是日本、韓國等國文明產生重要影響。南
朝時越瓷已經銷往海東，唐代朝鮮半島出現的高麗青瓷技術也是來自浙江越
窯。

寧波博物館藏奉化白杜西晉墓越
窯鳥形杯

浙江博物館藏東晉甌窯牛形燈盞

浙江博物館藏東晉德清窯黑釉雞首壺

西晉婺州窯羊首壺

　　六朝時期，浙江各地的越窯蓬勃發展。南朝晚期，受到江南戰亂的影響，浙東的越窯未有重大進展。但是越窯因為六朝時期的江南移民，分布到了泉州、深圳、桂林、象州、藤縣等地。唐代越窯再次興盛，甌窯從沿海向內陸發展，婺州窯也很興盛。

　　唐代浙東的越窯出現了秘色瓷，唐代陸龜蒙《秘色越器》詩云：「九秋風露越窯開，奪得千峰翠色來。」晚唐徐夤《貢餘秘色茶盞》詩云：「捩翠融青瑞色新，陶成先得貢吾君。巧剜明月染春水，輕旋薄冰盛綠雲。」我認為秘色的秘不是指神秘、保密，而是碧的訛誤，讀音接近。從唐代人的詩來看，秘色就是碧綠色。如果是配方保密，就應該叫秘方瓷、秘釉瓷，而不是秘色瓷，顏色談不上神秘可言。1973 年寧波和義路碼頭出土了一批唐代的精美越窯瓷器，應該是外銷瓷。1987 年陝西扶風法門寺佛塔的地宮出土了13 件精美越窯瓷器，同時出土的《衣物賬》注明是：「瓷秘色碗七口，內二口銀棱。瓷秘色盤子、疊（碟）子，共六枚。」這為秘色瓷的鑒定提供了標準，有專家認為此前蘇州虎丘塔發現的青釉蓮花碗很可能也是秘色瓷。

寧波和義路出土唐代越窯荷葉盞托　　　　　　　　　荷葉碗

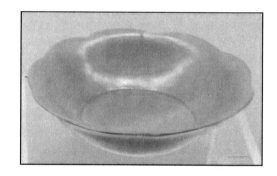

寧波和義路出土越窯瓜棱執壺　　　　　　　敞口瓶

　　寧紹的越窯在北宋中期衰落，瓷業向浙南的龍泉轉移。此時浙東乃至全國的經濟、文化都很繁榮，有人認為越窯衰落的主因是瓷土的耗竭，[註1] 也有人認為越窯衰落的原因是浙東農業發展導致染料短缺和工資上升，浙南、福建和北方名窯的競爭是外因。[註2] 越窯的衰落可能有很多原因，可能還有社會原因，寧波在宋代科舉持續繁榮，可能導致更多的人選擇其他產業，使燒窯這樣體力繁重的產業向浙南和福建等地轉移。

　　宋代五大名窯是官、汝、哥、定、鈞，南宋官窯現在已發現餘姚、杭州郊壇下、老虎洞修內司窯等遺址，餘姚官窯在紹興前期，修內司窯時代較晚。哥窯早期謎團重重，傳世哥窯以米黃色、灰青、淺灰青色為主，有典型的開片紋，大小結合的紋片呈現黑色或黃色，俗稱金絲鐵線。我認為哥窯就是官窯，因為在江淮話和北部吳語中，官、哥是同音字，都讀 gu。杭州南宋官窯也有開片紋，也有月白、粉青、米黃色，風格非常類似。元代孔齊《至正直記》：「乙未冬在杭州時，市哥哥洞窯者一香鼎，質細雖新，其色瑩潤如舊造，識者猶疑之。會荊溪王德翁亦云，近日哥哥窯絕類古官窯，不可不細辨也。」據此則哥窯是元代人仿造南宋官窯，明代上海人陸深《春風堂隨筆》：「哥窯，淺白斷紋，號百圾碎。宋時有章生一、生二兄弟，皆處州人，主龍泉之琉田

〔註1〕徐定寶：《越窯衰落的主因》，《復旦學報》社會科學版，2002 年第 6 期。
〔註2〕白亞松：《試析越窯衰落的原因》，《陶瓷學報》2011 年第 2 期。

窯，生二所陶青器純粹如美玉，為世所貴，即官窯之類，生一所陶者色淡，故名哥窯。」據此則哥窯在處州龍泉，今人 1956 年以來在龍泉大窯、溪口確實找到了哥窯的窯址，但是哥窯的金絲鐵線器尚未找到窯址，這類器物僅在兩岸的故宮博物院和上海博物館等很少地方收藏，又被稱為傳世哥窯。1964 年上海矽酸鹽研究所檢測故宮博物館的傳世哥窯，發現其化學成分與龍泉窯不同。因此有人認為哥窯的金絲鐵線器出自南宋或元代的杭州官窯，而龍泉哥窯是元代人仿造南宋官窯。

也有人認為南宋官窯可能是模仿龍泉的哥窯，我認為不太可能，因為南部吳語的官、哥不同音，哥窯源自哥哥的傳說顯然是民間晚出的傳說。官窯的技術高超，有可能吸收民窯技術，但是不可能因為民窯的技術而改名。所以五大名窯既可以看成是四大名窯，但是也反映了元代龍泉窯的崛起。

上海博物館藏南宋哥窯葵口盤　　　　浙江博物館藏南宋餘姚官窯青瓷瓶

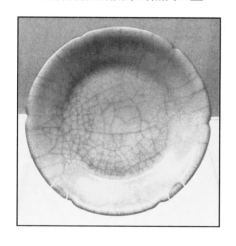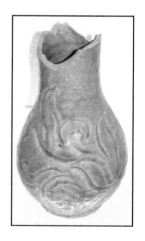

上海博物館藏杭州郊壇下官窯雙耳爐

　　宋代婺州鐵店村窯是東南罕見仿造鈞瓷的窯口，元代婺州窯衰落，而龍泉窯異軍突起，反映了中國經濟重心向東南沿海的移動和宋元海外貿易的發展。元代龍泉瓷受到草原藝術的影響，常有模仿金銀器的貼塑。龍泉窯的一些大盤，是為了適應穆斯林的飲食習慣而燒製。雖然寧波、紹興的越窯在宋元時期衰落，但是福建新興的諸多窯口在早期其實都是受到浙東窯口的影響產生。明初因為實行嚴厲的海禁，導致不靠海的龍泉窯很快衰落。

　　衢州的江山縣因為靠近景德鎮，受到景德鎮的影響，改燒青花瓷。很多龍泉人遷到江西弋陽縣，帶來了龍泉瓷業，嘉靖三十九年（1560 年）創建了興安縣，縣城是橫峰鎮，1914 年改名橫峰縣。《興安縣志》：「興安縣，古為信之橫峰市鎮。國初，徙處州民居其地，世以陶碗為業⋯⋯ 興安舊為弋陽橫峰地⋯⋯元末多江浙處（州）人居之，以陶冶為生。成化、弘治間，利源日開，生齒日盛。」《江西通志》：「弋陽太平鄉有瓷窯，初以處州民瞿志高等創建。後民饑為亂，嘉靖間即橫峰鎮地，改立興安縣，窯遂廢。」成化、弘治時，全國社會經濟有重大轉變，海外貿易也開始日益興盛，橫峰縣因此得以設立。

上海博物館藏元代龍泉窯貼花雲鳳紋瓷盤

浙江博物館藏元代龍泉窯船形硯滴

台州博物館藏北宋黃岩沙埠窯葫蘆
青瓷壺

溫嶺大溪窯褐彩牡丹紋執壺

三、長江中上游瓷業的發展

漢代岳陽已經出現青瓷窯，晚唐發展為長沙窯，通過長江水路集中到南方最大的海港城市揚州，通過揚州銷往海外。為了迎合穆斯林的需要，出現很多阿拉伯文和伊斯蘭教藝術、南亞藝術等圖案。唐代還出現使用西亞鈷料的青花瓷，長沙窯瓷器的另外兩大特色是創造了釉下多彩和書寫詩文，開創了詩書畫結合裝飾瓷器的先河。因為揚州在晚唐的軍閥混戰中被徹底摧毀，所以長沙窯也就隨之衰落。長沙比江西更遠離海洋，但是長沙窯卻與揚州緊密聯繫，這可能是因為湖南更靠近唐朝的核心之地陝西、河南，晚唐大量北方人南遷到湖南，使得長沙窯有實力興起。

江西豐城的洪州窯在東漢興起，以青瓷為主，顏色偏黃。南朝已經創造出匣缽、扣燒技術，隋代已經創造出玲瓏瓷，對後世產生重大影響。唐代達到鼎盛，五代因為戰亂而衰亡。

吉州窯在宋代興盛，元代衰落。以樹葉、兔毫、玳瑁、鷓鴣斑、花卉紋等動植物與山水花紋為特色，創造了剪紙、貼花等技法和開光圖案，對明清的青花瓷產生重要影響。

宋代北方定州窯的芒口覆燒和支圈覆燒技術推廣景德鎮的青白瓷而傳播到東南各地，磁州窯的白底黑花對吉州窯、泉州磁州窯、婺州窯和雷州窯等窯口產生了影響。

上海歷史博物館藏松江經幢出土唐代青花瓷碗　　唐代長沙窯遺址出土綠釉罐

　　景德鎮窯在唐、宋已經興盛，元、明、清時期因為燒製的瓷器異常精美而成為全國瓷業的中心。元代整個長江流域的瓷窯普遍衰落，瓷業的重心向東南沿海移動，但是景德鎮卻一枝獨秀。元代創造出釉裏紅，恢復使用西亞的鈷料，重新開創青花瓷，明代創造出鬥彩，元明時期生產很多帶有阿拉伯文化和伊斯蘭藝術風格的瓷器，成為名副其實的瓷都。

陽江廣東海上絲綢之路博物館藏南宋景德鎮窯系青白釉嬰戲刻紋碗

明代景德鎮龍紋青花瓷盤　　　　　阿拉伯文青花瓷板

唐代長沙窯遺址出土青釉褐彩詩文　上海博物館藏宋代吉州窯玳瑁紋執
瓷壺　　　　　　　　　　　　　　壺

　　重慶的塗山窯分布在今巴南、榮昌、合川、涪陵等地，塗山窯和四川的
廣元窯受到吉州窯、建州窯、耀州窯的影響，以黑釉為主，也有自己的特色。
北宋出現，南宋鼎盛，因為南宋末年的戰爭而衰亡。

　　隋唐時期的壽州窯也很興盛，窯址在今淮南市境內。唐代壽州是江淮去

兩京的中路，但是代宗大曆末年，因為蔡州軍閥割據，使中道堵塞，〔註3〕壽州窯在唐末戰亂中衰亡。

四、福建瓷業的發展

　　南朝到唐代的福建瓷窯主要仿照越窯，又被稱為粗製青瓷。唐代福州懷安窯已經外銷到日本等地，此時福建的瓷窯主要使用落後的支釘和托座等裝燒工具，但是唐代廈門杏林窯發現了匣缽，反映唐代福建沿海經濟的迅速發展，廈門的匣缽技術很可能來自江西的洪州窯或浙江的越窯，反映此時福建的技術仍然不及江西和浙江。宋代福建因為經濟、文化的地位迅速上升，瓷器也脫胎換骨，異彩紛呈，規模激增，大量銷往海外各地。此時的青瓷仍然仿造龍泉窯，青白瓷受景德鎮影響。但是建州黑釉瓷和德化青白瓷，逐漸形成本地特色，形成建州、泉州、福州三大窯系。建窯的龍窯最長可達 135 米，是宋代最長的龍窯。建窯在唐代出現，王閩到北宋時期建窯的大發展和武夷山向皇家貢茶有直接關係。宋元時代福建龍窯從分室龍窯發展為階級窯，建陽南宋白馬前窯址和德化元代屈斗宮窯址都發現了階級窯。

　　宋代德化瓷的很多非常小的瓶子，是輸出到海外特別是西亞，供西亞人裝香水（薔薇水）或香料。晉江磁灶窯的綠釉盤的圖案，明顯帶有伊斯蘭藝術風格。建州窯的黑釉瓷器，深受日本人的歡迎，所謂的天目碗在日本茶道中有較高地位。德化窯、磁灶窯生產的軍持，源自梵文的水瓶 knudikā，最初是佛教儀式使用，後來也被用於其他場合。

　　元代福建瓷業比宋代有所衰落，明清福建的瓷窯數量僅有宋元的一半，閩清義窯因為海禁而在明代中期衰落。但是德化窯和漳州窯則因為海外貿易而比前代興盛，明代漳州首先發展出橫室階級窯，明末清初傳到德化、廣東、香港、海南等地，日本 18 世紀末出現的橫室階級窯應該也是來自福建。

　　漳州窯和潮州窯受到景德鎮的影響，大量燒製青花瓷，又有素三彩、五彩、米黃釉等新品種。漳州窯的瓷器在海外曾被誤稱為汕頭瓷 Swatow，現在仍有人使用這一名稱。漳州窯瓷器大量銷往南洋穆斯林地區，瓷器上出現很多伊斯蘭藝術圖案和阿拉伯文。漳州窯的大盤如同元代龍泉窯的大盤，也是為了適應穆斯林的飲食習慣而燒製。

〔註3〕〔唐〕陳鴻：《廬州同食館記》，《全唐文》卷六一二。

福建博物院藏建甌水西放生池南朝墓出
土青釉蓮紋瓷盞

廣東博物館藏陽江出水南宋閩
清義窯青白釉刻花瓷碗

北宋將樂縣萬全窯青白釉蟠龍蓋罐

德化博物館明代蟠龍白瓷瓶

廈門博物館宋代汀溪窯青釉碗

陽江出水南宋磁灶窯印花葵口盤

元代磁灶窯

宋代南坑窯的軍持

香港大學博物館藏宋元南平茶洋窯黑瓷碗

南宋江西南豐窯梅花冷月紋碗

香港大學博物館藏南宋吉州窯竹葉紋黑釉碗

建陽窯黑釉兔毫碗

宋代塗山窯

廣元窯瓷碗

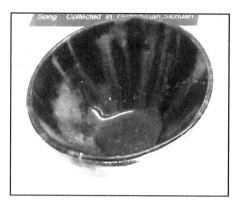

南靖東溪窯的橫室階級窯

吉隆坡伊斯蘭藝術博物館藏明代漳州窯阿拉伯文彩瓷盤

吉隆坡伊斯蘭藝術博物館藏明代漳州窯中國山水與阿拉伯文開光青花瓷盤

五、嶺南瓷業的發展

廣東的瓷業發展較晚，唐代窯址分布在潮州、梅州、高明、廉江、遂溪、新會、佛山、南海、雷州、湛江等地，南漢的官窯在今南海。宋代窯址主要分布在潮州、梅州、惠州、廣州、佛山、高州、鬱南、封開、廉江、遂溪、陽江、韶關等地，工藝和品種遠超唐代，以青白瓷為主。西部和南部的瓷業有明顯發展，源自外來移民。唐代廣東窯型以饅頭窯和龍窯為主，宋代出現階級窯。明清時期廣東窯址分布在 35 個縣市，達 400 多座。佛山的石灣窯最有特色，仿製南北名窯，生產很多美術和建築陶瓷，產品銷售到海內外。饒平、大埔和高州窯，主要燒製民用白瓷和外銷青花瓷。惠陽和惠東窯，大量仿造龍泉青瓷。梅州和廉江窯，主要燒製民用青瓷和白瓷。香港大埔村的碗窯在明末出現，清中期興盛，1930 年代停止。

廣西瓷業在南朝晚期興起，此時湖南湘陰的窯工在桂林南郊建立瓦窯。唐代欽州東場鎮東場窯、合浦縣山口鎮英羅窯、北海南康鎮晚姑娘窯都以青瓷為主，容縣窯比沿海三地晚，產量也比較少。有學者認為廣西沿海瓷業在盛唐興起，晚唐衰落，因為廣州壟斷了海外貿易權。〔註4〕

宋代廣西瓷業最興盛，現在發現的廣西古代瓷窯以宋代最多。永福縣永福鎮的窯田嶺窯在宋代興起，以青瓷為主，花紋和釉色受到耀州窯影響，也有人認為受到廣州西村窯的影響。宋代興安縣嚴關鎮以青瓷為主，也有黑釉、玳瑁釉。藤縣的中和窯在晚唐興起，宋代以青白瓷為主。宋代容縣城關的瓷窯以青白瓷為主，容縣東部的瓷窯以綠釉為主，花紋接近耀州窯。容縣城關窯和永福縣窯田嶺窯，出現了一次燒成的高溫銅紅釉和銅綠釉產品，高溫銅紅釉在唐代長沙窯已經出現，但永福窯更加進步，而且是宋代燒製瓷腰鼓的最大窯場，〔註5〕磁州窯、定窯、景德鎮窯等有二次燒成的低溫綠釉瓷。北海市和合浦縣，發現多處唐代、明代的青瓷窯址和清代的青花瓷窯址。〔註6〕浦北縣小江窯可能是明末清初江西窯工建立，清代產品銷往海外，延續至今。〔註7〕2016 年，南寧三岸村發現明清窯址。

〔註4〕周華、李鏵：《廣西唐代青瓷窯的興衰》，《廣西博物館文集》第十輯，廣西人民出版社，2014 年。

〔註5〕劉家毅：《論永福窯田嶺窯銅紅釉器和腰鼓的歷史價值》，《廣西博物館文集》第八輯，廣西人民出版社，2012 年。

〔註6〕李世佳、袁俊：《廣西合浦縣白沙古瓷窯的新發現及其相關問題》，《廣西博物館文集》第十二輯，2015 年。

〔註7〕廉世明：《浦北小江窯初探》，《廣西博物館文集》第九輯，廣西人民出版社，

　　我認為，晚唐廣西沿海瓷業的衰落，可能是因為晚唐廣西和安南的長期戰亂，影響了產地和銷路，詳見本書第七章第五節。唐代不存在廣州壟斷海外貿易權的問題，此時未嚴格限定貿易港。宋代永福縣瓷業的忽然興起，可能源自晚唐五代的湖南或中原移民帶來的技術。

　　有學者提出，宋代桂東北的青瓷技術來自湖南，桂東南的青白瓷技術來自廣東的客家移民。〔註8〕也有學者認為桂平窯在北宋前期興起，北流嶺垌窯在北宋晚期興起，浦北縣土東窯在南宋晚期，這三地的青白瓷受到景德鎮湖田窯的強烈影響，宋代廣西瓷業的興盛源自發達的海外貿易，廣西的外銷瓷以青白瓷為主。〔註9〕我認為景德鎮的技術可能通過廣東影響到廣西，但是宋代客家人尚未大舉移民廣西，今天桂東南仍然是粵語為主，宋代也可能是廣府人帶來瓷業技術。

廣東博物館藏 1999 年菲律賓棉蘭老島布土灣出土北宋西村窯青釉刻花盤

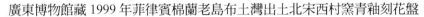

　　　　2013 年。
〔註8〕吳輝：《廣西宋代瓷窯格局探析》，《廣西博物館文集》第十一輯，廣西人民出版社，2014 年。
〔註9〕四川大學考古學系、廣西文物保護與考古研究所：《廣西北部灣地區宋代窯址調查》，《東南文化》2018 年第 4 期。

廣東博物館藏唐代梅州水車窯青釉
魚形壺

宋代潮州筆架山魚形壺

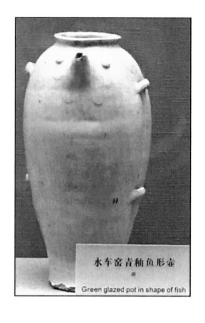

廣西博物館藏藤縣中和窯宋代摩羯水波紋碗模和瓷碗

香港歷史博物館藏大埔碗窯遺址出土清代瓷碗

廣東省博物館藏元代海康窯釉下褐彩
荷蓋罐

北京故宮博物院藏明代佛山窯貼塑
螭龍紋方瓶

　　由於清代的通商口岸集中在廣州和澳門，所以出現了廣彩，即在景德鎮
運來的白瓷上用西洋畫法繪製外國人喜歡的彩圖，在廣州再次燒成外銷。廣
彩圖案絢麗，圖案有東方風物、西洋徽章、海船商行等。廣彩是清代瓷業走
向近代化的寫照，為傳統瓷業的晚霞留下了濃墨重彩的一筆。

廣東博物館藏清代廣彩歐洲徽章紋　　　　　　　　廣州商販紋瓷盤

廣東博物館藏清代廣彩西洋商船紋瓷碗

清代廣彩山水畫蚌殼形盤

六、瓷業與東南史

　　瓷業雖然在東南產生，但是因為上古的華南社會發展進程遠遠不及長江流域和黃河流域，所以漢唐時期的瓷業中心不在華南。唐代因為經濟和文化中心北移，使瓷業的重心也大幅北移。

　　直到北宋，著名瓷窯和最精品的瓷器仍然主要分布在北方，顯然是因為此時北方的經濟仍未完全衰落，政治中心也一直在北方。金元時期華北的多數瓷窯衰落，反映了北方經濟的衰落。

　　晚唐長江流域的一些瓷窯發展也和北方移民有關，宋代北方瓷窯的很多技術仍然比南方先進。吉州窯、長沙窯、壽州窯在晚唐戰亂中衰落，龍泉窯在明初海禁中衰落，證明瓷業和政局息息相關。

　　唐代福建的瓷業技術仍然不及浙江和長江流域，嶺南則更差。唐代福建瓷器仍然以仿造浙江越窯為主，宋代福建和嶺南的瓷業技術仍然受到江西和浙江的強烈影響。但是宋代福建瓷窯規模和瓷器品種勃興，這和福建在全國地位的勃興完全吻合，此時嶺南的瓷業雖然也有很大發展，但是仍然遠遠不及福建。宋代福建已經基本漢化，但是嶺南尚未完全漢化，宋代嶺南的經濟和文化地位遠遠不及福建，所以瓷業也能反映宋代福建和嶺南在全國地位的差異。

　　越窯在北宋衰落，龍泉窯在宋元時期持續繁榮，龍泉窯雖然在浙江，但是很多是通過福建出口海外。龍泉窯的興起，反映了元代東南的經濟和文化重心進一步向東南沿海移動。元代吉州窯、建州窯衰落，明代龍泉窯、福州窯衰落，明代瓷業的重心又向東南沿海移動。

　　明末清初，閩南因為鄭成功引領反清復明的風潮而受到嚴重摧殘，清代通商口岸集中在廣東，閩南不再是海外貿易的中心，導致漳州窯在清代衰落，廣彩在清代崛起。清末因為受到外國瓷業的衝擊，德化窯、景德鎮窯、磁州窯也衰落了，至此古代的南北名窯多已衰落。

　　我們從瓷業的變遷中明顯可以看到中國政治、經濟和文化中心的轉移，看到北方技術曾經對南方有重要影響，看到長江流域技術曾經對東南沿海有重要影響，看到清代福建瓷業的衰落和廣東瓷業的興起。

第十章　東南各地政區設置和
開發高潮期

前面說過，譚其驤從浙江政區設置來考察開發過程的思路值得發揚光大。我認為尤其要注意縣的設置，因為縣是中國歷史上最穩定的政區，一個地方設縣之前，首先要有深入的土地開發，出現激烈的社會矛盾，才需要設縣來解決紛爭，達到新的社會平衡。因為縣的設置，是一個地方社會成熟的標誌。

一、江蘇、安徽設縣高潮期的不同

江蘇、安徽在明代是南直隸，清代分成兩個省，江蘇、安徽在戰國秦漢時設的縣：

1. 江蘇有 24 個：廣陵（今揚州）、彭城（今徐州）、沛、豐、下邳（今邳州）、朐（今連雲港）、贛榆、鹽城、高郵、平安（今寶應）、盱眙、淮陰、海陵（今泰州）、下相（今宿遷）、陽羨（今宜興）、無錫、毗陵（今常州）、吳（今蘇州）、婁縣（今崑山）、曲阿（今丹陽）、丹徒、句容、秣陵（今江寧）、溧陽。

2. 安徽有 21 個：歙、黟、海陽（今休寧）、宛陵（今宣城）、廣德、涇、石城（今貴池）、歷陽（今和縣）、合肥、壽春（今壽）、全椒、松滋（今宿松）、居巢（今巢湖）、六安、譙（今亳州）、蕭縣、夏丘（今泗）、皖（今潛山）、汝陰（今阜陽）、鍾離（今鳳陽）、廬江（今舒城）。

設於魏晉南北朝的縣：

1. 江蘇 6 個：西晉兩個：海虞（今常熟）、暨陽（今江陰）。東晉兩個：

六合、山陽（今淮安）。南齊：漣水。梁：沭陽、漣水。集中在東南海岸和江岸、沿淮地區。

2. 安徽 7 個：東晉兩個：清流（今滁州）、望江。劉宋：太湖。蕭梁、北魏四個：同安（今懷寧）、霍丘、定遠、渦陽（今蒙城）。

設於隋唐時的縣：

1. 江蘇 2 個：溧水（隋代），金壇（隋末），集中在西南丘陵地區。

2. 安徽 14 個：穎上（大業二年 606 年）、含山（長安四年 704 年），永陽（景龍三年 709 年，今來安）、舒城（開元二十三年 735 年）、婺源（開元二十六年）、千秋（開元二十九年，今天長）、青陽（天寶元年）、寧國（天寶三年）、太平（天寶四年）、至德（至德二年 757 年）、旌德（永泰元年 765 年）、祁門（永泰元年）、石埭（永泰元年）、績溪（大曆二年 767 年）。

設於楊吳、南唐、吳越、北宋的縣：

1. 江蘇 6 個：吳江（吳越天寶二年 909 年），興化（楊吳武義），泰興（南唐昇元三年 939 年），如皋（南唐保大十年 952 年），靜海（後周顯德中 958 年，今南通），海門（後周顯德中），集中在長江三角洲。

2. 安徽 6 個：繁昌（南唐）、銅陵（保大）、蕪湖（南唐）、無為（太平興國三年 978 年）、建平（端拱元年 988 年，今郎溪）、靈璧（元祐元年 1086 年）。

金、南宋：江蘇設睢寧縣（興定三年，元初廢，至元十二年復置）。安徽設 2 縣：五河（咸淳七年 1271 年）、懷遠（寶祐五年 1257 年），都是戰爭原因。

元代：江蘇設桃園縣（金興定二年 1218 年析宿遷置淮濱縣，元光二年 1223 年廢，元至元十四年 1277 年復置，今泗陽）、上海縣（至元二十八年）。安徽至治三年（1323 年）置潛山縣。

明代江蘇設 4 縣：江浦（洪武九年 1376 年），高淳（弘治四年 1491 年），太倉州（弘治十年），靖江（成化七年 1471 年），集中在長江三角洲和湖區。安徽弘治二年設霍山縣。

設於清代的縣：

1. 江蘇 8 個：奉賢、金山、南匯（均雍正二年 1724 年）、川沙廳（嘉慶十七年 1812 年）、東臺（乾隆三十二年 1767 年），阜寧（雍正九年），揚中（光緒三十年 1904 年）。

2. 安徽 2 個：鳳臺（雍正九年）、渦陽（同治三年）。

1911 年以後設立的縣：

1. 江蘇 16 個：灌雲（1912）、啟東（1928）、海安（1940）、如東、濱海（1941）、射陽（1942）、大豐（1943）、新沂（1949）、洪澤、邗江（1956）、灌南（1958）、金湖（1960）、張家港（1962）、響水（1966）。集中在沿海平原、西部湖區和長江沙洲。

2. 安徽 13 個：金寨（1932）、嘉山（1932）、臨泉縣（1934）、岳西（1936）、界首（1947）、樅陽（1947）、阜南縣（1948）、肥西（1949）、肥東（1949）、濉溪縣（1950）、固鎮（1964）、利辛縣（1964）、長豐（1964）。集中在皖西和合肥地區。

比較江蘇、安徽，戰國秦漢的縣數相仿，魏晉南北朝新設的縣數也相仿，唐代安徽新設的縣遠超過江蘇，主要在南部山地。宋元新設的縣，也相仿。但是明清新縣，江蘇遠遠超過安徽，因為江蘇沿海平原大幅擴展，新縣主要在沿海新成陸的平原。

吳國原與中原隔絕，魯成公七年（吳壽夢二年、楚共王七年，前 584 年），晉國為對抗楚國，扶植吳國，春秋吳王名號仍然難懂。戰國時期，越滅吳，楚滅越。又分封春申君治吳縣，大量楚人遷居吳地，這是吳地第一次大規模漢化。秦滅六國，大量中原人南逃，項羽一家從下相縣（治今宿遷市）遷吳縣。《史記・貨殖列傳》說：「彭城以東，東海、吳、廣陵，此東楚也。其俗類徐、僮。朐、繒以北，俗則齊。浙江南則越。夫吳，自闔廬、春申、王濞三人招致天下之喜遊子弟，東有海鹽之饒，章山之銅，三江、五湖之利，亦江東一都會也。」江蘇屬東楚文化區，即吳越文化區。吳王劉濞招徠移民，此時吳語北界在江北。六朝因北方移民南下，吳語退到江南。南京、鎮江不再是吳語區，《隋書・地理志下》：「丹陽舊京所在，人物本盛，小人率多商販，君子資於官祿，市廛列肆，埒於二京，人雜五方，故俗頗相類。」

東漢吳地世家大族最有名的是朱、張、顧、陸。漢末富陽人孫權在吳地大族與江淮大族（周瑜、魯肅、張紘、呂岱）支持下建立吳國。孫吳缺少人口，強迫山越走出皖南、浙西山地。西漢丹陽郡 16 個縣，6 個在今江蘇西南，而皖南開發很少。

東晉幽、冀、青、并、兗、徐流民，聚集在今鎮江、常州，僑置南徐州。不過今天的丹陽以南水網平原仍然是吳語區，說明進入水網地帶的少量北方人被同化。北方人聚集在寧鎮丘陵，很多人變成北府兵，四出征戰，建立南

朝，所以趨向南京聚集。

合肥在魏、吳拉鋸時成為重要據點，魏立淮南郡，此後一直為郡、州、府治。滁州在東晉時為新昌僑郡的頓丘縣，北齊天保三年南譙州治遷此，隋改滁州，歷為州治。

晉末在邗溝、淮河的交匯處設山陽郡，成為區域政治中心，唐宋是楚州，元代是淮安路，明清為淮安府，直到清末，因為運河廢棄，黃河改道山東，其地位才被廢黃河沿岸的鹽運要地清江浦取代。晉末設盱眙郡，管理舊盱眙縣和新置的陽城縣、直瀆縣。北魏拓跋燾南征，從盱眙越過江淮丘陵，直搗長江。南宋初年，金軍又從這裡直搗廣陵，趙構差點成為俘虜，民眾倉促渡江，死傷不可勝計。南宋時期在此設盱眙軍，明清以後衰落。

劉宋淮北四州淪陷，山東的青州和僑置在山東的冀州淪陷，移到鬱州島，北兗州僑置淮陰，徐州僑置鍾離縣（今鳳陽）。大量移民進入海島和江淮，蕭道成依靠了這些新移民建立了南齊，鍾離、胊山作為區域政治中心興起，唐宋鍾離為濠州，胊山為海州。明初鍾離為新的中心鳳陽取代，海州在隴海鐵路修建後繼續保持區域中心。

南通在唐代還是沙洲，楊吳天祐間，移民從蘇州及江淮遷來，建立靜海軍，後周改為通州。南宋末年，崇明海島朱清、張瑄等人縱橫於黃海、東海，降元後負責把江南物資從海路運往大都，開創了江南漕糧海運，海運的南方起點太倉從崑山縣下的默默無聞之地變成崑山州治，明代建衛，清代設太倉州，管嘉定、崇明。崇明在元代一躍為州，明清為縣。

安慶地區的政治中心向在今潛山縣（舊懷寧縣），南宋末年為了加重江防，嘉定十年移治皖水口，端平三年（1236年）遷治羅剎洲，又遷楊槎洲，景定元年（1260年）遷治於宜城渡，即今安慶市。咸淳七年（1271年）設五河縣於五河口、寶祐五年（1257年）設懷遠縣於荊山峽口。

岩田禮先生認為中國方言有兩條重要的分界線：淮河線、長江線，淮河線起源於六朝，長江線起源於唐代。西漢揚雄《方言》以東西對立為主軸，因為長江以南地區人口稀少。從東西對立轉換為南北對立，從六朝時期開始醞釀，唐代定型。俄國學者 Olga Zavjalova 提出廢黃河—渭河線，也即 12 世紀宋金對峙時期的國界線，把官話分為北部官話（中原官話、蘭銀官話）、南部官話（江淮官話、西南官話）。長江流域語言表現為過渡性、創新性，創新詞分布在上千公里。長江型的詞形多數在江淮起源，南京和揚州是語言

創新的中心地。以江淮為起點，有兩條老的傳播路線，一是從安徽、湖北向湘贛擴散，一是從南京、揚州侵入吳地，還有兩條支線，一是從江西到閩粵，一是從湖南到嶺南。〔註1〕

我認為，漢代其實也有東西對立，南方的吳語、楚語和北方話有很大差別。六朝開始的北方人大規模南遷使得原來的吳語、楚語發生變化，而不是首次產生吳語、楚語。漢代楚語的北界在淮河以北，孫吳時期江淮中下游變成無人區，〔註2〕六朝時期的楚語北界退縮。但是因為南朝、南唐長期保有今漣水到連雲港一線，所以淮河線至今仍然越過淮河以北。

我發現，唐宋時代的江淮話還很接近現代的華南話，稱他為渠伊，北宋鄭文寶《江表志》卷中：「張崇帥廬江，好為不法，士庶苦之。嘗入覲江都，廬人幸其改任，皆相謂曰：渠伊必不復來矣。崇歸，聞之，計口徵渠伊錢。」〔註3〕南宋江淮殘破，很多人流亡江南，大量北方人遷到江淮，使得江淮話日益靠近北方話。

安史、靖康之亂使很多北方人來到江南，唐代梁肅《吳縣令廳壁記》：「上元之際，中夏多難，衣冠南避，寓於茲土，三編戶之一。」顧況《送宣歙李衙推八郎使東都序》：「安祿山反，天子去蜀，多士奔吳，為人海。」鮑遠《鮑方傳》：「自中原多故，賢士大夫以三江五湖為家，登會稽者，如鱗介之集淵藪。」《建炎以來繫年要錄》卷一五八說：「四方之民，雲集二浙，百倍常時。」

吳語蘇滬嘉小片包括無錫，毗陵小片包括常州、宜興、金壇、溧陽、丹陽，毗陵小片較之蘇滬嘉小片，毗陵小片在蘇滬嘉小片的西北部，地域和特點都更接近北方話。吳越、南唐對峙時的常州是戰場，人口損失很多。長江北岸的靖江、南通也屬毗陵小片，原來是長江口的沙洲，最早的移民源自江南。啟東、海門的移民來自蘇州，所以方言屬蘇滬嘉小片。宋元以來，因為南北交流及移民的影響，北部吳語也在日益靠近北方話。

太平天國定都南京，在江浙皖交界處爭戰，人口銳減，江北、湖北人大

〔註1〕〔日〕岩田禮主編：《漢語方言解釋地圖》緒論，東京：白帝社，2009年。
〔註2〕《太平御覽》卷一六九引《壽春記》：「三國時江淮為戰爭之地，其間數百里，無復人居。晉平吳，其民乃還本土，復立為淮南郡。」《三國志·孫韶傳》：「為廣陵太守……青、徐、汝、沛頗來歸附，淮南濱江屯候皆徹兵遠徙，徐、泗、江、淮之地，不居者各數百里。」
〔註3〕〔宋〕鄭文寶：《江表志》，《五代史書彙編》第九冊，杭州出版社，2004年。

量遷入，江淮方言島集中在青陽、南陵、宣城、郎溪、寧國、涇縣、溧水、金壇、宜興。河南方言島分布在廣德、郎溪、宣城、宜興、長興、安吉。湖北方言島分布在廣德、寧國、宣城、安吉。皖南有的縣，甚至全部變成河南話、湖北話的地域，這種現象是歷史上罕見。皖江南岸的江淮方言帶，從馬鞍山延伸到蕪湖、貴池、東至、九江，可能形成較晚。

隋代的皖中南地區只有 20 縣，一直到唐代中期，雖然州郡名稱有變更，但是沒有實質變化，如下表（與今縣名相同者不注今地）：

武則天長安四年置含山縣，開元二十三年置舒城縣，我們注意到這二縣都是在皖中，而公元 738～767 年這三十年間，皖中沒有設立一縣，皖南卻設置了 9 個縣，如下表：

隋郡（唐州）	縣
廬江（廬州）	合肥、廬江、襄安、慎（在今肥東縣）
歷陽（和州）	歷陽、烏江（在烏江鎮）
同安（舒州）	同安（宋改名桐城）、懷寧（在今潛山）、太湖、望江、宿松
宣城（宣州）	宣城、綏安（唐改名廣德）、涇、南陵、秋浦（楊吳改名貴池）
丹陽（升州、宣州）	當塗
江都（滁州）	清流（在今滁州市）、全椒、永陽（南唐改名來安）

此時皖中南政區激增，是安徽州縣設置最快的時期，反映開發加速。很多徽州家譜都說到因黃巢之亂而遷居，但是政區設置激增時間卻在黃巢起義前，所以實質原因晚唐五代之際大量移民從江淮、中原來到皖南。

徽語分布在皖南和浙西、贛北，淳安、建德是嚴州片，嚴州、歙州的前身都是孫吳開山越所設的新都郡，徽語是一種在高山地帶形成的方言。嘉靖《徽州府志・風俗》：「六邑之語不能相通，非若吳人，其方音大氐相類。」祁門、浮梁、德興是祁德片，都在昌江流域。休寧、黟縣、婺源是休黟片，績溪、歙縣是績歙片，都在新安江流域。旌德、石臺部是旌占片，都在長江流域。《徽州府志・風俗》：「俗雜甌駱，宋呂叔和云，歙地雜甌語，號稱難治。」徽語、浙南保留了很多吳語的古老特點。

淮安鎮淮樓

鎮江昭關白塔

二、浙江設縣的三個高潮期

　　江蘇是中國最低平的一個省，基本都是平原，蘇州西部有少數低山，所以吳國在此崛起，最早的都城在蘇州西部的山地。越國的都城也在山海之間，因為山海之間是物資匯聚之地，所以都城都在這種地方。西漢江南縣治最密的地方在杭州到寧波一線，有餘杭、錢塘、富春、餘暨、山陰、上虞、餘姚、句章、鄮、鄞，有 10 個縣，人口稠密。東漢時建成鑒湖，使紹興平原得到更好發展。《宋書》卷五十四末尾史臣曰：「自晉氏遷流，迄於太元之世，百許年中，無風塵之警，區域之內，晏如也。及孫恩寇亂，殲亡事極，自此以至大明之季，年逾六紀，民戶繁育，將曩時一矣。地廣野豐，民勤本業，一歲或稔，則數郡忘饑。會土帶海傍湖，良疇亦數十萬頃，膏腴上地，畝直一金，鄠、杜之間，不能比也。荊城跨南楚之富，揚部有全吳之沃，魚鹽杞梓之利，充牣八方。絲綿布帛之饒，覆衣天下。」東晉江南開發加速，會稽沿海平原是最好土地。餘姚、慈谿有九道海塘，溫嶺到黃岩也有九道海塘，現在浙江平原面積占 16%，包括歷史上填海造陸。紹興是越國都城，東漢為會稽郡治，南朝是東揚州治，晚唐杭州逐漸超過越州，成為浙江中心。

漢代的浙江南部僅有 5 個縣：諸暨、烏傷（今義烏）、大末（今龍游）、剡（今嵊州）、回浦，今台州、溫州、麗水都屬回浦縣。東漢順帝永和三年（138 年）分章安縣（即回浦縣改名）東甌鄉為永寧縣（今溫州），轄今溫州、麗水。東漢會稽、吳郡分立，開後世浙東、浙西兩分的先聲，會稽郡的東部都尉從鄞縣移到章安縣。

漢獻帝八年，吳分章安縣之南鄉，立松陽縣，又分章安、永寧置臨海縣。孫亮太平二年（257 年）又分會稽郡置臨海郡，轄章安、永寧、臨海、始平（今天台）、松陽、羅陽（今瑞安）、羅江，共七縣。晉武帝太康四年，以橫嶼船屯為橫陽（今平陽），東晉明帝太寧元年（323 年），分臨海郡立永嘉郡，臨海郡剩三縣，晉康帝時（343～344 年）分始豐縣（今天台）設樂安縣（今仙居），晉穆帝永和三年（346 年）分鄞縣、章安縣設寧海縣。

漢獻帝初平二年（191 年），孫權分烏傷立長山縣（今金華），為會稽郡西部都尉治。初平三年，分太末立信安縣（今衢州）。興平二年（195 年），分諸暨立吳寧（今東陽）、豐安（今浦江）。建安二十三年（218 年），分信安立定陽（今常山）。孫皓寶鼎元年分會稽郡為東陽郡，赤烏二年（239 年），分太末立平昌（今遂昌）。赤烏八年，分烏傷立永康縣。

西漢新安江流域僅有歙、黟 2 縣，孫吳開山越，設新都郡，新設海陽（今休寧）、始新（今淳安）、新定（今淳安）、犁陽（今休寧）。富春江新設建德、新昌 2 縣。中平二年，分故鄣立原鄉縣（今安吉），孫吳分餘杭設臨水縣（今臨安），孫皓寶鼎元年，分吳、丹陽立吳興郡。太康三年，分烏程立東遷縣（今湖州）、長城縣（今長興），有 10 縣。

孫吳時浙江新設 16 縣，西晉太康設 3 縣，從 191～283 年的 92 年間，設 19 縣，平均 4 年多設 1 縣，這是浙江歷史上政區設置的第二個高潮期。此時的新縣以金衢盆地最多，甌江流域的內陸新縣只有遂昌、松陽，椒江流域的內陸新縣只有始豐、臨海，這四縣都鄰近金衢盆地，設立基礎都是來自金衢盆地的移民，從始豐到會稽的山路直到東晉時還不暢通，《宋書·謝靈運傳》：「嘗自始寧南山伐木開徑，直至臨海，從者數百人，臨海太守王琇驚駭，謂為山賊，徐知是靈運，乃安。」《後漢書》卷八二《方術傳》說東陽方士趙炳東入章安縣，為章安縣令所殺，永康縣人為他立祠。寧海縣設立，從臨海到鄞縣的陸路才打通。孫吳臨海太守奚熙「發兵自衛，斷絕海道」，

陸路容易關閉,臨海郡陸路取代海路成為交通幹道,可能要晚到南朝。

隋代臨海郡裁入永嘉郡,永嘉郡治也遷到新設的括蒼縣(治今麗水市),這是隋代浙江唯一新縣,括蒼縣上連松陽、遂昌,下通永嘉,隋朝在此設縣並改為郡治,無疑是為打通甌江上下游陸路。隋代浙南政區還有一個巨大變化,就是裁撤西漢以來的政治中心章安縣,雖然唐初一度恢復,但是唐代以後台州治所從此內遷到臨海縣,直到1981年才重新在古章安縣(今章安鎮)對岸的海門鎮設立縣級椒江市,1994年台州市東移到椒江區。隋代章安縣的廢棄源自隋初江南大起義,首領高智慧率領水軍從餘姚南逃章安,東陽郡領袖汪文進派人守樂安(今仙居縣),楊素從陸路平定兩軍,臨海郡併入永嘉郡,說明此次戰爭對臨海郡打擊很大。

唐高宗李治前上元二年分括州(永嘉郡)置溫州,武則天垂拱二年分婺州置衢州,李隆基開元二十六年分越州置明州(今寧波市),吳越天福三年(938年)分蘇州置秀州(今嘉興市)。

唐代浙江新設16縣:須江(李淵武德四年621年分信安置,治今江山市)、常山(李治咸亨三年672年,分信安置)、蘭溪(咸亨五年分金華置)、黃岩(前上元二年676年,分臨海置,治今台州市黃岩區)、德清(武周天授二年691年,分武康縣置)、武成(天授二年,治今武義縣)、盈川(如意元年692年分龍丘縣置,在今龍游縣西)、分水(如意元年分桐廬縣置,治今桐廬縣西北)、縉雲(武周萬歲登封元年696年,分括蒼縣置)、唐山(萬歲通天元年686年,分於潛縣置,治今臨安市西北)、象山(李顯神龍元年705年,分寧海縣置)、青田(李旦景雲二年711年,分松陽、括蒼縣置)、奉化(李隆基開元二十六年738年置)、慈谿(開元二十六年置)、翁山(738年置)、浦陽(天寶十三年754年,分義烏置,治今浦江縣)。從672~754年的82年間,新設15縣,平均5年多新設1縣,這是浙江歷史上政區設置的第三個高潮期,年增幅和第二次高潮期相似。這次高潮期的浙江新縣集中在浙江中部,衢州有3縣,婺州有3縣,處州有2縣,明州有4縣,台州有1縣,睦州有1縣,杭州有1縣。錢塘江上游4縣東連武義、浦陽、縉雲、青田、黃岩,這是最大的新縣毗連區。說明唐代的浙江開發主要集中在中部丘陵,此時北部飽和。

吳越僅設3縣:新昌(開平二年908年,分剡縣置)、定海(開平三年置,治今鎮海區)、崇德(天福三年938年,分嘉興縣置,治今桐鄉市崇福

鎮），宋代僅設 2 縣：開化（太平興國六年分常山縣）、慶元（慶元三年 1197年置）2 縣，吳越和宋代的新縣都集中在邊境。

明代設 9 縣：泰順（景泰三年 1452 年，分瑞安、平陽縣置）、雲和（景泰三年分麗水縣置）、景寧（景泰三年置）、宣平（景泰三年置，1958 年歸入武義、松陽、麗水市）、太平（成化五年 1469 年，分樂清、黃岩置，治今溫嶺市）、湯溪（成化七年，分金華、蘭溪、龍游、遂昌縣置，治今金華市湯溪鎮）、嘉善（宣德五年 1430 年，分嘉興縣置）、桐鄉（宣德五年分崇德縣置）、平湖（宣德五年分海鹽縣置）。泰順、雲和、景寧、宣平都在浙南山區，因為平定慶元縣人葉宗留起義設置。明代新縣仍然是宋代格局，集中在最北面的嘉興和在最南部山區。我們也可以把明代中期稱為浙江政區設置的第四個高潮期，不過這時的新縣數量已經很少。

清代的 3 個新縣都在海島：玉環廳（雍正六年，1782 年設，1912 年改縣）石浦廳（1824～1912 年，治今象山縣石浦鎮）、南田廳（1909 設，1912年改縣）。1929 年中共縉雲縣委在仁川鎮建立，1934 年中共東陽縣東鄉區委成立，1935 年國民政府被迫設立大盤山綏靖公署，1939 年改為磐安縣。光緒二十五年（1899 年）意大利軍艦到三門灣，要求租借，被清朝拒絕，1916年孫中山考察三門灣，1929 年開闢為商埠，1940 年設三門縣。

1949 年江蘇省國民政府南遷到嵊泗列島，設嵊泗縣，1950 年改為特區，1951 年復設縣。1949 年國民政府 3 萬人撤到岱山縣，設翁洲縣，1950 年復歸定海縣，1953 年因為軍事原因復設縣。洞頭縣原屬玉環縣，1949 到 1952 年被兩軍拉鋸，1953 年設縣。1981 年從平陽縣，析置蒼南縣。

唐開元二十六年（738 年），在舟山島設翁山縣。大曆六年（771 年）臨海縣人袁晁陷浙東，翁山縣在戰亂後裁撤。北宋熙寧六年（1073 年）在舟山島重建昌國縣，明洪武二十年（1387 年）廢，清康熙二十六年（1687 年）再設，更名定海，原定海縣改為鎮海縣。

北部吳語太湖片最大的蘇滬嘉小片，源自吳郡。天福五年（公元 940 年），吳越國析置秀州（今嘉興市前身），元代忽必烈至元十四年（1277 年）從嘉興府析出松江府（今上海市前身）。

苕溪小片源自吳興郡，杭州城因為南宋大量北方移民而單獨成為一個小片，明代郎瑛《七修類稿》卷二十六說杭州：「城中語言好於他處，蓋初皆汴人，扈宋南渡，遂家焉，故至今與汴音頗相似。」臨紹小片源自會稽郡（越

州），東到慈谿。台州小片，南到樂清的北部。

方孝孺《遜志齋集》卷十三《吳氏宗譜序》說：「宋之遷於江南，婺去國都為甚邇，其地寬衍饒沃，故士之自北至者，多於婺家焉。」婺州片比台州片、甌江片來，更靠近太湖片。

上饒以東、浦城以北都屬處衢片，甌江片也具有吳閩方言交界性質。麗水方言分三片，西部遂昌、龍泉、慶元和松陽西部是一片，東部的麗水、青田、雲和、景寧、宣平和松陽東部是一片，東北的縉雲是一片，西部地處高山，保留古語較多，東部方言演變較快。〔註4〕

台州人王士性《廣志繹》卷四說：「兩浙東西，以江為界，而風俗因之。浙西俗繁華，人性纖巧，雅文物……浙東俗敦樸，人性儉嗇椎魯，尚古淳風，重節概，鮮富商大賈。而其俗又自分為三：寧紹盛科名逢掖，其戚里善借為外營，又傭書舞文，競賈販錐刀之利，人大半食於外。金衢武健，負氣善訟，六郡材官所自出。台溫處山海之民，獵山漁海，耕農自食，賈不出門，以視浙西，迥乎上國矣……杭、嘉、湖，平原水鄉，是為澤國之民。金、衢、嚴，處丘陵險阻，是為山谷之民。寧、紹、台、溫，連山大海，是為海濱之民。三民各自為俗，澤國之民，舟楫為居，百貨所聚，閭閻易於富貴，俗尚奢侈，縉紳氣勢大，而眾庶小。山谷之民，石氣所鍾，猛烈鷙愎，輕犯刑法，喜習儉素，然豪民頗負氣，聚黨與，而傲縉紳。海濱之民，餐風宿水，百死一生，以有海利為生，不甚窮，以不通商販，不甚富，閭閻與縉紳相安，官民得貴賤之中，俗尚居奢儉之半。」

浙東在外謀生的人多，清代產生越劇。金衢盆地有經商傳統，明代龍游商幫很著名，清代衰落。蘭溪縣因為地處婺江、衢江交匯處，成為商業中心。1934年浙贛線通車後，諸暨、義烏成為通衢大道，今天小商品市場興旺，蘭溪縣衰落。江山市地處閩、浙、贛三省咽喉，歷史上很繁榮。

台州、溫州重視海外通商，宋元非常富庶，明初實行海禁才衰落。清末以來溫臺重商習俗重興，尤其是溫州人走向世界，包括青田縣。因為浙江沿海對內陸的拉動作用很大，所以現在浙江各地經濟差異最小。

〔註4〕王文勝：《處州方言的地理語言學研究》，中國社會科學出版社，2008年，第154～156頁。

湖州飛英塔

寧波鼓樓

三、江西設縣的五個高潮期

　　江西地形封閉，眾多河流匯入鄱陽湖，歷史上贛江上游是贛州府，中游是吉安府、臨江府，下游是南昌府，袁水流域是袁州府，錦江流域是瑞州府，撫河流域是撫州府，信江流域是信州府，鄱江流域是饒州府（治鄱陽縣），北部沿江有九江府。南昌因為地處河流交匯處，一直是江西的中心。

　　贛語在今江西的中北部、湖南的東部、湖北的東南角、安徽的西南角，客家話主要在今贛、閩、粵交界處，但是源頭在贛南，客贛方言關係密切。江西之名源自江南西道、江南西路，唐開元二十一年（733 年）分江南道為東西兩道，此時江南西道的西面直到貴州。乾元元年（758 年）置洪吉都防禦團練觀察處置使，後稱江西觀察使，大致即今江西省。宋代饒州、信州屬於江南東路，元代建江西行省，有江西及今廣東的中東部。明代的江西布政使司才是今天範圍，包括自安徽劃入的婺源縣。

　　漢代豫章郡都尉治新淦縣（今新幹），在贛江山地處，地形險要，楊吳在此設制置使，南唐在其北的蕭灘鎮設清江縣，北宋淳化三年（992 年）升為臨江軍，1949 年清江縣遷到樟樹鎮，1988 年改樟樹市，樟樹因在袁水、贛江交匯處，是重要商業中心。北宋浮梁縣景德鎮崛起，元代成為瓷業中心，

明代成為瓷都，1916 年為浮梁縣治，1935 年成為江西省第五行政區督察專員公署駐地，即贛東北政治中心，1949 年設市。

戰國時期，楚國控制江西。先秦典籍僅《山海經》出現贛巨人、梟陽國，鄂君啟節出現彭澤。史籍中的第一個江西名人是秦末鄱陽縣令吳芮，說明江西東部有很多吳人。

秦代江西屬九江郡，又分置廬江郡，有今皖南及江西。劉邦又分置豫章郡，即今江西。從戰國末年到劉邦的幾十年，江西變成一大郡十幾縣，說明有大量人口從戰火綿延的江淮進入江西。西漢豫章郡有 18 縣，東漢有 21 縣，孫吳時期分豫章郡為四郡：豫章、鄱陽、臨川、廬陵。豫章郡有 17 縣，鄱陽郡有 8 縣，臨川郡有 9 縣，廬陵郡有 18 縣，共 52 縣，加上江夏郡的柴桑縣（今九江）、長沙郡的安成縣（今安福），為 54 縣，比東漢增長一半，說明大量移民到江西，上蔡、臨汝等縣名說明有不少移民來自河南，巴丘縣在今湖南岳陽有同名縣，揭陽縣在今廣東揭陽有同名縣，也有其他地方移民。孫吳五十多年，平均 2 年設 1 新縣，這是江西歷史上政區設置的第二次高潮期。

新縣最集中的地方不是江西最北部，而是中部的臨川郡和廬陵郡，臨川郡新設 6 縣，廬陵郡新設的 10 縣有 6 縣在北部，這 12 個縣連為一體，反映當時江西人口增長最快是在中部。靠近孫吳核心的上饒郡新設 4 縣，和豫章郡新設 4 縣一樣。江西中部的新縣很多是平定民間武裝所設，這些武裝或許源自土著越人和北方流民。

西晉時，在福建、浙南已有兩郡時，江西又設一州，晉惠帝元康元年（291年），分揚州之豫章、鄱陽、廬陵、臨川、南康、建安、晉安與荊州之武昌、桂陽、安成十郡為江州，東晉江州有今江西、福建二省，反映江西是福建開發的重要源頭。六朝江西縣數變化極小，劉宋、南齊、隋的江西各郡轄縣數及劉宋各郡戶口數、隋代各郡戶數，如下表。

	劉宋縣	劉宋戶	劉宋口	南齊縣	隋　縣	隋　戶
尋陽	3	2720	16800	2	2	7617
豫章	12	16139	122573	12	4	12021
鄱陽	6	3242	19500	6	3	10120
臨川	9	8983	64850	9	4	10900
廬陵	9	4455	31271	9	4	23714
安成	7	6116	50323	7	3	10116
南康	7	4492	34684	8	4	11168
合計	53	52033	277147	53	24	85656

　　東晉很多北方人進入江西，《晉書》卷八一《劉胤傳》：「自江陵至於建康，三千餘里，流人萬計，佈在江州，江州，國之南藩，要害之地。」《宋書》卷五二《庾悅傳》說：「盧循平後，（劉）毅求都督江州，以江州內地治民為職，不宜置軍府……今江右區區，戶不盈數十萬。」《宋書‧郡國志》說江州有52033戶，隋代有85656戶，增長近半，雖然縣數比劉宋時少。漢代還是蠻荒之地的江西，在劉宋時已被看成內地。江西在南朝時成為荊州、揚州爭奪的要地，還是聯接長江流域和嶺南的最重要通道，陳霸先就是起兵嶺南，通過江西攻取建康，建立陳朝。

　　南北朝進入江西的移民集中在江西的北部，《隋書‧地理志下》說：「豫章之俗，頗同吳中……新安、永嘉、建安、遂安、鄱陽、九江、臨川、盧陵、南康、宜春，其俗又頗同豫章，而盧陵人脆淳，率多壽考。然此數郡，往往畜蠱，而宜春偏甚。其法以五月五日聚百種蟲，大者至蛇，小者至蝨，合置器中，令自相啖，餘一種存者留之，蛇則曰蛇蠱，蝨則曰蝨蠱，行以殺人。因食入人腹內，食其五藏，死則其產移入蠱主之家。三年不殺他人，則畜者自鍾其弊。累世子孫相傳不絕，亦有隨女子嫁焉。干寶謂之為鬼，其實非也。自侯景亂後，蠱家多絕，既無主人，故飛游道路之中則殞焉。」豫章郡風俗近吳，盧陵（今吉安）風俗淳樸。江西、皖南、浙南畜蠱，源自越人，宜春郡（即舊安成郡）尤甚，說明贛西漢化不深。侯景之亂是南朝由盛轉衰的拐點，這種風俗衰亡，其實因為江淮戰亂時，很多江淮人南遷到江西，加速漢化。

　　隋代的江西人口重心，從豫章郡南移到盧陵郡，豫章郡人口減少，其他各郡均增，增幅依次是盧陵、鄱陽、九江（原尋陽）、南康、宜春、臨川。從盧陵多長壽者來看，最為安定。盧陵郡取代豫章，很可能因為戰亂時期的人口南移，這也啟示我們，孫吳江西的中部人口增長最快，很可能也是同樣原因。

　　安史之亂前的江西新縣很少：武德五年（622年）分彭澤縣置都昌縣，長安四年（704年）分建昌縣置武寧縣，開元四年（716年）分鄱陽縣置新昌縣（今浮梁縣）。此時的福建因為開山洞，設有很多新縣，但是江西沒有，因為江西漢化比較早。

　　比較《元和郡縣圖志》唐憲宗元和年間人口和《舊唐書‧地理志》唐玄宗天寶年間人口，共有11個州戶口增加，包括饒、洪、吉州。說明安史之亂造成的江西人口增長主要在東北部，新設4縣：分寧縣（今修水，貞元十六年（790年分洪州武寧縣置）、上饒（乾元元年，758年）、永豐（乾元元年）、貴溪（永泰元年，765年）。乾元元年分饒州，置信州（治上饒縣），

信州人口增長應該源自吳越移民。從 704～790 年的 86 年間，江西新設 7
縣，平均 12 年設 1 縣，可以稱為一個小高潮。

楊吳、南唐時期，江西新設縣 18 個：德安、新淦、清江、靖安、德興、
瑞昌、上高、萬載、東流、湖口、鉛山、吉水、龍泉、瑞金、石城、龍南、
上猶、宜黃縣。江西的縣數增長一半，時段集中在保大年間，地域集中在虔
州、筠州，保大年間增長的基礎是楊吳與升元年間奠定的，而集中在贛江支
流附近，主要是因為來自江淮的移民通過這條水路比較便捷。

宋本《太平寰宇記》卷一〇九龍泉縣：「本吉州太和縣龍泉鄉什善鎮地，
偽唐保大十年析龍泉、光化、遂興、和屬等四鄉置龍泉場，以鄉為名。採擇
材木之故也。顯德七年，升為縣。」卷一〇七德興縣：「（鄧公）場即以鄧公
為名，隸江西鹽鐵都院。至偽唐升為德興縣。」鉛山縣：「按《上饒記》云：
出銅、鉛、青綠，本置鉛場，以收其利，舊在寶山。偽唐升元三年遷置鵝湖
山郭水西鄧田阪，即廨署是也。至四年於上饒、弋陽二縣析五鄉，以為場，
後升為縣。」吉州、信州的新縣主要是因為林業、礦業開發而置。

從楊吳順義七年（927 年）到北宋乾德六年（968 年），41 年間江西新設
18 縣，平均 2 年多新設 1 縣，這是江西歷史上第三個政區設置的高潮期，每
年設縣約等於孫吳時的水平，比福建政區設置高潮期每年設縣數多，因為江
西接受中原移民的衝擊更明顯。楊吳、南唐江西各州轄縣數變化，如下表。

	唐末縣數	楊吳縣數	升元縣數	保大縣數	失地後縣數
婺源制置使	0	3	4	4	4〔註5〕
吉州	5	5	5	6	6
虔州	7	7	7	11	11
江州	3	4	5	7	7
洪州	7	7	9	7	7
饒州	4	3	3	3	3
信州	4	4	4	5	5
袁州	3	3	3	3	3
撫州	4	4	4	4	5
筠州	0	0	0	4	4
建武軍	0	0	0	0	1
總計	37	40	44	54	55

〔註5〕婺源制置使所轄 4 縣中，祁門在今安徽省，婺源 1934 改屬江西，1947 年仍屬
安徽，1949 年改屬江西至今，德興、浮梁一直在江西。

宋代江西成為文化重心，應歸功於楊吳、南唐，廬山白鹿洞書院是南唐升元時建立。此時江西人口增長，政區激增，文化地位顯著提高。唐宋八大家中，宋代有六位，三位是江西人。宋代有江西詩派，朱熹和陸九淵在上饒有鵝湖之會，辛棄疾歸隱上饒。江西人王欽若是第一個南方人宰相，葉夢得《避暑路話》卷上說：「饒州自元豐末，朱天錫以神童得官，俚俗爭慕之。小兒不問如何，粗能念書，自五、六歲，即以次教之五經，以竹籃坐之木杪，絕其視聽。教者預為價，終一經，償錢若干，晝夜苦之。中間此科久廢，政和後稍復，於是亦有偶中者。流俗因言饒州出神童，然兒非其質，苦之以至死者，蓋多於中也。」《輿地紀勝》卷二三饒州引嘉祐吳孝中《餘干縣學記》：「江之東西冠帶詩書甲於天下，江南既為天下甲，而饒人喜事，又甲於江南。」

江西在宋代以後僅在邊境山區新設 12 縣，宋代設新昌（太平興國六年，981 年，今宜豐縣）、興國（太平興國七年）、會昌（太平興國七年）、金溪（淳化五年，994 年）、廣昌（紹興八年，1138 年）、永寧（至順年間，今井岡山市）。

明代贛北設安義、萬年、峽江、瀘溪、興安、東鄉 6 縣：

東鄉，正德六年（1511 年）臨川縣東鄉起義，次年平定，設東鄉縣

萬年，正德三年王浩八起義，七年平定，析餘干、鄱陽、樂平、貴溪設縣

安義，建昌民眾起義積三十年，至正德十三年析建昌縣設縣

峽江，嘉靖五年因為鞭長莫及，析新淦縣南部設縣

興安，元明之際處州（今麗水市）人遷來，以陶業為主，嘉靖十九年（1540 年）發生民變，三十九年設興安縣，1914 年改名橫峰

瀘溪縣，萬曆六年（1578 年）析南城縣設，1914 年改名資溪

如果我們把宋代到明代贛北的新縣看成一個整體，發現這些新縣都集中在一起：資溪、金溪、東鄉都在撫江東面山區，連為一體。萬年、德興都在樂安江南面山區，二縣毗連，鉛山縣和橫峰縣也接壤。靖安、安義接壤，清江、峽江、新淦接壤，都在贛江沿岸。上高、萬載、新昌都在錦江上游，三縣連為一體。說明宋明江西新縣基於小區域的人口增長，此時吉安府僅增 3 縣，2 縣在南唐時設，元代井岡山增設永寧縣，吉安府是宋明時江西進士和書院最多之地，說明文化發達、士紳眾多與地方社會穩定緊密相關。

明代贛南客家人地區，新設 3 縣：

崇義，正德三年起義，正德十二年王守仁調集四省軍隊平定，設縣

定南，嘉靖三十六年後多次起義，隆慶三年（1569 年）析安遠縣、信豐縣設縣

長寧，萬曆三年（1576 年）平定葉楷起義，萬曆四年析安遠縣南部設長寧縣，1914 年改名尋鄔縣，1957 年改尋烏。

從正德七年（1512 年）到萬曆四年（1577 年）的 65 年間，新設 6 縣（崇義、定南、安遠 3 縣見下），平均 10 年 1 縣，這是江西政區設置的第四個高潮期。

清代江西新設 3 縣：銅鼓（雍正三年，1725 年）、蓮花（乾隆八年，1743 年）、全南（光緒二十九年）。

明清江西新設的縣，主要在客家人之地。粵東北客家人地區設縣最集中時期的也是明代後期：

1. 成化十三年（1477 年）析海陽縣（今潮州市）置饒平縣（治今三饒鎮）

2. 弘治九年（1498 年）置龍門縣

3. 正德十三年（1518 年）南贛巡撫王守仁平定農民起義，置和平縣

4. 嘉靖五年（1526 年）分饒平縣置大埔縣

5. 嘉靖四十二年設平遠縣

6. 隆慶三年（1569 年）置永安縣（1914 年改名紫金縣），

7. 同年因俞大猷平定李亞元地方武裝，析河源、英德、翁源三縣置長寧縣（1914 年改名新豐縣）

8. 崇禎六年（1633 年）置鎮平縣（1914 年改名蕉嶺縣）

9. 崇禎七年，割和平縣、河源縣、長寧縣、翁源縣置連平州（今連平縣）

157 年設了毗鄰的 9 個縣，反映明代前期粵北上遊山地得到進一步開墾。粵東北大多數縣都是此時設置，這是粵東北開發的高潮時期。此後僅嘉慶十八年（1813 年）析清遠縣、英德縣，設佛岡廳（今佛岡縣），說明清代粵北開發已經飽和。

近代廣東的東部新縣稍多，雍正九年（1731 年）從海豐縣析置陸豐縣，乾隆三年（1738 年）析海陽縣設豐順縣，1958 年從惠州析置惠東縣，1965 年揭陽縣分出揭西縣。粵東政治中心也有增多，1919 年設汕頭市政局，1930 年設汕頭市，1988 年析陸豐縣設汕尾市、陸河縣。

　　明代後期客家人聚集區發生很多戰亂，導致很多新縣設立，很多福建、廣東客家人在清代還向粵西、江西、廣西、四川移民，江西北部人也大量移民長江上游地區，形成不少小型客家方言島，對西南方言產生重要影響。因為明清實行海禁，導致東南人到海外謀生的道路受阻，沿海有很多人偷渡，內陸過剩人口無法轉移，所以發生很多戰亂。

　　贛語分九片，中心有昌靖片，西有宜瀏片，東有鷹弋片，東南有撫廣片，其西南有吉茶片，湘西有洞綏片，學者收集洞口縣 14 族 16 族家譜資料，其中 9 族是明初從江西遷來，3 族是宋元從江西遷來。〔註6〕湖北陽新到監利、湖南華容有大通片，安徽西南有懷岳片，湘南南部有耒資片。懷岳片是南宋、元明之際江西人北上開發皖西山區形成的，最接近昌靖片。

　　還有人把昌靖片的靖安、奉新、高安與宜瀏片的宜豐、上高、豐城、樟樹、新幹合為一片，這一片除靖安、奉新外，主要是古代臨江府、瑞州府地。彭澤、景德鎮、樂平、鄱陽、餘干、萬年和餘江、貴溪、鷹潭、弋陽、鉛山、橫峰可以分為兩片，前者屬饒州府，後者屬廣信府。〔註7〕

　　贛南客家話分為西部要道的於桂片和東部山地的寧龍片，贛州城是西南話，因為明代王陽明鎮壓朱宸濠叛亂，遷來很多廣西士兵。

　　廣東的客家話分為四片，粵北片的最南面到花都，洪秀全就是花縣（今花都）客家人。粵中片在東江流域。粵臺片在韓江上游和臺灣。也有人把廣東客家話分為梅韶、惠河兩片，梅韶片有強烈的客家意識，惠河片自稱本地人。粵北土話（韶州土話）是廣東較早的漢族，元初南雄路僅有 10792 戶，比北宋元豐年間 20339 戶減少一半，所以客家人不斷遷到此地，本地土話被分割為好幾片。〔註8〕《英德縣志》：「明初，地無居人，至成化間，居民皆自閩之上杭來立籍，間有江右入籍者。習尚以本故鄉，與粵俗差異。」江西移民也大多是來自贛南的客家人。

　　清代客家人從閩粵贛核心又四散擴展，康熙二十九年（1690 年）贛西北萬載縣招徠閩粵人墾荒，據民國《萬載縣志》氏族統計，粵東移民占 60%，福建、贛南占 20%，但今萬載縣仍是贛語區。銅鼓、武寧、修寧、奉新四縣

〔註6〕龍海燕：《洞口贛方言語音研究》，民族出版社，2008 年，第 166～167 頁。

〔註7〕孫宜志：《江西贛方言語音研究》，語文出版社，2007 年，第 42 頁。

〔註8〕張雙慶、莊初升：《廣東方言的地理格局與自然地理及歷史地理的關係》，香港中文大學《中國文化研究所學報》第四十八期，2008 年。

有一個客家話方言島，主要源自乾隆墾荒的客家人。〔註9〕

龍虎山懸棺葬表演　　　　　　　　天師祖廟

四、福建設縣的四個高潮期

　　福建是東南山地最多的省，河流相對浙江、廣東短小，找不到浙江、廣東那樣的河口大平原，僅有福州、莆田、泉州、漳州四個很小的平原。西北的武夷山連綿高聳，不僅阻擋了北方的冷空氣，還隔離了歷史上北方的戰火。

　　兩漢四百年，僅設一個冶縣（今福州），是一個從浙江向廣東航海的中途補給站，中原王朝對整個福建基本沒有控制力。從漢末開始，孫氏在閩西北新設了昭武（今邵武）、將樂、南平、建平（今建陽）、吳興（今浦城）6縣，在閩南新設東安縣（今泉州），福建省從 1 縣變成 8 縣，平均 9 年設 1 新縣，這是福建歷史上政區設置的第一次高潮期。孫休永安二年（259 年）新設建安郡，這是秦末閩中郡撤銷四百年後，福建再次出現高層政區。西晉太康三年（282 年）分建安郡，在沿海立晉安郡，設原豐縣（今福州），次年設溫麻縣（今霞浦）。《宋書·州郡志》：「原豐令，晉武帝太康三年，省建安

〔註9〕曹樹基：《簡明中國移民史》，福建人民出版社，1993 年，第 409～410 頁。

典船校尉立……溫麻令，晉武帝太康四年，以溫麻船屯立。」孫吳臨海太守
沈瑩《臨海水土異物志》說夷洲（臺灣）在臨海東南，衛溫、諸葛直從臨海
郡出發，航行夷洲。孫吳臨海郡南部的羅江縣在今福安，西晉劃歸晉安郡。
吳、晉新設的臨海郡與建安郡還是流放犯人之地，人口很少。

南朝末年，因為侯景之亂，江浙人大舉遷往福建，使土豪陳寶應割據一
方，對抗陳朝。《隋書‧楊素傳》說泉州人王國慶是南安豪族，殺刺史劉弘，
自以為海路艱阻，不設防備。楊素大軍泛海掩至，國慶棄州而走，餘黨散入
海島，或守內陸溪洞。西漢、南朝、隋唐平定福建，主要依靠吳越水軍。此
時福建的漢化，也以吳越漢化為前提。

福建開發動力主要來自江浙、江西，從海路、陸路並進，隋代福建只有
五縣：閩（今福州）、邵武、建安（今建甌）、南安（今泉州）、龍溪（今漳
州），比南北朝還少，《隋書‧史萬歲傳》：「自東陽別道而進，踰嶺越海，攻
陷溪洞，不可勝數。前後七百餘戰，轉鬥千餘里，寂無聲問者十旬。遠近皆
以萬歲為沒，萬歲以水陸阻絕，信使不通，乃置書竹筒中，浮之於水，汲者
得之，以言於素。」史萬歲從金華向南到閩北，和沿海的楊素無法聯繫，最
後靠在閩江上游投竹筒，下游才知道音訊。

唐初恢復建陽、唐興（原吳興縣）、將樂、沙縣4縣。又於福建沿海新置
8縣：漳浦、長樂、萬安、長溪、晉江、莆田、仙遊，內陸新置6縣：龍巖、
侯官、長汀、寧化、尤溪、古田。

李淵武德六年（623年）分閩縣置長樂縣（今長樂市），武則天聖曆二年
（699年）分長樂縣置萬安縣（今福清市），長安二年（702年）分閩縣置侯
官縣，長安二年分連江縣置長溪縣（今霞浦縣）。

李隆基開元六年（718年）分南安縣置晉江縣（今晉江市），陳分南安縣
置莆田縣，聖曆二年分莆田縣置仙遊縣。

陳元光從潮州東進，設立漳州。《元和郡縣志》卷三十漳州：「本泉州地，
垂拱二年析龍溪南界置，因漳水為名。初置於今漳浦縣西八十里，開元四年
改移就李澳川，即今漳浦縣東二百步舊城是。十二年自州管內割屬福州，二
十二年又改屬廣州，二十八年又改屬福州，乾元二年緣李澳川有瘴，遂權移
州於龍溪縣置，即今州理是也。」龍溪縣是陳朝置，漳浦縣與漳州同置，龍
巖縣：「先置在汀州界雜羅口，名雜羅縣，屬汀州。天寶元年改為龍巖縣，
大曆十二年皇甫政奏，改隸漳州。」卷三十汀州：「開元二十一年福州長史

唐循忠於潮州北、廣州東、福州西光龍洞檢責,得諸州避役百姓共三千餘戶,奏置州,因長汀溪以為名。」同時置長汀縣。寧化縣,本沙縣地,開元二十二年開山洞置。《兩唐書》的《地理志》說龍巖、長汀、寧化都在開元二十四年置,開元二十九年,福州開山洞置尤溪縣、古田縣,代宗李豫永泰二年(766年)觀察使李承昭開山洞置永泰縣。汀州初在龍巖縣,後移長汀縣,反映出閩南開發是由海到陸,福州開山洞設三縣,也比沿海三縣晚。唐朝新設的縣都在福州、泉州、漳州、汀州,建州無一新縣,反映出此時來自江西、浙江的移民很少,東南四州的新縣有一半是開山洞置,沿海的新縣也有很多少數民族人口,說明這些新縣主要是搜刮少數民族和逃戶所置。

　　唐代新設的 13 縣,李淵時 1 縣,武則天時 5 縣,李隆基時 6 縣,李豫時 1 縣,最快的時期 686 年～741 年,55 年設 11 縣,平均 5 年設 1 縣,這是福建政區設置的第二次高潮。

　　王閩、南唐(吳越)時期,福建新設 13 縣:梅溪(今閩清縣)、〔註 10〕寧德、羅源、同安、德化、永春、松溪、順昌、劍浦、長泰、清溪(今安溪縣)、歸化(今泰寧縣)、建寧。

　　王閩、南唐(吳越)時,福建新設 13 縣,增長超過一半,和江西增幅相同,此時江西、福建發展速度相似。滅南唐後的第五年,太宗太平興國四年(979年),析莆田置興化縣,五年析閩縣置懷安縣,六年析晉江置惠安縣,析邵武置光澤縣,這四縣的發展也是在南唐時期。淳化五年(994年),升崇安場為縣(1989年改武夷山市),升武平場為縣,升上杭場為縣。真宗咸平三年(1000年),升關隸鎮為縣(政和五年改為政和縣)。這一百年間是福建設縣最快之時,從 911 年～975 年,64 年設 13 縣,平均 5 年設 1 縣,速度和唐代中期相當。如果算上北宋,則從 911 年～1000 年,89 年設 21 縣,平均 4 年設 1 縣,我們可以把王閩到北宋時期稱為福建政區設置的第三次高潮期。

　　唐代僅有五州,南唐析置劍州,北宋析出邵武軍、興化軍,元、明不變,故後世稱福建為「八閩」,唐宋間福建各州縣數變化如下表:

〔註10〕《太平寰宇記》卷一百福州說閩清縣:「唐貞觀元年割侯官縣一十里為梅溪場,至梁乾化元年割侯官縣改為縣。」《淳熙三山志》卷一也說:「乾化元年,以梅溪場為閩清縣。」《新唐書》誤以為唐貞元元年置,譚其驤主編《中國歷史地圖集》也把梅溪縣誤標在第五冊唐代圖上。

福建	唐末縣數	楊吳縣數	南唐升元	保大縣數	失地後縣數
福州	9	13	13	11	11
建州	5	5	5	6	8
劍州	0	0	1	4	4
汀州	2	2	2	2	2
漳州	3	3	3	3	4
泉州	4	4	6	9	9
總計	23	27	30	34	37

　　王閩、南唐的福建新縣集中在閩西北的建州和閩東南的福州、泉州，建州因為接納了很多來自江西的移民，福州有很多來自中原的移民，泉州因為戰亂較少。此時閩西沒有發展，因為客家人剛剛進入贛南，還沒有大規模進入閩西。北宋時期汀州新設 2 縣，閩南新設 2 縣，閩東新設 1 縣，閩北新設 3 縣。南宋只設蓮城縣（紹興三年，1133 年），福安（宋淳祐五年，1245 年），設縣速度放緩，說明開發趨於飽和。《淳熙三山志》卷十三記載福清縣海壇島（今平潭島）原為牧場，宋仁宗趙禎皇祐（1049～1054）年間允許開墾，卷三記載宋孝宗趙眘淳熙時（1174～1189）已有民戶三千。

　　明代以後，福建僅有西南角和東北角的高山地帶還有空地設縣，閩東北又設壽寧（景泰六年，1455 年）、屏南（雍正十三年，1735 年）、福鼎（乾隆四年，1739 年）、周寧（1945 年）、柘榮（1945 年），共 5 縣。閩西南又設南靖（至治元年，1321 年）、永安縣（景泰三年）、漳平（成化七年，1471年）、永定（成化十四年）、平和（正德十二年，1517 年）、詔安（嘉靖九年，1530 年）、大田（嘉靖十五年）、海澄（隆慶元年，1567 年，今與龍溪縣合併為龍海市）、寧洋（1567 年，今屬漳平縣）、雲霄（嘉慶五年，1798 年）、平潭（1798 年建廳，1912 年建縣）、東山（1916 年）、華安（1928 年）、三元（1940 年，1956 年改三明縣）12 縣、廈門市（1933 年）。因為中國移民開發是自北而南，所以南方設縣餘地較多。明代中期是福建設縣的第四個高潮期，從 1453 年～1567 年，114 年設 9 縣，平均 12 年設 1 縣，這個速度已經慢於前幾個高潮期。

　　宋代福建已經和唐代不同，人滿為患，也成為文化中心。北宋宰相，福建有 9 位，位居南方之首、全國第二，超過傳統南方文化中心兩浙路、江東路。兩宋福建宰相 18 人，僅次於南宋都城所在的兩浙路。南宋理學中心轉

移到福建，洛學演變為閩學。〔註11〕民間信仰也是如此，福建絕大多數重要的民間信仰都是在五代到北宋時期出現，比如媽祖、陳靖姑、廣澤尊王、定光古佛、保生大帝、清水祖師。《宋史·地理志五》福建路：「有銀、銅、葛越之產，茶、鹽、海物之饒。民安土樂業，川源浸灌，田疇膏沃，無凶年之憂。而土地迫狹，生籍繁夥。雖磽确之地，耕耨殆盡，畝直浸貴，故多田訟。其俗信鬼尚祀，重浮屠之教，與江南、二浙略同。然多向學，喜講誦，好為文辭，登科第者尤多。」

　　閩方言在《中國語言地圖集》分為閩東區、閩北區、閩南區、莆仙區、閩中區、邵將區。除閩南區外，都在閩江流域。李如龍認為閩語可分為沿山閩語、沿海閩語，沿海閩語（閩東、閩南、莆仙、瓊雷四區）是典型閩語，沿山閩語（閩北、閩中兩區）受贛語、客家話影響，將樂、順昌、尤溪是閩語和客贛話的過渡區，《中國語言地圖集》閩語區的邵武、光澤被他歸入贛語區。

　　從福建政區設置過程來看，孫吳閩西北新設 7 縣，唐代閩西北未設新縣，而閩東南新設 13 縣，王閩到北宋新設 21 縣的中，閩西北有 10 縣，閩南有 8 縣，閩西南 2 縣，閩東 3 縣，此時閩語已經成型，漢末、唐宋之際的新縣集中在閩西北的原因是大量移民從江西、浙江湧入，所以閩北的閩語深受贛語影響。此時中原的王審知大軍直接進入閩南，對海陸兩路閩語差異奠定基礎。

　　邵武軍對應邵將話，興化軍對應莆仙話，延平府對應閩北話，福州府對應閩東話，汀州府對應客家話。德化縣原屬福州，953 年改屬泉州，雖在閩江流域，但是閩南語地區。莆仙話地域很小，歷史上一直是獨立政區，古代進士極多，所以經過千年發展，成為獨立方言。

　　宋元閩南人從海路大量殖民到潮汕沿海，內陸是客家話。南宋王象之《輿地紀勝》卷一百引余崇龜《賀潮州黃守》說：「雖境土有閩廣之異，而風俗無漳、潮之風。」清鄭昌時《韓江見聞錄》卷十說：「潮音僅方隅，其依山而居者則說客話，而目潮音為白話……而客音去正音為近。」我們可以推想，在福建人、客家人來到粵東之前，這裡通行的可能是畬語和越語，城市可能有極少的漢語粵方言，後來都被同化。

〔註11〕程民生：《宋代地域文化》，河南大學出版社，1997 年，第 140～143 頁、第 148 頁。

　　明代《廣志繹》卷四說：「潮州在唐時，風氣未開，去長安八千里，故韓文公以為瘴癘之地，今之潮非昔矣，閭閻殷富，士女繁華，裘馬管絃，不減上國……國初止領縣四：海陽、潮陽、揭陽、程鄉，今增設澄海、饒平、平遠、大埔、惠來、普寧六邑，此他郡所無。」這裡說潮州在唐代還是風氣不開的瘴癘之地，明代後期已經和中原一樣繁華，潮州明初只有 4 縣，明代增設 6 縣。

福建東山鄭成功水操臺

廣東潮州湘子橋

五、廣東設縣的三個高潮期

　　秦代設南海、桂林、象郡，孫吳設廣州，唐代設嶺南道，宋代設廣南東路、廣南西路，元代歸江西、湖廣行省，明代設廣東、廣西布政使司。

　　廣東的西江、北江、東江匯聚在廣州入海，類似江西的河流匯聚到鄱陽湖，不過不是注入長江而是大海。福建甚至浙江的河流都不是匯聚到一處，所以福建、浙江歷史上的中心分散，而廣東的政治、經濟、文化中心一直在廣州。近代以來，經濟中心才向香港轉移。廣州在唐代是嶺南五府經略使駐地，所以粵語又可以稱廣府話，狹義的廣府話特指粵語的。宋代到明清廣西治所都在桂林，1950 年才遷到南寧。

　　西漢的南海郡僅有 6 縣：番禺、博羅、龍川、揭陽、四會、中宿（今清遠），粵北有桂陽郡的 4 縣：曲江（今韶關）、桂陽（今連州）、湞陽（今英德東）、含洭（今英德西北），粵南有合浦郡的 3 縣：高涼（今陽江）、臨允（今新興）、徐聞（今徐聞）。

　　漢代新設的蒼梧郡有 10 縣：廣信（今梧州）、謝沐（今江永）、馮乘（今

江華）、富川（今鍾山）、封陽（今賀州南）、臨賀（今賀州）、猛陵（今藤縣）、端溪（今德慶）、荔浦（今荔浦）、高要（今肇慶），縣數最多的是江永到梧州的賀江流域，有 6 縣，這也是嶺南設縣最密之地，說明最重要的通道是賀江。廣西的西部有鬱林郡，有 11 縣，原來是壯族之地。

　　東漢南海郡新設增城縣，漢末建安二十三年，吳分合浦郡立高涼郡，劉宋高涼郡有 7 縣，劉宋分設的宋康郡有 9 縣。東晉末年設新會郡，劉宋有 12 縣。晉成帝設東官郡，劉宋有 6 縣。晉安帝設義安郡，有 5 縣。

　　劉宋廣州達到 17 郡，136 縣，不過人口才 206694，平均 1 縣 1000 多人，多數縣是越人、俚人所居。劉宋廣州各郡人口依次是南海（49157）、晉康（治今德慶，17110）、永平（治今藤縣，17220）、東官（治今惠州市東，15696）、綏建（14191）、蒼梧（11753）、新會（治今江門 10590）、新寧（治今新興，10514）、宋康（9131）、高涼（8123）、宋熙（6450）、鬱林（5727）、義安（治今潮州，5522）、海昌（4074）、桂林（2025），萬人以上的郡在藤縣到江門的西江附近，其次各郡在西江南部，此時屬於湘州的臨慶郡（治賀州）有 31587 口，始興郡（治韶關市）有 76328 口，始建郡有 22490 口，反映南朝前期人口集中在北江上游，其次是下游，再次是賀江流域，再次是西江下游和灕江上游。

　　隋代南海郡有 15 縣，37482 戶、。龍川郡（東江流域）有 5 縣、6420 戶，義安郡（今潮汕、梅州）有 5 縣、2066 戶，高涼郡（治陽江）有 9 縣、9917 戶，信安郡（治肇慶）7 縣、17787 戶，永熙郡（治羅定）6 縣、14319 戶，蒼梧郡 4 縣、4578 戶，始安郡（桂北）15 縣、54517 戶，永平郡（治藤縣）11 縣、34049 戶，鬱林郡（桂西）12 縣、59200 戶，合浦郡（南流江流域）11 縣、28690 戶，寧越郡（治欽州）6 縣、12670 戶，熙平郡（治連州）9 縣、10265 戶。隋代每縣平均人口最多地區從廣東轉移到了廣西，原來的始興郡、臨賀郡都裁撤了。南朝設西江都護、南江都護，反映西江流域的開發加速。

　　唐睿宗文明元年（684 年）新設滇昌縣（今南雄），南漢乾和三年（945年）新設敬州（宋改梅州），乾和四年（946 年）以滇昌、始興二縣新設雄州（宋改南雄州），乾和五年（947 年）以滇陽（今英德）、洺光二縣新設英州，以龍川、興寧二縣設新的循州。南宋乾道三年（1167 年）設乳源縣，唐宋新設的州縣集中在粵北，說明粵北接納了不少北方移民。

　　漢代桂陽郡包括今郴州、韶關、清遠，西晉分出始興郡，東晉始興郡屬荊州，劉宋屬湘州。蕭梁在粵北設衡州，隋代裁撤始興郡，但是熙平郡（治

今連州）不僅保留，且有 8 縣。因為隋唐都城在西北，所以北方到嶺南的道路中，連州路很重要。劉禹錫《連州刺史廳壁記》：「此郡於天文與荊州同星分，田壤制與番禺相犬牙，觀民風與長沙同祖習……城壓赭岡，踞高負陽。土伯噓濕，抵堅而散。襲山逗谷，化為鮮雲。故罕罹嘔泄之患，亟有華皓之齒。信荒服之善部，而炎裔之涼地也。」連州地勢較高，氣候在嶺南各地之中比較涼爽，少有瘴癘，民風在湖南和廣東之間。連州因為是中原文化進入廣州的門戶，在唐宋之際出現黃損、孟賓于、石文德等名人，連山縣（今連南）人黃損，後梁龍德二年（922 年）進士，任南漢尚書左僕射。桂陽縣（今連州）孟賓于著有《金鰲集》，後晉天福九年（944 年）進士，在南唐任官。《舊五代史》卷一三三記載石文德任馬楚水部員外郎、融州刺史，撰《大唐新纂》十三卷。宋朝都城東遷，北方到嶺南的道路也東遷到南雄，所以連州的地位不及南雄。

南宋廣東瘴氣還很恐怖，周去非《嶺外代答》說廣東的新州（今新興）、廣西的昭州（今平樂）號稱大法場，英州（今英德）號稱小法場，雖然靠近五嶺，但是不宜人居。洪邁《夷堅志・支丙》卷八：「嶺南大抵皆瘴毒，而春州最甚。自唐以來，北客謫徙者罕得生還。本朝廢為陽春縣，以隸南恩州。蓋既為一邑，則士大夫竄逐，罪囚黥配，皆獲免至彼，亦建議者持心近厚云。凡調注縣令，如滿三年，許不用舉主由選階改京秩，去者莫得歸，然貪嗜榮進，率冒昧以往。唯淳熙中莆田葉元卜獨終任與妻室無恙，而家人子盡死。」《宋史・地理志六》說廣南路：「南濱大海，西控夷洞，北限五嶺。有犀象、玳瑁、珠璣、銀銅、果布之產。民性輕悍。宋初，以人稀土曠，並省州縣。然歲有海舶貿易，商賈交湊。桂林、邕、宜接夷獠，置守戍。大率民婚嫁、喪葬、衣服多不合禮。尚淫祀，殺人祭鬼。山林翳密，多瘴毒，凡命官吏，優其秩奉。春、梅諸州，炎癘頗甚，許土人領任。景德中，令秋冬赴治，使職巡行，皆令避盛夏瘴霧之患。人病不呼醫服藥。儋、崖、萬安三州，地狹戶少，常以瓊州牙校典治。」

唐宋廣東文化稍有發展，唐代韶州的名人有張九齡，此時廣州尚未有名人，不過韓愈的《送竇從事序》說廣州：「逾甌閩而南，皆百越之地……是維島居卉服之民，風氣之殊，著自古昔。唐之有天下，號令之所加，無異於遠近。民俗既遷，風氣亦隨。」說明唐代的廣州也在漢化，《永樂大典》卷二一九八四引《廣州府移學記》：「士之知名者獨少，而業文擢第及，劣於他

州。」南宋寧宗嘉定年間，廣州與潮州「皆號多士」，出了崔與之、李昂英兩位名臣，反映南宋廣州有長足進步，〔註12〕其文化進步的源頭可能正是來自南雄珠璣巷的移民。

南宋紹興二十二年（1152 年）設香山縣，1925 年改名中山。廣府片在明代後期是設縣的第三個高潮期，成化十四年（1478 年）設高明縣，弘治二年（1489 年）設從化縣，六年（1493 年）設龍門縣，嘉靖五年（1526 年）設三水縣，三十八年（1559 年）殺大羅山瑤族 8 千多人，設廣寧縣，隆慶六年（1573 年）設新安縣（今深圳）。元明以來，西江瑤族不斷起義，萬曆四年（1576 年）明軍十萬，十路並進，平定羅旁山，殺瑤族 4 萬多人，升瀧水縣為羅定州，設西寧縣（今鬱南）、東安縣（今雲浮）。1953 年析中山縣南部設珠海縣，1979 年改為市。1965 年析中山、新會南部設斗門縣，1983 年劃入珠海。

粵語四邑片在地形上相對獨立，所以形成稍為特別的方言片。這片地方的漢化較晚，宋代僅有新會縣，西部還是瑤壯之地，明代景泰、天順間壯瑤東進，明朝平定，成化十四年（1478 年）設恩平縣，弘治十二年（1499 年）設新寧縣（今台山）、恩平縣，南明永曆三年（1649 年）設開平縣，雍正十年（1732 年）設鶴山縣。1904 年江門設口通商，1951 年設江門市，1983 年改為地級市。

南宋周去非《嶺外代答》記載欽州有五種人，第一種是土人駱越，講的蔞語，即駱語。第二種是北人，是五代從中原移民後代，說北方話，混雜南方話。第三種是俚人，語言難懂。第四種是福建人，說福建話，今天欽州沒有閩語，明代王士性《廣志繹》卷四說廉州（治今合浦）有東人：「雜處鄉村，解閩語，業耕種。」今合浦縣東部的閩語分布在山口、白沙等地，約有 15000 人。合浦西部的瓦聯、南部的福成及潿洲島也有閩語居民點，約有 3000 人。〔註13〕第五種是蜑人，語言類似廣東，即粵語。

宋代閩語擴散到南恩州（今陽江）與雷州等地，萬曆《雷州府志・民俗志》說：「雷之語有三，有官語，即中州正音也，士大夫及城市居者能言之。有東語，亦名客語，與漳、潮大類，三縣九所鄉落通談此。有黎語，即瓊崖、臨高之音，惟徐聞西鄉之言，他鄉莫曉。」明代雷州還有黎語，徐聞西鄉的語言可能是海南島西北部的臨高語，是壯語南遷的一支，不是黎語。

〔註12〕程民生：《宋代地域文化》，河南大學出版社，1997 年，第 103～104 頁。
〔註13〕梁太剛：《廣西欽州地區的語言分布》，《方言》1986 年。

晚明張邦奇說：「閩、粵雖僻在海濱，而近世固已為聲名文物之地。」〔註14〕其實福建在宋代已經出了很多重要的名人，這句話更符合廣東科舉在明代迅速發展的情況。明末清初的福建上杭人劉坊就說廣東人無衣食之憾，可惜甲科太少。〔註15〕明代廣東的進士僅有福建的三分之一，但是清代廣東的進士已經比福建少不了太多。因為清代福建人支持鄭成功反清復明，受到很大摧殘。明代福建是海外貿易的中心，清代又實行嚴厲的海禁，廣州和澳門是最重要的通商口岸，使得廣東經濟和文化有重大進步。

廣州光孝寺

徐聞貴生書院

六、廣西設縣的四個高潮期

唐代廣西的小羈縻州很多，集中在兩個地區：紅水河和龍江之間、雷州和珠江之間。宋代雷州和珠江間從 15 個小州變成容、高、化、鬱林 4 州，說明漢化很快。北宋裁撤了很多州縣，其實是把唐代的羈縻州縣改為正州正縣，表面看是減少州縣，實質是加強統治。

北宋廣西裁撤的州縣，太祖時集中在東南部的容州、鬱林州、賓州、橫州，仁宗、神宗時集中在東北部的靜江府（今桂林）、融州、柳州、藤州、梧州、宜州（今河池），宋初的裁撤規模更大，說明唐宋之際的廣西的東南部漢化迅速。漢代到唐代的北流型、靈山型銅鼓在北宋衰亡，也印證唐宋之際廣西的東南部漢化加速。

唐昭宗乾寧二年（895 年），桂林人趙觀文成為廣西第一個狀元，反映唐末

〔註14〕〔明〕張邦奇：《觀光樓集》，《續修四庫全書》第 1336 冊，第 612 頁。
〔註15〕〔清〕劉坊：《劉鼇石先生詩文集》，《四庫禁燬書叢刊》補編第 84 冊，第 696 頁。

廣西的文化地位提高。照理說，中原的移民首先到達廣西的東北部，再到廣西的東南部，但是廣西的東北部原本漢化程度比較高，所以唐宋之際的北方移民對廣西衝擊最大的地方不是廣西的東北部，而是廣西的東南部和中西部。

宋元廣西也增加一些州縣，北宋增加忻城、遷江（今來賓西）縣，南宋增加懷遠（今三江）、河池縣。

唐代的容州是容管經略使駐地，《十道志》說容州：「夷多夏少，鼻飲跣足，好吹葫蘆笙，擊銅鼓，習射弓弩。無蠶桑，緝蕉葛以為布。不習文學，呼市為墟，五日一集。人性剛悍，重死輕生。」南宋有不少北方漢族直接移入廣西，南宋《方輿勝覽》引《容管志》說容縣：「渡江以來，北客避地留家者眾，今衣冠禮度，並同中州。」《容州學記》：「容之學校，始於自唐，成於我宋，文風視古為最盛焉。」蔡絛《鐵圍山叢談》卷六說：「嶺右頃俗淳物賤。吾以靖康歲丙午遷博白。時虎未始傷人……十年之後，北方流寓者日益眾，風聲日益變，加百物湧貴，而虎浸傷人。今則與內地勿殊，啖人略不遺毛髮。」雖然廣西也有一些北方移民，但是不僅在數量上不及廣東，也沒有內部的移民潮，所以漢化程度仍不及廣東。明代改容州為容縣，屬梧州府，清代鬱林州從梧州府分出，黎湛鐵路 1955 年開通，1997 年設立玉林市。唐代嶺南五管的另外四個：桂管經略使駐地桂州（今桂林）、邕管經略使駐地邕州（今南寧）、五府經略使駐地廣州、安南經略使駐地交州（今河內）仍為區域政治中心，唯獨容州衰落。明代把宋元以來隸屬廣西的海南島和欽州、廉州劃歸廣東，廣西沒有出海口，1965 年欽廉才重回廣西，偏在東南的鬱林、容縣就更不重要了。

按照《中國語言地圖集》，粵語在廣西有勾漏片、邕潯片、欽廉片，廣東有廣府片、四邑片、高陽片、吳化片。也有人把廣西的勾漏片歸入廣府片，另把東莞、深圳分出莞寶片，把中山、珠海、澳門分出香山片。〔註 16〕總體上，廣東粵語分片比廣西多，因為粵語在廣東產生，所以分歧更大，而廣西是粵語的擴散地，所以分歧不大。

廣西漢化比廣東晚，《廣志繹》：「雲貴土官，各隨流官行禮，稟受法令，獨左右江土府州縣，不謁上司，惟以官文往來，故桀驁難治，其土目有罪，遂自行殺戮……土州民，既納國稅，又加納本州賦稅，既起兵調戍廣西，又本州時與鄰封戰爭殺戮。又土官有慶賀、有罪贖，皆攤土民賠之，稍不如意，

〔註 16〕詹伯慧：《廣東粵方言概要》，暨南大學出版社，2002 年。

即殺而沒其家。又刑罰不以理法，但如意而行。故土民之苦，視流民百倍，多有逃出流官州縣為兵者。」又說：「廣右異於中州，而柳、慶、思三府又獨異，蓋通省如桂、平、梧、潯、南寧等處，皆民夷雜居，如錯碁然。民村則民居民種，僮村則僮居僮耕，州邑鄉村所治猶半民也。右江三府，則純乎夷。僅城市所居者民耳，環城以外悉皆傜、僮所居。」東部的桂林、平樂、梧州、潯州、南寧也是民夷雜居，州縣治所僅有一半漢族。右江的鎮安、太平、思明三府都是壯族，僅有城內有漢族。廣西的土著因為受到深重壓迫，往往逃出當兵。

桂東原來也是瑤、壯居地，永樂三年（1405 年），潯州、柳州、桂林瑤族起義被鎮壓。宣德年間，潯、柳、桂、平、思恩等地瑤壯被屠 12260 人，在大藤峽築城堡十三、鋪舍五百。景泰七年（1456 年），修仁、荔浦、平樂縣瑤族起義，天順七年（1463 年）大藤峽瑤族攻入梧州府城，成化元年（1465 年）韓雍率軍十六萬鎮壓，斬斷大藤，改為斷藤峽。次年，大藤峽瑤族再次起義，攻入潯州府城及洛容、北流縣，發展到廣東，成化八年勉強鎮壓。次年，義軍攻破懷集縣。正德十一年（1516 年），兩廣總督陳金進攻大藤峽，屠民七千，改名永通峽。嘉靖六年（1527 年），王守仁鎮壓大藤峽及柳州、慶遠府八寨，屠殺民眾 15000 人。經過明朝 100 多年的大屠殺，桂東的瑤族、壯族漸漸被消滅和同化。

清代在廣西的西部改土歸流，設置很多新的府、州、縣，因為靠近雲貴高原，應歸入西南考察，本處不再贅述。

邕潯片跳躍分布在桂平（古潯州府治）、平南、南寧及邕寧、崇左、寧明、橫等縣城以及柳州部分地區，源自廣東移民。

廣西的中部還有漢語方言平話，分為桂北平話、桂南平話兩大塊，桂北平話以桂林、賀州、柳州為核心，桂南平話以南寧為核心，向西沿左右江的狹長地帶，向北直到來賓。在西南官話、粵語夾擊平話之前，平話是廣西上層通行的方言，其分布地可能東到梧州。傳說平話來自北宋狄青平定儂智高的軍隊，其實是在歷史上進入廣西的北方移民影響下長期形成。〔註 17〕不過宋代的軍隊和各種移民的影響確實非常重要，但是南宋的廣西沒有出現廣東珠璣巷移民那樣明顯的內部移民潮。

〔註17〕梁敏、張均：《廣西平話概論》，《方言》1999 年第 1 期。

宋代始建的欽州天涯亭

廉州海角亭

七、海南設縣的四個高潮期

　　海南島是中國第二大島，中間是五指山地和丘陵，北部與沿海是臺地平原。東南降水多，西北少。從福建向南有南海東北季風漂流，所以從福建容易航行到海南島。除西南部外，都是基岩海岸，良港多在北部和東部。

　　漢武帝劉徹元封元年（前 110 年），在海南島置儋耳郡、珠崖郡，因暴政引發土著反抗，昭帝始元五年（前 82 年）廢儋耳郡入珠崖郡，元帝初元三年（前 46 年）廢珠崖郡，漢朝撤出海南。

　　孫吳赤烏五年才重新出兵海南，設儋耳郡、珠崖郡，僅有幾年即廢。劉宋可能短暫設過珠崖郡，《隋書》卷八十《譙國夫人傳》說蕭梁割據嶺南的南梁州刺史洗挺使海南儋耳歸附千洞，因此設崖州，不知此時是否設縣，很可能是隋代才正式設縣。

　　隋代崖州有 10 縣，19500 戶。唐代有瓊、崖、儋、振、萬安 5 州 23 縣，貞觀五年（631 年）在中北部的黎族山地置瓊州，高宗乾封元年（666 年）被黎族佔領，德宗貞元五年（789 年）恢復，但晚唐又廢四縣，僅留樂會縣。宋代合併海南島北部的瓊州、崖州為瓊州，改海南島南部的振州為崖州。

　　唐代因為開闢了從廣州經過海南島東部到南洋的航路，所以海南島東南部增設一些州縣。貞觀二年，振州新設吉陽縣（今三亞東）、落屯縣，顯慶五年（660 年）瓊州新設樂會縣。龍朔二年（662 年）從崖州分設萬安州，新設萬寧縣、富雲縣、博遼縣，唐末廢後兩縣。

　　宋代設瓊州（瓊山、澄邁、臨高、文昌、樂會 5 縣）、朱崖軍（寧遠、吉陽 2 縣）、萬安軍（萬寧、陵水 2 縣）、昌化郡（昌化、宜倫、感恩 3 縣）。元代廢吉陽縣，至元二十九年（1292 年）新設定安、會同 2 縣。

　　前人對比正德《瓊臺志》和《瓊州府志》的港口，發現清代比明代港口增加的地方在崖州、萬州、臨高、瓊山、會同、樂會、文昌，港口減少的地方在儋州、昌化、澄邁。〔註18〕可見明清雖然有海禁，海南仍然是東南部發展較快。

　　宋代福建人大舉移入海南，《嶺外代答》卷二《海外黎蠻》說：「海南有黎母山，內為生黎，去州縣遠，不供賦役。外為熟黎，耕省地，供賦役，而各以所邇，隸於四軍州。黎質直獷悍，不受欺觸，本不為人患。熟黎多湖廣、福建之奸民也，狡悍禍賊，外雖供賦於官，而陰結生黎，以侵省地，邀掠行旅，居民官吏經由村峒，多舍其家。」現在海南漢人的家譜絕大多數都寫從福建遷來，同治《廣東通志》：「瓊島孤懸海外，音與潮同，雜以閩人。」《瓊州府志》：「瓊語有數種，曰東語，又曰客語，似閩音。」潮州也是閩南語，說明海南島接納了好幾批閩南語移民。因為閩語從東部侵入，所以西北部的儋州等地還有粵語。三亞崖城、昌江昌化、東方八所、儋州等地的軍話是明代衛所軍人帶來的北方話，又有宋元回族帶來的南島語系回輝話（回回話）。

〔註18〕賈賓：《明清時期海南的海運航線與港口》，出寶陽、陳建中主編：《海絲申報世界文化遺產與東亞海洋考古研究》，廈門大學出版社，2016 年，第 342～349 頁。

　　元代設黎兵萬戶府，明代給峒首授以巡檢司職務，光緒十二年（1886 年）馮子材設立保亭營撫黎局，從此峒長要經過團總管委任。近代海南島中部和西南的黎族山區新設 7 縣，1935 年設白沙縣，析昌江、感恩、崖縣設樂東縣，析崖縣、陵水、萬寧、樂會、定安縣設保亭縣。1948 年中共設新民縣（1952年改名屯昌縣）、瓊中縣，1949 年 12 月感恩縣與昌江縣合為昌感縣，1952 年4 月改名為東方縣，治東方村（今東方市），1962 年從東方縣北部復設昌江縣，東方市實即古代的感恩縣，但是移治。1958 年，瓊東（1914 年由會同縣改名）、樂會縣合為瓊海縣。1986 年設通什市，2001 年改名五指山市。1987 年，撤銷海南黎族苗族自治州，崖縣改為三亞市，1988 年海南建省。

　　西部沿海的儋州城（今儋州新州鎮）、感恩縣城（今東方感城鎮）、昌化縣城（今昌江昌城村）都在近代衰落了，儋州、昌江的治所從沿海遷到內陸，這是近代中國沿海地區罕見的城市內遷。主要是因為海南島西部航線衰落，導致海南島西部沿海城市衰落。現在昌江縣治石碌鎮原為小村，因為發現銅礦得名，1964 年建鎮。[註19] 1957 年儋縣那大鎮設那大縣，1958 年併入儋縣，儋縣遷到那大鎮，那大鎮因為在海口通往南部的大路而在清代興起。[註20]

海口丘濬故居的宗祠　　　　　　　海瑞故居的牌坊

〔註19〕昌江縣志編纂委員會：《昌江縣志》，新華出版社，1998 年。
〔註20〕儋縣志編纂委員會：《儋縣志》，新華出版社，1996 年。

八、東南設縣高潮期的比較

綜合以上東南各省政區設置主要是設縣高潮期的時間與次數，可以製成下表。〔註21〕

	安徽	江蘇	浙江	江西	福建	廣東	廣西	海南
戰國	一	一	一	一				
秦漢						一	一	一
孫吳	二	二	二	二	一			
南朝						二	二	
隋								二
唐中期	三		三	三	二			三
十國、宋初				四	三		三	
明				五	四	三		
清、近代	四	三					四	四

（一）鄰省比較

江蘇雖然在浙江的北部，但是六朝以後就沒有政區設置高潮期了，安徽、浙江在唐代中期還有一個高潮期，因為江蘇是中國山最少的省，而浙江、安徽多山，所以唐代還有很多空地沒有開發，浙江、安徽第三期的新縣都集中在中部山區。

江蘇在清代中期以後還有一個政區設置高潮期，主要是因為黃河泥沙導致海岸線大幅擴張。安徽雖然沒有海岸的擴張，但是安徽多山，所以近代興起了一些礦業城市，皖北在清代中期以後因為戰亂促使人口激增，所以也導致安徽政區設置的第四個高潮期。

江西、福建的緯度差不多，江西稍北，但最大的不同點是江西的北部有平原和江淮方便來往，所以每次中原、江淮戰亂時，江西受到移民衝擊的更強，江西的政區設置高潮期的第一波、第二波都比福建早，江西的第二波與福建的第一波實際同時，江西的第三波則與福建的第二波同時，因為這兩次的衝擊波的源頭都是來自江淮，前一次是東漢末年的江淮戰亂與孫吳建國，後一次是唐末的江淮混戰與楊吳、南唐建國。越到後來，江西與福建的交通越通暢，所以福建受到的影響也就越大。江西、福建的第三波還有一點和前兩次不同，那就是此時福建獨立為閩國，所以此時福建的開發比以前要強烈很多。

〔註21〕臺灣的政區都是在清代以來設置，非常特殊，暫不計入。

　　江西的政區設置高潮期比較多，前四次和中原、江淮的衝擊有關，第五次主要是南部客家人居住區開發所致。江西和福建的歷史進程大體上同步，只不過江西開發較早，所以比福建多一次戰國秦漢高潮期。江西的高潮期最多，因為江西位置特殊，北連江淮，南通嶺外，是中原文化進入嶺外的最關鍵通道。

　　福建的緯度比廣東、廣西高，但是福建的第一個政區設置的高潮期竟然比兩廣還晚，主要是因為福建北部的武夷山不僅連綿，而且高大，而所謂的南嶺不僅不是一條山脈，而是所謂的五嶺，而且這五嶺多數還不是東西走向，而是接近南北走向。五嶺中間有寬闊的山口，最寬的地方甚至在秦代就順利開挖了靈渠，所以兩廣和中原的交通比福建容易很多。早在秦代，就在兩廣設立很多郡縣，派駐數十萬大軍，而此時的福建卻基本找不到史料記載。

　　兩廣的氣候雖然比福建稍熱，但是冬天很多地方的溫度卻不比閩南高，因為閩南受到洋流影響，所以溫度不低。

　　兩廣的沿海平原也比福建大很多，北方來的漢人更容易在兩廣立足。上古氣候比現在濕熱，漢族進入南方，最早僅能在沿河的谷地立足，所以平原的大小至關重要。秦漢兩廣的郡縣基本上都在河谷，重要的谷口往往設縣，比如南海郡中宿縣扼守中宿峽，鬱林郡阿林縣、中留縣扼守大藤峽的兩個口門。

　　六朝時期，兩廣的高潮期也比福建晚，因為孫吳的核心在江南，更容易控制福建，但是對兩廣的控制非常薄弱。福建第三波設縣高潮期也比廣東早，因為唐末五代福建受到江淮戰亂的影響比較大，廣東基本沒有受到影響。福建第四波、廣東第三波實際是同時，此時的開發及政區設置集中在閩西和粵東的客家人分布的山區。

　　廣東、廣西的設縣高潮期稍有不同，前兩次基本相同，都是在秦漢、南朝，其動力都是來自中原的秦漢王朝和長江流域的六朝推動。南漢建立者劉龑，最初立國號為大越，次年才改名大漢。大越是模仿趙佗的南越國號，但是改名大漢是要強調漢人的地位，說明此時嶺南還有很多越人，所以才有必要強調。五代十國時期的國號很多，漢除了出現在中原外，恰好出現在南北邊疆，即北漢、南漢，都是漢文化薄弱之地，所以需要特別強調漢文化。

　　廣西在南漢、北宋時期有一次裁縣但是實質是等同設縣的高潮期，清代、民國的一次設縣高潮期主要是在廣西的西部壯族地區。北宋廣西的越人起兵

較多，環州（今環江）人區希範建立大唐國，儂智高建立南天國，一直打到廣州，此時兩廣很多地方尚未漢化，所以才有這些情況。廣東沒有近代的設縣高潮期，因為廣東的漢化進程比廣西早很多。但是廣東的西部在明代有一次設縣高潮期，廣西沒有，因為此時漢化推進最激烈的鋒面在廣東的西部，還沒有推到廣西。

海南的設縣高潮期第一次和廣東相同，最後一次和廣西相同。但是中間的一次和廣東、廣西都不同，不是在南朝而是在隋、唐，這是因為當時海南和大陸的交通還不方便，所以第二次高潮期比兩廣晚。自從漢朝退出海南，隋代才正式重新在海南設置郡縣。隋代在南方各地都是裁撤郡縣，唯獨在海南新設郡縣，非常特殊。

（二）相鄰時代比較

如果我們從時代來看，戰國秦漢時期是第一個大期，六朝隋唐是第二個大期，唐代到北宋是第三個大期，明清近代是第四個大期。

第一個大期，沿江各省都是在戰國有一個設縣高潮期，但是嶺南各省都是晚到秦漢。

第二個大期也是如此，沿江各省和福建都是在孫吳有一個設縣高潮期，但是嶺南各省都是晚到南朝和隋唐。

第三個大期非常特殊，南方各省基本都有高潮期，這是中國重心轉向南方的關鍵期。

第四個大期和以前不同的地方是廣東和廣西、海南有時代差異，廣西、海南的高潮期比廣東晚。

（三）各省高潮期緊湊度比較

如果從政區設置高潮期的緊湊度來看，福建最為緊湊，唐代中期設 11 縣，五代到北宋前期設 21 縣，這種短期激烈轉變很罕見。

唐代中期福建沒有受到中原或江淮移民的強烈衝擊，此時的新縣主要開山洞置，也即把原住民變成編戶齊民。廣東的這一進程發生在明代的珠江三角洲以外地區，但是歷史記載中的廣東漢化過程比福建激烈，並不是因為唐代福建的文獻較少，而是因為唐代福建的人口本來就很稀少，所以戰爭不是很激烈。雖然福建留下了反映土著被征服的小說《平閩十八洞》，但是這種晚出的小說不能和正史記載相比。漢族移民的子孫在福建人口中的比重大幅增

加，未必是因為漢族屠殺土著。如果每一代漢族移民的妻子和兒女數量多於土著，經過數代，移民的子孫在人口中的比重自然會增加。而王審知等統治者的妻子和兒女數量肯定多於土著，所以這是一種自然的過程。

另外一個政區設置高潮期非常緊湊的省是海南，海南近一半的縣是在隋唐設置。因為海南有大海阻隔，有點類似武夷山的阻隔作用，所以中原王朝對海南的統治有五百年的中斷期。

從高潮期的集中時代來看，東南各地可以分為四類，第一類是江蘇、安徽、浙江，高潮期集中在宋代之前。第二類是江西，從戰國秦漢延續到明代，時間很長。第三類是福建，六朝才有第一個高潮期，明代仍然有。第四類是兩廣和海南，從秦漢延續到明清。

這四類代表東南的四種歷史進程：

1. 江蘇、安徽、浙江最靠近中原，而且很多地方是平原，方便和北方往來，所以漢化較早，宋代之前就基本完成開發。因為早期漢化的主體是吳越上層，所以留下不少吳越語言的表徵，但是在北方文化的長期沖刷之下，很難找尋到吳越文化的實質了。浙江南部留下的土著文化色彩較多，因此在現代看來，表現出很多接近福建的地方。

2. 江西是一個南北狹長的省，是聯結中原和福建、廣東的紐帶，而且四周多山，人口壓力大，所以成為漢文化向華南、西南傳播的樞紐。不僅閩文化、粵文化的源頭來自江西，即便是湖南、雲貴漢人的重要源頭也在江西。江西文化最輝煌的時代是宋明，明清衰落。

3. 福建是一個被高山屏蔽的省，所以開發較晚，但正是因為有高山屏蔽，開始漢化不便，但是遇到北方大戰亂時會突然湧入很多移民，所以往往產生文化的突變，文化在幾個特殊的時刻定型。因為土著人口原來較少，所以留下的土著文化實質並不多。但是比起江浙，土著文化色彩還是稍多，不過也是侷限在一些民間信仰之中。閩文化最輝煌的時刻是南明鄭成功時代，清代有所衰落。但是從閩南文化派生出的臺灣文化，卻在近現代異常發揚光大。

4. 嶺南的漢化比福建早，但是完成比福建晚，保留的土著文化遠多於江南和福建。但是廣東漢化的高潮期晚於福建，所以此時接受的漢語不如福建古老。清代以來廣東是中外交流的最重要樞紐，使得廣東文化在近代的變化速度比江南、福建快。

結論：東南文化演變大勢

　　漢文化從北方進入長江流域，最早形成的兩個南方分支是長江中游的楚文化和長江下游的吳文化，其次是戰國時期秦晉移民在西南形成的新巴蜀文化。巴蜀漢文化在宋末、元末、明末等時期因為戰爭而出現多次中斷，楚文化、吳文化未曾中斷。

　　後世吳文化的北部雖然在南京、揚州、皖南等地大幅後撤，但是仍然頑強守住其原有核心地蘇州、無錫、常州。在皖南、浙南等原來的山越之地也有大幅拓展，又在六朝對早期閩文化的形成產生重要影響。

　　楚文化的北部直接面對戰亂頻發的中原，不像吳文化遠離中原，不像吳文化的北部有江淮文化的保護層。所以現在楚文化的故地湖北省，絕大多數地方包括楚國都城荊州，早已變成西南官話的地域。西南官話非常類似北方話，是北方移民遷入形成。原來的楚文化大幅撤退到湖南，主要依賴長江和湖泊的掩護，演變為湘文化。

　　另一方面，從戰國末年楚國都城東遷壽春開始，楚人就大舉東遷江淮，甚至整個江蘇都被司馬遷稱為東楚。江淮文化其實也是楚文化向東退卻形成，淮安歷史上長期叫楚州，六朝江東人稱江北人為楚人，江淮話又叫楚語。楚文化本來也擴散到西南很多地方，但是因為戰亂和移民，現在西南文化中的楚文化因素已經很少。

　　後世的東南各種文化，都是不同時代的楚文化、吳文化、北方文化和土著文化進行不同比重混合的結果。司馬遷《史記‧貨殖列傳》把南方稱為楚、越之地，江西是吳頭楚尾，《輿地紀勝》引《饒州記》：「人語有吳、楚之音。」上饒在贛語、吳語交界處，贛語主要源自楚語。樂城（今浙江樂清）有吳、

楚風俗融合，唐代張子容的《樂城歲日贈孟浩然》詩云：「插桃銷瘴癘，移竹近階墀。半是吳風俗，仍為楚歲時。」其實不止江西、浙江，東南各地都是吳、楚文化融合。

廈門最大的佛寺是南普陀寺，在五老峰下，廈門島上的白鹿洞寺也很著名，這些名字都是模仿浙江、江西的寺廟和地名，印證福建漢文化的源頭來自浙江和江西。

客贛文化的源頭包括楚文化、吳文化和北方文化，土著文化微乎其微。客家文化可以看成是古老的贛文化，混雜了比贛文化更多的土著族群畬、越文化，但是土著文化在客家文化中仍然是少數。

閩文化的源頭包括吳文化、楚贛文化和北方文化，土著文化微乎其微。粵文化的源頭主要是楚贛文化、土著文化，雖然歷史上也有不少北方人直接進入粵地，但是在古代不占主流。

造成客家文化和閩文化差異的三個主要原因是：（1）客家文化中的楚文化因素更多，閩文化的楚文化因素較少。（2）客家文化中的吳文化因素比閩文化中的吳文化因素時代晚，吳文化在六朝時期大量進入閩地，閩文化中的吳文化比較古老。而客家文化中的吳文化，很多是隋唐時期的吳文化。（3）客家文化中的畬文化因素更多。而閩文化中的土著文化除了畬文化，還有沿海的疍民越文化因素。

造成客家文化和粵文化差異的兩個主要原因是，客家文化中的北方文化和吳文化比重更大，客家文化形成的地方偏北，而粵文化中的土著文化比重更大。

造成閩文化和粵文化差異的主要原因是，閩文化中的北方文化和吳文化的比重更大。福建人的北方父系比廣東人的北方父系多 30%，北方母系比廣東人的北方母系多 20%。如果去除潮汕人和客家人，廣府人的南方土著血統更高。

客家文化雖然可以看成是古老的贛文化，但是其文化起源地實質在江淮，客家文化不是正宗的中原文化，而是已經南方化的中原文化再華南化的結果。

福建人被廣東人稱為福佬 hok-lao，福佬被文人雅化為河洛 ho-lok。雖然河洛人的名字不過是一種附會，陳元光、王審知的家鄉都不在洛陽，但福建的主要姓氏確實全部來自河南省的東南部。閩文化雖然是在陳元光、王審知

等中原移民的衝擊下最終形成，但是此前的吳文化、楚文化因素很大。閩國的出現為閩文化取得了正式的政治地位，但不能看成是閩文化的全部源頭。所以光州固始說有其重要地位，不能縮小或放大。

閩的閩南語是 mang，閩就是蟒，閩越人崇拜蟒，但現在福建唯一用活蟒賽神的是南平樟湖鎮的蛇王廟，閩南反而找不到。這就證明不同時期漢文化覆蓋福建土著文化時，有時對閩南文化的衝擊更強，陳元光、王審知就是先到閩南。如果否認北方文化的衝擊，就難以解釋。

東南各地原來都是粵地，但是今天唯獨廣東簡稱為粵，這是名副其實，粵文化中的百越因素確實最多。但是廣東模式既不能放大到廣東以外的地方，也不能忽視今天廣東文化基本是漢文化的事實。

現代福建的建築保留的土著文化因素比廣東多，福建的屋脊中間下彎，裝飾繁雜多彩，類似南島文化。現代廣東人的飲食比福建人雜，保留的土著文化更多。

海南是一個非常特殊的省，其漢化的早期動力來自兩廣，唐宋以來主要來自福建。雖然跨越海路，但是福建移民竟然使潮汕沿海、雷州半島和海南島成為閩語為主的區域。

下圖是楚文化、吳文化、北方文化和土著文化在贛文化、閩文化、客家文化、粵文化中的比例簡表。

南方四種文化的來源比重簡表

現代文化	成分來源				
贛文化	楚文化			吳文化	北方文化
閩文化	楚文化	吳文化		北方文化	越畬文化
客家文化	楚文化		吳文化	北方文化	畬越文化
粵文化	楚文化		吳文化	北方	百越、瑤畬文化

福建早期漢化速度遠不及廣東，但是唐宋之際比廣東迅速。宋代閩文化形成強大的勢力，包抄到兩廣的南部。

中國南方的漢化早期以楚、吳為中心，宋代之前的中原文化向南方發展主軸還在江浙和兩湖。

中原到江浙的線路比較多，上古秦漢有從汝水、潁水到壽春（今壽縣）、合肥、歷陽（今和縣）的線路，在今當塗、蕪湖渡江，此時丹陽郡的治所還

在今天南京西南的丹陽鎮。此時的邗溝是次要路線，南京尚未崛起。六朝時期，原來不出名的秣陵（今南京）成為都城，邗溝線路的地位有所提高，山陽（今淮安）興起。齊魯人有從泗水南下邗溝和沿海直接南下到江南的兩條線路，也有從朐山（今連雲港）到淮陰的線路連接上述兩條線路。隋唐以大運河線路為主，揚州首屈一指，泗州興起，此時汝、潁線路衰落。歷史上的吳文化從浙東沿海、金衢盆地等線路影響江西和福建等地，孫吳政權的建立又使吳文化覆蓋整個東南，也包括兩湖和越南。

中原到楚地的線路因為受到高山限制，主要是漢水和南陽兩條線路，在襄陽匯合，南下江漢和湖南。楚文化還對江南、西南、嶺南和福建文化產生重要影響，六朝以後的楚文化地位被吳文化超越。

六朝時期僑置在今安徽省的豫州、南豫州顯示僑民主要來自今河南省的東南部，僑置在今江蘇省的青州、冀州、南兗州、南徐州顯示僑民主要來自今河北省、山東省，僑置在今湖北省西北部的司州、雍州顯示僑民主要來自今河南省的西北部和陝西省、甘肅省。六朝的僑州郡縣在長江下游越過了長江，但是在長江中游則基本未越過長江。〔註1〕

六朝時期的江西省是一個特殊的地方，表面上看不到僑州郡縣，其實有不少縣的名字來自中原，史料也明確說有不少北方移民。此時的江西省漢化程度遠遠不及江浙和湖北，此時進入江西省的北方人不是世家大族，但是富有冒險開拓精神，這為他們的子孫未來再從江西進入更為蠻荒的福建奠定了基礎。所以分子人類學發現，江西、福建、廣東的父系主要來自北方，母系主要是土著，說明早期進入江西、福建、廣東的北方人以單身男性為主。

唐宋時期中原文化的東南發展，在楚、吳之間形成了一個贛、閩為中心的新主軸，原來不突出的江西軸線此時向福建延伸很長。這個新主軸的形成的根本動力來自河南，從江淮切入江西，再到福建。有些是六朝在江淮的移民子孫，到了唐末才進入江西和福建，有些則是唐末從中原直接進入江西和福建。從中原到江淮的線路，因為大別山而分為兩條線路，東線是從今壽縣、舒城、安慶南下，西線是從今信陽、武漢、鄂州南下。這條新主軸使得中原文

〔註1〕湖南的僑置郡縣僅有《宋書》卷二七《州郡志三》記載荊州南義陽郡厥西縣、平氏縣在今湖南省安鄉縣，厥西縣原在今湖北隨州西北，平氏縣原在今河南桐柏縣平氏鎮，《隋書》卷三一《地理志下》澧陽郡安鄉縣：「舊置義陽郡，平陳，郡廢。」《太平寰宇記》卷一一八澧州安鄉縣：「晉末曾立為義陽郡，至梁廢之。隋平陳，分立為安鄉縣。」

化進入唐末之前還很蠻荒的福建，使漢文化新的重要分支閩文化正式形成。因為後世閩文化在海外的擴張範圍更大，所以我認為漢文化在南方擴展的新主軸南端在福建而非廣東。

我在此前研究中國前百名大姓的地理成因，提出豫、皖、蘇、浙、贛五省數千里平原相連，提供了中原移民大擴散的地理基礎。〔註2〕現在我把這個中國文化發展的地理主軸，稱為豫贛閩臺主軸。

中原文化向東南發展的吳楚老主軸和豫贛閩臺新主軸地圖〔註3〕

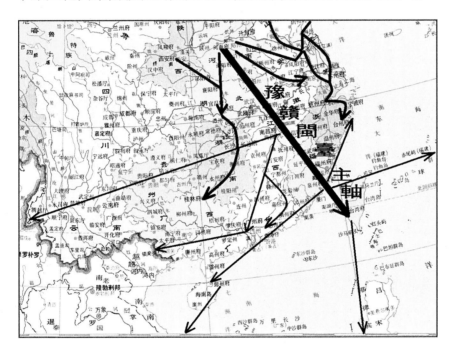

這條新主軸輻射出七條次軸：

1. 贛文化次軸：從江西經過湖南到貴州、雲南，即江西填湖廣和明清江西、湖南人移民雲貴的大潮
2. 粵文化次軸：從江西經過南雄到珠江三角洲、再到廣西
3. 客家文化次軸：從江西到閩西、粵東，再到嶺南、四川各地
4. 閩文化西南次軸：從福建到潮汕、雷州、海南、西洋航路等地
5. 閩文化東南次軸：從福建到臺灣、東洋航路等地

〔註2〕周運中：《當代百家姓地理的歷史成因》，《尋根》2007年第6期。
〔註3〕地圖來自譚其驤主編：《中國歷史地圖集》第八冊清代，第3～4頁。

6. 閩文化西北次軸：從福建到浙東等地

7. 閩文化東北次軸：從福建到琉球、日本等地

在這條新主軸上，中原的華夏文化越過長淮，越過大江，越過煙波浩渺的鄱陽湖，越過高聳入雲的武夷山，越過波濤洶湧的大海，在邊疆開枝散葉，在海外開花結果。江湖和山海的阻隔是這條新主軸形成較晚的原因，但是這條新主軸最終取代了楚、吳兩條老主軸。中原文化一路上不斷融合苗瑤、山越、南島文化，又在近代融合西方文化，最終在廣闊無垠的太平洋上形成了臺灣文化。臺灣文化是華夏文化千年昇華的結晶，代表了未來發展方向。

福建古代土著也有一些後代，漢化時也會攀附中原血統，不過他們畢竟是少數，不能因為這些少數人就否認多數人的父系來自中原。現在一些人不顧文獻學和分子人類學的吻合結論，否定福建人的主體血統和主體文化來自中原。〔註4〕顯然毫無根據，這不是他們聲稱的回歸學術主體性，〔註5〕而恰恰是忽視學術主體性。學術主體性要求放眼所有學科，要求融合多個學科。如果未能關注各學科的研究成果，也不能找到各學科之間互相印證的成分，進而形成各學科普遍認同的結論，豈能是以學術為主體？

強調福建文化土著性的人，批判強調福建文化中原性的人是攀附，但是我們同樣可以批判他們狹隘。而且這種心理往往是在近現代東南沿海經濟發展之後才有底氣產生，所以未必是學術主體性，而可能是經濟主體性。其實真正富裕的人不會諱言自己出身貧寒，福建人的主體是否來自中原和現在閩南文化在世界上的重要地位毫無關係。偉大往往來自苦難，如果我們說福建人的祖先來自多災多難的中原，但是跋涉萬里，在東南的山阨海隅和海外又開拓出廣闊新天地，那豈不是更加證明福建人的能力嗎？所以我認為，正視分子人類學的檢測結論，承認父系祖先來自中原，正視主體文化來自北方才是真正的自信。

如果有人認為家鄉的文化一直是土著文化，這大概是熱帶雨林的原始民族才有的想法。其實世界上沒有任何一個地方存在主體不變的民族，分子人類學已經證明現在世界上所有人的祖先都是來自東非的一個很小的部落，即便是熱帶雨林的所謂土著民族，也都是移民的後代。蘇美爾人來自東方，匈

〔註4〕陳支平：《從歷史向文化的演進：閩臺家族溯源與中原意識》，《河北學刊》2012年第1期。

〔註5〕陳支平：《回歸學術主體性：東南民族研究的三個省思》，《思想戰線》2012年第1期。

奴人、突厥人的西遷對世界史產生重大影響，匈奴人引發的民族遷徙潮滅亡了羅馬帝國，突厥人控制了阿拉伯帝國，滅亡了拜占庭帝國，產生了奧斯曼土耳其帝國和現代土耳其。伊比利亞人為了繞開土耳其帝國，而開闢了新航路，使地球進入了近代史。美洲、澳洲的主體人口已經被歐洲移民替代，非洲北部的人口被阿拉伯人替代，非洲南部歷史上則有班圖人的大遷徙。歐洲的土著是凱爾特人，被印歐人擠壓到邊緣。印度的土著被擠壓到南方，印歐人成為印度的主體。東南亞的所謂土著馬來人也是從華南遷去，日本的土著阿依努人被大陸移民擠到東部，西伯利亞的土著被俄羅斯人擠壓到邊遠地方。緬族、泰族從中國南遷，把土著孟人擠到南方。即便是幾百年前的移民，現在每天也被新移民衝擊，甚至很多國家的總統都是幾十年前的第二代移民。

　　既然世界各地的文化都是由移民產生，我們就不能否定移民的作用。因為世界各地的環境不同，各地的發展不可能均衡，所以必然產生移民。人類史都是由移民推動，越開放越強大，越強調土著文化反而越不能保存土著文化。歷史研究應強調移民的作用，唯有比較才能產生對自己、對他人真正的認識，沒有比較，既不能認識自己，也不能認識他人。比較範圍越大，比較對象越多，認識才能越深入。

　　否認東南漢文化主體來自中原的人，往往強調和平時期文化的緩慢融合，而忽視戰亂時代移民潮的重要作用。其實人類歷史上的重大科技進步基本都是由戰爭推動，比如原子彈、計算機等重要發明都是在第二次世界大戰期間出現。

　　社會格局也是往往在戰亂時期發生劇變，現在中國東南方言的大格局和五代十國時期的政權基本吻合：江淮話和贛語基本是楊吳、南唐之地，吳語基本是吳越國之地，閩語的原生地基本是閩國之地，粵語基本是南漢之地，湘語基本是楚國之地，客家話也是在這一時期形成，江西、福建在唐宋之際發生天翻地覆的變化，從唐代的蠻荒之地變成了北宋的文化核心。雖然宋代的廣東在全國的地位仍然不高，但是廣東、廣西的名字都是在北宋初期出現，證明唐宋之際的兩廣也有重要變化。

　　現代中國東南文化的大格局，顯然是在五代十國時期奠定。南方九國除了吳越國王錢鏐是本地人，其餘八國的國王都是北方人。其中又有五個是河南人，王審知是光州固始縣人，馬殷是許州鄢陵縣人，劉隱是蔡州上蔡縣人，王建是許州舞陽縣人，高季興是陝州硤石縣（今三門峽）人。河南人建立了

十國的一半國家，因為河南是晚唐戰亂的中心，所以從河南走出很多軍隊。他們建立的五個國家在嶺南、西南的邊遠之地，對這些地方的發展產生了重要影響。楊行密來自合肥，徐溫來自海州（今連雲港），也都靠近淮河流域。所以我們應該看到唐宋之際大戰亂引發的中國地理格局劇變，這場劇變為明清以來的中國文化發展奠定了基礎。由此也可看到，唐宋變革論具有重要的價值。

歷史上的中原文化一次又一次地如此向周邊擴散，不但是在戰亂年代，甚至是在強盛的漢朝和明朝，劉邦、朱元璋的家鄉都在淮河流域。漢朝的中原文化向周邊擴散的時間，晚到漢武帝時代才全面展開。但是明朝的中原文化向周邊擴散，在朱元璋時代就很顯著。明初來自江淮的軍隊使西南角的雲貴和西北角的河西在脫離中原王朝數百年後重新全面漢化，在東南沿海衛所形成了很多官話方言島，使河北省東北部的方言（天津話、唐山話）和膠東、遼東方言帶有濃重的江淮色彩。雲南、甘肅等地的族譜流行祖先來自南京的說法，其實是代表江淮。這次大移民是造成今天雲南人父系祖先主要來自北方而母系主要來自南方的重要原因，因為明初的軍隊主要是單身男性。這次中原文化對邊疆的衝擊在西南、西北、東北的影響更大，對東南的影響很小，所以本書不多論述。

總體來看，中國東南的文化從來不統一，也不可能統一，這是由自然地理決定。歷史上的中原被游牧民族攻佔時，中原文化往往在東南的山地得以保存。中原文化與土著文化的混合，不斷形成新的東南漢文化。在華北大平原出現的大一統思想，顯然既不可能在東南產生，也不可能在東南實現。雖然古代東南的士人傳承了來自中原的大一統思想，但是他們始終難以從東南出發，實現中國的大一統。朱元璋雖然從南京統一全國，但是他顯然不能算是典型的南方人。他的家鄉鳳陽，現在主要是說北方話。從廣東走出的民國政府雖然一度實現全國的名義統一，但是始終沒有實質的統一。而且民國是孫中山仿照西方體制建立，得到外國的幫助建立。近代以來，東南各地從海上承接世界文化，引領整個中國發展。因此我們現在需要立足東南，反思中國的歷史進程，從而產生新的中國歷史觀。當中原在一千年前就不是中國的經濟和文化中心，當引領近代中國發展的已經是異彩紛呈的東南文化，大一統的過時思想也應該被適應現代社會的多元共生的思想取代。

不過我們需要注意，大一統的反面不是地方割據，地方割據和大一統的

本質相同，只不過是規模大小的差異。歷史上的地方割據政權，攻伐兼併，最終要發展為大一統。如果有人從地方豪強稱霸一方的想法來反對大一統，最終還是陷入古代王朝的循環。要結束大一統和大戰亂的循環，必須從個體思想和村鎮縣市的層面就革除大一統的思想。

美國的州有很大程度的自主性，從美國建國之初，就有很多人不贊成聯邦制，美國獨立後的 13 年沒有總統。最初的 13 個州是由市鎮組成，市鎮源自地方自治。所以美國看似是合州國，本質上確實是合眾國。市鎮的自治可以追溯到歐洲中世紀的城市自治，美國文化是對歐洲文化的發展，美國的建立者一直害怕出現歐洲的專制政府。美國建立至今兩百多年，僅有一次內戰，就是因為這種既統又獨的狀態反而能長期有效根除戰亂，沒有哪個州會去想吞併其他 49 個州。而在大一統的高壓下，表面一片祥和，內底暗流湧動，反而容易催生層出不窮的野心家，而且長期不能得到有效解決的社會矛盾一定會在每個王朝末年爆發，每次都會血流成河、白骨如山的大戰亂。不僅是一將功成萬骨枯，成功的皇帝最終也沒有多少好處，朱元璋的子孫在明末被李自成、張獻忠大肆屠殺，他的王朝不也灰飛煙滅了嗎？甚至不需要外人來屠殺，朱元璋的兒子和孫子就開始互相殘殺了。歷史上有太多的皇帝死在大一統的思想之下，甚至包括很多在童年就被殺害的皇族。所以我們不能怪歷史上的那些野心家，而應歸咎於世代操縱他們頭腦的大一統思想。因此我認為分權制不僅有美國的良好實踐案例，也有中國東南文化的歷史適應基礎。

總之，我認為中國東南文化的研究，既不能墜入中原文化一元論的窠臼，也不能陷入各地文化孤芳自賞的枯井。我們的研究不僅應該立足東南，而且應該放眼中國，甚至放眼亞洲和世界。本書始於從中國歷史看東南，終於從東南看中國未來。

後　記

　　本書各篇中，《東南各地政區設置和開發高潮期》是我 2010 年下半年在華東師範大學為中國歷史地理備課的講義基礎上改成。2011 年 9 月 23 日我去上海佘山，在路邊等公交車，回頭看見路牌上的厙字，忽然悟出這個字就是厝字失散千年的兄弟。我在廈門寫成《東南的厝、江南的厙源自中原的舍》，收入 2014 年中州古籍出版社的《河洛文化與閩南文化》。

　　我在 2014 年 2 月 23 日應中央民族大學彭勇教授之邀，為河南的《中州學刊》撰稿，寫成《中國現代姓氏地理奠基於周代河南》。我收到刊物才發現，編輯刪去了我題目中的地理二字，改變了我的題目原意。講姓氏源自中原的人太多，很少有人講姓氏地理源自中原，所以地理二字才我原文的重點和特色，本書補上了題目中的地理二字。

　　我在 2013 年寫成《閩蜀同風源自楚地考》，發表在 2015 年四川大學出版社的《歷史地理學的繼承與創新暨中國西部邊疆安全與歷代治理研究——2013 年中國地理學會歷史地理專業委員會學術研討會論文集》。我在本科時已經注意到楚語的母稱為姐，所以這篇文章的一些內容其實很早就在積累。

　　我在 2014 年寫成《客家人由來新考》，發表在《地方文化研究》2015 年第 1 期。因為我本科在南京大學，所以很早就關注楊吳、南唐史，我的《楊吳、南唐政區地理考》發表在 2011 年的《唐史論叢》第十三輯。我在研究楊吳、南唐史時，注意到唐末江淮大混戰對江西的影響，所以《客家人由來新考》的不少內容其實構思已久。

　　我在 2019 年 4 月到 5 月寫成《源自山東的江蘇稀見姓氏》、《客家鍾氏源自潁川》、《從中原保留的古音看北方人南遷》，以筆名發表在《尋根》2019 年

第 3 期、第 5 期、第 6 期。梅州南朝墓的潁川鍾氏墓磚,非常珍貴,是我 2017 年 10 月 12 日在廣東省博物館參觀時發現。

2019 年 8 月 16～18 日,我應本科同學尤東進之邀,參加杭州師範大學的「人物‧文本‧地域:宋代文史的溝通與對話」學術工作坊暨江浙滬宋史青年學者沙龍第二十次討論會,發表《南宋南雄珠璣巷移民珠三角考實》。雖然這篇文章是在 2019 年寫出,但是我在此前已經構思多年,還曾多次在課上對學生講過。感謝東進的邀請,促使我寫出這篇醞釀已久的文章。雖然我最終在炎熱的夏日,僅用了一個中午寫出,不過我還是在寫之前特地買了《珠璣巷叢書》等相關資料才下筆。以上各篇,收入本書,都有增訂。

回憶我 2005 年 9 月剛到復旦大學讀碩士時,在上海大學工作的表哥來看我,說他從那一年開始,在上海的時間超過了在老家的時間。當時我還沒有多少感覺,今年忽然發覺,我離開老家已經有 18 年,也超過在上大學之前在老家的 17 年了。我的老家在東南最北部的淮河岸邊,再往北三百里,就逐漸進入北方話的地區了。因為在北方和東南之間,所以對我日後研究東南也有幫助。我在南京、上海讀書、工作,又南遷到了東南的奧區福建,在福建生活了近 9 年。我在 2011 年講中國歷史地理時,還沒有走遍全國。今年我又考察了 15 個省市區,已經走遍大陸所有省市區,考察過中國兩百多個市縣,現在來講中國歷史地理才更有把握。現在我恰好整理出一本東南的專著,可以看成是對過去十年區域歷史地理研究的一個小結。雖然我十年前的歷史地理講義包括各個區域,但這十年來我研究最多的是還是東南,所以我先出版東南部分較有把握。我長期研究中國航海史,所以最熟悉東南沿海各地。我雖然未在廣東工作過,但是去過廣東十多次,去過廣西、海南各三次。因為我的博士論文是《蘇皖歷史文化地理研究》,所以本書較少詳細研究江蘇和安徽。

其實我早年一度最想出版的是我研究家鄉江淮的歷史地理專著,2016年我寫了一本研究老家濱海縣的歷史專著《濱海史考》,我在這本書的前言破解了很多老家方言的本字,很多字是對比吳語、閩語、粵語、客家話才破解。可見語言和文化的研究往往要跳出地域的限制,才能看清廬山真面目。本書用江南的厙字,首次破解破解閩南的厝字,也是一個例子。如果我不是在各地流浪,或許不能發現那麼多的奧秘,這正是禍福相依的道理。所以我早年那本江淮的專著沒有先出版,其實也有好處,因為跳出江淮更容易看清

江淮。或許我未來更多研究我現在還不是非常瞭解的西南和北方之後，才能更好地理解東南。賀雲翱老師曾經告訴我，他當年大學畢業後，第一本想出的書就是研究江淮的專著。我認為，他的書雖然出晚了，但是他在 2017 年出版的《文化江蘇：歷史與趨勢》一書從全國的視域來看江蘇文化，可謂厚積薄發。

我的家鄉在江蘇，江蘇在南北交接處，江蘇文化融合南北。所以我的視角既不是完全從南方出發，也不是完全從北方出發，而是跳出南北對立的狹隘視角，力圖貫通南北，產生一種綜合與中和的觀點。北方是漢文化的源，南方是漢文化的流。近代西方文化到來，南方人率先接受，提倡革命，北方人比較保守，長江流域則多溫和的立憲派。廣東人孫中山創建民國，江浙人蔣介石北伐成功。孫中山首倡革命，在華南發動多次起義都未成功，最終是在九省通衢、全國腹心武漢發生的辛亥革命才推翻了清朝。蒙古人在華北立足已久，忽必烈融合了漢文化，才能最終征服南宋。歷史經驗證明，侷限在南方或北方一隅之地都不能撼動全國，必須要有開闊的視野。

東南不僅是中國的東南，也是亞歐大陸的東南，還是太平洋地區的邊緣，我這本書沒有太多關注東南的底層文化百越文化，不代表我不重視百越文化。因為我不僅是百越民族史研究會的理事，還在四年前就寫出了一本研究百越歷史的專著，所以本書中不再贅述百越文化。本書不追求面面俱到，但是關注了一些重要的問題，力圖組成完整的系統。

感謝日本的朋友放生育王君在 2009 年贈送給我精美的圖冊《東アヅアの海とシルクロードの拠點福建》（《東亞海洋和絲綢之路的據點福建》），感謝孟原召兄贈送不少厚重的考古調查資料，感謝吳春明、劉淼等考古學者給我不少珍貴的機會，我努力地學習到一些皮毛，使我能夠寫出本書的瓷業一篇，從瓷業的角度看東南史。本書使用的所有照片都是我在各地親自拍攝，書中未一一標明拍攝時間。

感謝我在南京大學、復旦大學的諸多老師們給我的教導，感謝我的家人和親友給我的支持。非常感謝幫助我發表上述各篇文章的朋友們，特別感謝花木蘭文化事業有限公司的朋友們再次幫我出書。

2019 年 12 月 25 日於廈門